国家社科基金后期资助项目（20FJYB036）

社会关系网络、公司治理与资本成本问题研究

苏忠秦　著

南开大学出版社

NANKAI UNIVERSITY PRESS

天　津

图书在版编目(CIP)数据

社会关系网络、公司治理与资本成本问题研究 / 苏
忠秦著. —天津：南开大学出版社，2024.12.
ISBN 978-7-310-06671-1

Ⅰ.F279.246

中国国家版本馆 CIP 数据核字第 20248MR195 号

社会关系网络、公司治理与资本成本问题研究
SHEHUI GUANXI WANGLUO GONGSI ZHILI YU ZIBEN CHENGBEN WENTI YANJIU

南开大学出版社出版发行

出版人：刘文华

地址：天津市南开区卫津路 94 号　　邮政编码：300071

营销部电话：(022)23508339　营销部传真：(022)23508542

https://nkup.nankai.edu.cn

河北文曲印刷有限公司印刷　全国各地新华书店经销

2024 年 12 月第 1 版　　2024 年 12 月第 1 次印刷

238×165 毫米　16 开本　18 印张　2 插页　309 千字

定价：89.00 元

如遇图书印装质量问题,请与本社营销部联系调换,电话:(022)23508339

国家社科基金后期资助项目出版说明

后期资助项目是国家社科基金设立的一类重要项目，旨在鼓励广大社科研究者潜心治学，支持基础研究多出优秀成果。它是经过严格评审，从接近完成的科研成果中遴选立项的。为扩大后期资助项目的影响，更好地推动学术发展，促进成果转化，全国哲学社会科学工作办公室按照"统一设计、统一标识、统一版式、形成系列"的总体要求，组织出版国家社科基金后期资助项目成果。

全国哲学社会科学工作办公室

前　言

自 Coleman（1988）开创性研究社会关系网络以来，社会资本的概念在学术研究中引起了极大的关注①。从社会资本的角度来看，经济活动通常被嵌入社会关系网络。因此，社会关系网络就成为各界激辩的话题，也是学术界研究的热点问题。中国为研究社会关系网络对资本成本的影响提供了绝佳的机会。尽管法律尚不健全、资本市场并不完善，但中国却成为历史上增长最快的经济体，是"法与金融"理论一个明显的悖论。Allen et al.（2005）认为，中国一定存在某种非正式的制度安排和替代机制，比如基于声誉和"关系"，支持中国经济的快速增长。

社会关系网络被认为是一种战略资源，可以帮助创造与提高企业绩效相关的竞争利益。然而，最近研究社会关系影响效应的文献却得出了不一致的结论。一些研究表明，企业可以从社会关系中获益，比如获得更高信用评级、便利的融资渠道、提高创新能力、减少盈余管理、改善公司治理，以及更好的公司绩效。然而，另外一些研究认为，社会关系可能会导致不良后果，例如盈余管理增加、高管薪酬增加、财务欺诈在网络中传染、公司价值降低和公司治理弱化。鉴于社会关系网络对企业影响的研究尚未取得一致的结论，对这个问题进行更多的实证检验和理论阐释是十分必要的。与以往文献中密切关注社会关系的观点一致，本书的目的是通过研究对资本成本的影响来检验社会关系网络的净效应。

先前社会关系网络影响效应的研究往往关注公司本身，忽视了从投资者（股东和债权人）的角度探讨社会关系网络对资本成本的影响。本书以在沪深交易所上市的公司为样本，编撰了一个刻画社会关系网络相对客观的数据库，考察上市公司社会关系网络对公司价值构成因素——资本成本（债务资本成本和权益资本成本）的影响。研究发现，社会关系网络与资本成本显著负相关，并且这种效应在社会关系网络强的公司中更加明

---

① Guiso et al.（2008b）将社会资本定义为一整套促进合作的信念和价值观。

显。此外，社会关系网络与资本成本的关系受公司治理水平的影响。总之，本书从资本成本的角度证实了社会关系网络的价值，投资者对处于社会关系网络有利位置的企业要求更低的资本回报。

先前关于社会关系的文献基本上只单独考虑 CEO[①]、董事长、CFO[②]、董事会成员。Bian（2002）指出，社会资本不仅仅局限于 CEO、董事长、CFO、董事会成员个人，整个高管团队可能在社会资本的开发和利用中都发挥着重要作用。Bian（2002）呼吁更多的研究，尤其要充分把握一个企业整体的社会资本。为了解决这个问题，我们基于资源依赖理论，并通过囊括所有高管团队（包括 CEO、董事长、CFO、董事等）和自然人终极大股东在内的关系网络中心度（centrality）和结构洞（structural holes）来降低潜在的选择偏差，以研究公司整体的社会关系网络如何影响资本成本。

因此，本书以我国 A 股上市公司为样本，考察上市公司的社会关系网络对债务资本成本（债券收益率和非价格契约条款）和权益资本成本的影响。研究发现，社会关系网络与资本成本显著负相关，并且这种效应在社会关系网络中心度高和结构洞丰富的公司中更加显著。本书从资本成本的角度证实了社会关系网络的价值，投资人（债权人和股东）对处于社会关系网络中心位置和结构洞更丰富的企业要求更低的风险溢价。笔者考察了直接和间接的社会关系网络，在控制了各种公司层面的变量后，企业社会关系网络中心度与资本成本显著负相关。这些结果表明，社会关系网络中心度的提高可以帮助企业获得更多的资源。此外，本研究结果表明，社会互动和信息溢出在以关系为基础的市场中具有非常重要的作用。本研究进行了一系列稳健性的检验，包括内生性检验、替代的变量度量、调节效应检验、中介效应检验，得到了一致的研究结论。

进一步说，随着改革开放的深入，企业开始将市场化的方式作为经营中的行为准则及主要的经营方式，并且随着要素市场的发展，许多资源并不是完全由上而下控制，企业可以有更多机会与其他市场主体建立公平性的关系。但是，这种制度的变迁并不是可以等量齐观的，中国各个地区之间仍存有相当大的差异。因此，本书从中国制度背景入手，把中国市场化相对进程的影响纳入研究框架，以反映不同的市场化进程如何影响社会关系网络和公司资本成本之间的关系。研究发现，虽然各地的市场化进程

---

① CEO，首席执行官。
② CFO，首席财务官。

不一致、要素市场的发育水平参差不齐、法律保护水平也有差异，但是社会关系网络的影响效应并没有表现出明显的不同。这个结果似乎违反我们的直觉，但是却支持了国外的研究，即无论发达国家还是发展中国家，社会关系网络的影响效应都始终存在。

本研究的创新点主要体现在以下几个方面：

第一，有很多文献仅仅单独考察 CEO 的网络中心度或董事连锁的价值。在本书中，考虑的是所有高管成员，而不是少数个体。利用中国上市公司的数据，提供了所有高管成员（包括 CEO、董事长、CFO、董事等）网络中心度（结构洞）与公司资本成本（包括权益资本成本和债务资本成本）之间关系的证据。笔者还调查了管理层（CEO、CFO、董事等）中哪些层级结构有助于降低资本成本。本研究结果表明企业可以从所有高管成员的社会资本中获益。结果表明，除了公司层面的决定因素会影响资本成本外，社会关系网络也是影响资本成本的一个重要决定因素。

第二，本书试图进一步阐明社会关系网络通过什么机制影响资本成本之间的关系。在之前的社会关系网络文献中，一个值得注意的缺点是渠道机制的证据有限。本书实证研究了媒体关注和信用评级在社会关系网络中心度（结构洞）与公司资本成本之间的渠道机制作用。回归结果表明，社会关系网络中心度改善了企业的信息流、财务资源和信任环境，进而有助于降低资本成本。

第三，本研究拓展了社会关系网络的研究，表明社会关系网络对资本成本的影响受公司治理的制约，包括内部治理质量和外部治理环境（如市场化程度和信息环境）。结果表明，社会关系网络作为一种基于声誉和关系的非正式机制，与国家层面的制度环境和公司层面的治理水平是互补的。另外，由政治关系和金融关系构建的关系网络与由企业和政府官员（金融高管）之间的直接关系一样重要。

第四，之前的研究主要集中在二元网络上，对于社会关系网络中心度的加权关系网络研究较少。本书在中心度指标基础上，分别构造了二值网络（未加权关系网络）和加权关系网络，以及运用结构洞来度量社会关系网络中关系资源的丰富程度，这是研究社会关系网络的一种更加综合的方法。

目　录

第1章　绪　论

1.1　研究背景和研究意义

1.1.1　研究背景

党中央和国务院一直以来都十分重视降低实体经济的成本，多次强调要千方百计降低企业资本成本。2017 年 7 月的全国金融工作会议上，习近平总书记强调，要引导金融业发展同经济社会发展相协调，促进融资便利化、降低实体经济成本。2019 年 12 月的中央经济工作会议指出，要千方百计降低实体融资成本，解决企业融资难与融资贵的问题。《国家"十四五"规划和 2035 年远景目标纲要》指出，要创新金融支持民营企业政策工具，健全融资增信支持体系，对民营企业信用评级、发债一视同仁，降低综合融资成本。资本成本对长期经济增长、投资和金融发展具有至关重要的作用，资本成本与更高的投资、更快的经济增长和积极的股票市场表现息息相关，对公司治理、资源配置、利润再投资、研发投资、现金持有和企业生产率提高都至关重要。

长期以来，资本成本一直是研究和实践中一个备受关注的课题。投资者需要对公司权益资本成本进行估值，基金经理需要进行资本预算，学术研究在检验感兴趣的变量对资本成本的影响时需要一个可靠的估计。横跨经济学、金融学和会计学的研究人员历经数十载的研究，试图更好地理解和解释资本成本的基本决定因素，但仍有许多悬而未决的问题有待进一步的研究和探索。如何降低资本成本，如何设计合理的债务契约不仅是理论界关注的热点问题，也是金融市场亟待解决的关键问题。中国企业面临严重的融资约束问题，尤其是民营企业。资本市场上投资者和企业之间存在较为严重的信息不对称问题。如果可以提供更多关于公司证券的信息或者获取信息的渠道，增加公司的信息透明度，可以减少公司与证券市场投资者之间的信息不对称，进而降低资本成本。也就是说，更充分的信息可以减少估计风险或信息风险。如果分析师和基金经理对一家公司掌握更多的信息，他们就能够以更少的不确定性来估计未来的现金流。如果估计风险在某种程度上是一个不可分散的风险因素，那么投资者基于标准资产定价理论的预测将会对现金流应用较低的贴现率，也就是可以降低资本成本。进一步说，如果市场中传递更充分的信息，将减少与拥有优质信息的投资者进行交易的预期损失，这将导致交易成本的降低，以更低的买卖价差的形式出现，较低的价差将反过来促进交易量增加，从而进一步降低价差，即较低的交易成本意味着较低的资本成本。消息不灵通的投资者最终获得的投资组合中，被高估的股票比例高于消息灵通的投资者，这种结果不能通过投资组合多样化来消除。因此，如何降低信息不对称风险，提高信息披露的质量，或者增加获取信息的渠道，对在中国开展资本成本研究具有重要的实践意义。

在实务界，越来越多的公司，如 Lenddo、Neo Finance 和 Affirm 等，将社会关系网络数据用于信贷决策。这些公司通过各种社交网站收集个人信息，以确定消费者的社会关系网络地位、声誉、职业关系等。他们将这些信息作为评估消费者信用风险的重要因素。同样，股票分析师在评估公司时也会考虑社会关系。例如，晨星公司（Morningstar, Inc.）对伯克希尔·哈撒韦公司（Berkshire Hathaway，Inc.）的报告中就有与社会关系网络相关的重要描述："对投资者来说，更重要的长期问题是，接替巴菲特的人，能否用他多年来积累的知识和人脉，取代拥有巴菲特这种能力的投资者所带来的巨大优势来掌控局面。"人们对研究高管和董事社会关系网络在资本市场中的作用产生了新的兴趣，而且这种兴趣正在不断扩大。关于信贷公司的这则轶事，是社会关系网络在商业活动中日益重要的一个例证。伯克希尔·哈撒韦公司的这则轶事例证了高管社会关系网络对公司价值的潜在作用。高质量的企业信息环境有助于股东有效地配置资源，也有助于管理者作出明智的决策。

在理论界，公司金融领域正在勾勒一个由公司层面（股权结构、公司治理等）、公司间层面（大型联合公司、企业集团等）和社会层面（法律、政治、文化等）构成的新的分析框架。就公司层面而言，公司治理的一个持续议题涉及所有权的分布，以及所有权和控制权的分离。该议题的研究经历了从 Berle & Means（1932）范式到 La Porta et al.（1999）范式的演变过程。就公司间层面而言，主要研究以英美模式为代表的大型联合企业（conglomerates）和以日德和其他东亚国家模式为代表的企业集团（business groups）。就社会层面而言，主要运用系统思维把法律制度、文化习俗、社会关系等传统外部治理变量纳入公司金融的研究。其中，根植于制度背景的社会关系网络研究，从社会网络理论的角度来研究经济问题更是被一些学者称为社会经济学（social economics）或经济研究中的社会网络范式，把公司金融理论与社会关系网络联系在一起，从社会关系属性出发研究公司财务问题，突破了传统研究原子化个体理性假设的桎梏，开拓了公司金融研究的新视域。①基于这一研究范式的研究成果很多集中在公司政治关系（political connection），即高管或大股东的政府背景或任职经历而发生的联结关系，以及连锁董事（board interlock），即董事在其他公司董事会中兼职或任职经历形成的联结关系。②现在的研究逐渐向更宽的社会关系网络（social network）发展，着重研究比如亲戚关系、同学关系、同事关系、同乡关系等对公司治理、公司绩效等的影响。

　　基于相关研究文献的梳理，我们构建了一个基于社会关系的公司金融研究框架（图 1-1）。③从图 1-1 中我们可以总结出如下几点：第一，从社会关系网络研究公司金融，学者们应关注的是代表公司利益的行动者，即大股东、董事会和经理层，否则会落入公司间层面的研究窠臼。第二，行动者构筑关系具有一定的社会基础，基于地域、拟制血缘、工作场合、社交和友情建立社会关系网络。第三，该领域的研究成果主要集中在公司政治关系和连锁董事，并逐渐向更宽的社会关系发展。第四，社会关系网络影响效应的研究从不同的理论出发，得出了截然相反的结论。一部分学者从资源依赖理论、社会资本理论出发，认为"关系网络"的信任和声誉机制，便利了资源的配置，具有信号传递的作用，能给公司带来正的收益；其他学者从代理成本、社会关系过度嵌入（overembeded）等理论入手，认为"关系网络"可能成为公司的负担。

---

　　① 本研究仅从公司金融角度探讨社会关系网络的影响效应，有别于管理学研究中的社会网络范式（参见张闯，2011）。

　　② 严格意义上来讲，政治关系和连锁董事形成的关系都是"关系"的一种，这两种"关系"文献可以参见李维安等（2010）、陈运森和谢德仁（2011）。本研究着重从更一般意义上的"关系"（比如同事关系、同学关系、校友关系、同为某个专业协会、非盈利组织、休闲俱乐部成员等社会关系）着手梳理相关文献。

　　③ 社会关系以及在此基础上形成的社会关系网络，二者紧密相连，为了行文方便，本研究将不加区别地使用。

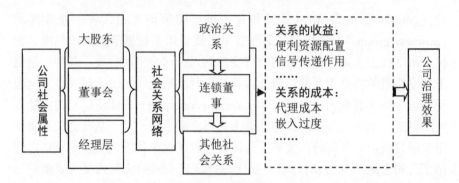

图 1-1　社会关系网络视角下的公司金融研究框架

近年来，社会学与经济学之间的跨学科研究逐渐成为热点。先前大量文献考察了社会关系网络对经济发展、公司政策等的影响，但还鲜有文献把视野转到社会关系网络与资本成本之间关系上。由于金融交易活动镶嵌于社会网络中，这种网络不仅能为金融交易活动提供交易渠道，而且能影响交易成本。因此，资本成本理论需要持续不断地吸收社会关系网络理论才能得到更好的发展。另外，中国一直是关系导向型社会，与西方国家的宗教信仰或文化背景不同，中国的儒家思想认为个体是家庭和社会的基本组成单位，中国的商业合作主要是依赖社会网络建立的一种可信赖的人际关系网络。

事实上，在传统公司治理研究中，国内外学者以委托代理理论、交易成本理论等为基础，试图分析解决治理过程中出现的诸多代理问题。不论是基于效用最大化的理性计算，还是基于因果关系的动因推理，这些研究仅仅考虑了个人特性，却忽略了行为人所嵌入的更广泛的社会互动背景。在现实社会系统中，行动者的决策行为嵌入在整体社会网络之中，组织和个体的社会关系特征对其决策选择有着重要影响（Granovetter，1985），即"理性人"也具有"社会人"的一面。因此，学术界开始寻求其他视角来解决传统理论的"低度社会化"问题，关注行为人关系结构的社会网络分析，为公司治理研究提供了有力的理论框架和分析工具。[1]

现有文献表明，高管和董事的社会关系网络显著影响财务决策和公司战略（Horton et al., 2012; Faley et al., 2014; El-Khatib et al., 2015; Fracassi, 2017）。社会关系网络通过共同的教育、工作经历、社交俱乐部和董事连锁等，为知识、思想或私人信息的传递提供了一个有效的渠道。大量文献

---

① 自然科学和社会科学中的许多研究都考察了人际关系和组织间的联系，这些研究的结果是发展出一种正式的范式，即社会网络分析（Social Network Analysis, SNA）。

表明企业社会关系网络和企业信息环境之间存在正相关关系（如 Kuhnen, 2009; Horton et al., 2012; Engelberg et al., 2012; Javakhadze et al., 2016a, 2016b）。然而，有关社会关系网络和资本成本之间关系的经验证据仍然值得深入研究。

在公司财务领域，资本成本一直备受财务经济学家的关注，最早可追溯至 Modigliani & Miller（1958）的开创性研究，此后的研究持续了半个多世纪，仍然存在许多悬而未决的问题。资本成本影响因素的研究不仅是近年来理论研究关注的热点问题，也是当前资本市场建设实践亟待解决的问题。在公司层面，资本成本是选择资金来源、确定筹资渠道的重要依据，也是评价投资项目、决定投资取舍的主要标准，对公司的财务决策、绩效考核和价值评估具有十分重要的意义。在资本市场层面，资本成本是资本市场发展和证券制度建设的基本考量，对资本市场组织资源配置、引导资金流向起着极为关键的作用。

半个多世纪以来，学者们发展出许多解释资本成本影响因素的经典理论，如权衡理论、代理理论、信息不对称理论、公司控制权市场理论、产品和要素市场理论等，但是这些经典的财务理论没有把公司置于具体的社会关系网络中。传统财务研究普遍基于委托代理框架，假设个体是理性的经济人，然而社会学强调个体的决策行为并非仅取决于个人，而是同时受所嵌入的社会关系网络的影响，个人行为和制度都镶嵌在社会网络中（Granovetter, 1985）。社会网络是一种包含了个体之间关系的社会结构，是行动者和联结他们之间关系的集合。Lin（2002）提出社会网络本质上是一种非正式的社会结构，是一种弱联结关系。因为它在位置和规则，以及对参加者分配权威的过程中几乎不存在正式性。按照社会学理论，弱联结相比于强联结，更容易成为突破社会边缘获取信息和其他资源的来源，也更容易将网络内部的重要信息传递给不属于这个群体的其他人。国内外学者基于社会嵌入观点对财务理论进行了研究，肯定了社会网络的多种嵌入机制（认知、关系、结构等）对资本市场及公司行为的重要意义。关于社会网络的构建动因，大致可以归为外部制度背景动因及内部资源依赖动因。首先，促使个体建立社会关系网络的一个关键的外部动因是正式法律制度的不完善，而源自亲属、同事、同学等一系列非正式的社会关系则起到了对正式法律制度不足的互补作用，提高了企业的经营绩效。McMillan & Woodruff（1999）指出，社会关系网络及一系列非正式契约关系促进了原本不会发生的经济交易产生，大大地推动了资本市场的有效发展。特别是对于法律制度薄弱的新兴市场，关系型交易契约有助于产生商业信任、建立声誉和促进合作等机制，从而起到对正式法律制度的替代和弥补作用。

中国作为新兴市场经济体的典型代表，其中最基本的国情就是转轨体制下政府干预与市场机制的不成熟（Du et al., 2015），许多企业利用中国传统的"人际关系"这一制度的非正式性来为公司寻求更多的发展资源。因此，针对公司治理机制的研究需要结合特定的制度背景。Xin & Pearce（1994）发现，中国企业通过建立"关系"（人际关系、政治关联等）来弥补法律等正式制度的缺失。此外，以儒家思想为基础的文化环境更强调个体之间的相互信任，通过长期社会互动而建立并维持的信任关系，降低了双方的信息风险和交易风险，同时保证了社会关系的稳定性和增加未来长期合作的可能性，这一互惠路径也正是制度经济学中资产专用性机制的体现。陈运森（2015）指出，社会网络可以给企业带来交易成本的降低和经营、投资效率的提升。因此，考虑到我国的制度环境和儒家关系主义文化背景，构建长期稳定互利的社会关系网络是公司生存和发展的必要手段。

资源依赖理论则从内部动因的角度出发，解释了行动者构建社会关系网络的现实需要，凝结于个体的社会资本使组织与个人借助社会关系网络获得嵌入在其中的知识、信息和声誉等资源（Lin, 2002; 边燕杰和丘海雄，2000）。企业与企业、企业与政府之间特定关系的建立可以为企业的发展带来竞争优势。在信息时代，组织所面临的环境更加不确定和复杂，信息和知识取代了传统的物质资源在企业获取竞争优势过程中的地位，成为企业取得市场竞争优势的战略性资源（李维安等，2014）。因此，对信息资源的需求和依赖也促使公司努力成为社会关系网络的核心，努力掌握更多的物质、信息和关键资源，增强自身的竞争优势和决策优势（孙国强等，2016）。在社会关系网络的微观层面，网络个体对关系资源的依赖也影响着组织网络的形成。董事与董事之间、CEO 与董事之间、高管与资本市场上其他利益相关者之间均存在着诸多社会关系（Westphal & Stern, 2007），这种嵌入社会结构中的社会关系网络会直接作用于公司决策行为并深刻影响其经济后果。社会关系网络在商业领域发挥的重要性早已得到国际学术界的认可，大量文献证实了社会关系网络在商业活动中的重要作用。

中国关系主义文化背景为本书研究社会关系网络对公司资本成本的影响提供了绝佳的参考。在中国文化中，由于受到儒家处世哲学的影响，强调人际关系的合理安排一直被认为是中国文化最显著的特性。"关系"

作为中国社会一个重要的文化特征，它在人际之间和企业之间的互动中具有非常重要的意义。中国人积极、巧妙和富有想象力地培育"关系"，这是他们一以贯之的生活态度。正如费孝通（1948）在《乡土中国》中描述的那样："中国社会的结构好像是一块石头丢在水面上所发生的一圈圈推出去的波纹。每个人都是他的社会影响所推出去的圈子的中心，而跟圈子所推及的波纹发生联系。"相互交织，构成一张庞大而复杂的以自我为中心向外延伸的亲疏不同的关系网络。Hwang（1987）认为中国社会存在两类人：资源支配者和请托者。如果请托者向资源支配者要求将他所掌握的资源进行有利于请托者的分配，资源支配者首先考虑的问题是，对方和自己是什么样的关系？这种关系有多密切？Hwang（1987）总结出如图 1-2 所示的理论模型。

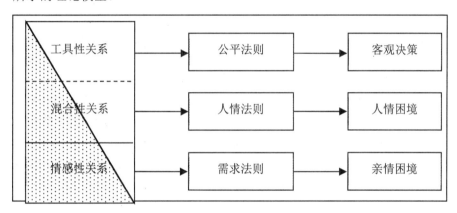

图 1-2　关系理论模型

资料来源：Hwang K K. 1987. Face and favor: The Chinese power game. *American Journal of Sociology*, 92(4), 944-974.

　　Hwang（1987）以一个竖立的长方形代表不同的人际关系，长方形的对角线将其分成两部分，阴影部分代表人际关系中的情感成分，空白部分代表工具性成分。长方形中的一条实线和一条虚线将长方形分隔成三部分，分别代表中国社会中个人可能拥有的三大类人际关系，即情感性关系、混合性关系和工具性关系。虚线表示工具性关系可能变成为混合性关系，实线表示混合性关系与情感性关系之间相互转换比较困难。图 1-2 显示，上述三种人际关系都是工具性成分和情感性成分所构成的，差异仅在于不同关系中两种成分所占的比例不同。情感性的关系通常是一种长久而稳定的社会关系。这种关系可以满足个人在关爱、温情、安全感和归属感等情感方面的需要，比如亲人、密友等。中国式家庭中主要的社会交易和资源分配法则是"需求法则"，其人际困扰的主要原因是家庭内的人际冲突，即"亲情困境"。和情感性关系相对的是工具性关系，个人和他人建立工具性关系时，不过是以这种关系作为获得其他目标的一种手段或工具，双方都以和对方交往作为达到自身目标的手段，其间纵然带有情感成分也十分有限。与属于工具性关系的他人交往时所遵循的是讲究童叟无欺的"公平法则"，比较能依据客观的标准，做对自己较为有利的决策，在以市场交易法则为主导的西方社会中比较普遍。

在中国社会中，介于两者之间的是混合性关系，这种混合性关系是个人最可能以"人情"和"面子"来影响他人的人际关系范畴。交往双方彼此认识且有一定程度的情感关系，但其情感关系又没有深厚到可以像亲情关系那样随意表现出真诚的行为。这类关系可能包含亲戚、邻居、师生、同学、同事、同乡等不同的角色关系。每个人都以自己为中心，拥有独特的社会关系网络。这种人际关系网络对于中国人的社会行为有十分深远的影响。

中国对于"法与金融"（law and finance）理论存在一个明显的悖论，我们的法律尚不健全、金融市场不够完善，但却成为历史上增长最快的经济体。Allen et al.（2005）认为中国一定存在某种非正式的制度安排和管理机制，比如基于声誉、"关系"等，支持经济的快速增长。在过去的 40多年，中国进行经济改革，发展市场经济，但是中国的市场经济还在发展过程中，我们的经济更倾向于建立在"关系"基础之上。时至今日，自上而下的资源分配方式在中国依旧盛行。当企业想寻求帮助、争取一定的经济资源时，资源支配者考虑的首要问题就是权衡"关系"的亲疏远近。

类似马克思"人的本质是社会关系之总和"的经典论述，作为"社会人"的公司，也是一切社会关系的总和，并呈现出社会关系的差序格局特征。关系以及在此基础上形成的社会关系网络，是中国公司必须面对的一个至关重要的因素，也是任何公司在中国经营所无法回避的。先前的研究主要集中在公司政治关系和连锁董事，为了基于而又不囿于连锁董事网络和高管政治关联的研究，本书在连锁董事网络和高管政治关联的基础上进行了扩展的理论探讨，通过深入研究高管的社会关系网络来提高理论分析的纵深度，又以扩展性分析增加了研究意义的普适性。

1.1.2　研究意义

第一，有很多文献仅仅单独考察 CEO 的网络中心度或董事会连锁的价值（Cohen et al., 2008; Cai & Sevilir, 2012; Chiu et al., 2013; Larcker et al., 2013; Chuluun et al., 2014; El-Khatib et al., 2015; Helmers et al., 2017; Skousen et al., 2018; Rossi et al., 2018）。在本书中，我们考虑的是所有的高管成员，而不是少数成员。利用中国上市公司的数据，我们首次提供了所有高管成员（包括 CEO、董事长、CFO、董事等）网络中心度和结构洞与公司资本成本（包括权益资本成本、债务资本成本以及非价格条款）之间关系的证据。我们还调查了管理层（包括 CEO、CFO、董事）中哪些层级结构有助于降低资本成本。我们的研究结果表明企业可以从所有高管成员的社会资本中获益。①换句话说，除了公司层面的影响因素外，社会关系网络也是影响资本成本的重要决定因素。

　　第二，本书试图进一步阐明社会关系网络通过什么机制影响资本成本之间的关系。笔者调查了公司董事和高管团队成员与其他企业的董事和高管之间的社会、教育和职业关系是否会影响公司信息环境的质量。我们预测企业的社会关系网络会提高企业信息环境的质量。与社会资本理论相一致，我们总结了连接企业社会网络与企业信息环境质量的渠道。首先，高管和董事的社会联系通过语言和非语言渠道促进了有意和无意的信息传递。其次，社会关系网络有助于企业获得更充分和更高质量的信息。最后，社会关系网络中的个体对声誉资本的关注会随着他/她社会关系网络中心度的提高而增加，并抑制经理和董事的机会主义行为。在之前的社会网络文献中，一个值得注意的缺点是较少涉及中介渠道机制的分析。我们实证研究了在社会关系网络中心度（结构洞）和公司资本成本之间的中介渠道作用，网络中心度通过改善企业的信息流、财务资源和信任环境，进而有助于企业降低债务（权益）资本成本。

　　第三，我们的工作拓展了社会关系网络的研究，表明社会关系网络对资本成本的影响受公司治理，包括内部治理和外部治理（如市场化程度和信息环境）的制约。我们研究了企业社会关系网络对企业资本成本影响的横截面差异。我们的结果表明，社会关系网络作为一种基于声誉和关系的补充机制，是利用正式机制以较低成本筹集资金的补充。我们的研究结果表明，由政治关系和金融关系产生的企业间联系与由企业和政客之间的明确关系产生的联系一样重要（Faccio et al., 2006; Claessens et al., 2008; Infante & Piazza, 2014; Houston et al., 2014; Zhang, 2015; Skousen et al.,

---

　　① Belliveau et al.（1996）把社会资本定义为个体的社会关系网络，故本书中有时候将社会资本和个体所镶嵌的社会关系网络不加区分地使用。

2018）。

　　第四，之前的研究主要集中在二元网络上（Stuart & Yim, 2010; Chuluun et al., 2014; El-Khatib et al., 2015; Skousen et al., 2018），对于中心度的加权关系网络研究较少。只有少数研究者对加权的网络中心度进行研究（Turker, 2014）。本书社会关系网络中心度指标，分别构造了二值网络和加权关系网络，这是一种研究社会关系网络的更加综合的方法。

　　本书在对现有社会关系网络度量方法进行系统梳理和总结的基础上，结合中国融资制度背景和社会关系网络相关数据的可获得性，对社会关系网络度量方法进行补充和修正，探索出适合中国上市公司的社会关系网络度量，进而为如何度量社会关系网络的相关研究作出有益补充。另外，本研究拓展了资本成本影响因素研究。现有文献大部分从公司特征、制度环境、公司治理结构（如董事会特征、管理者持股、股东权力）等视角探讨资本成本的影响因素，而对正式的公司治理机制与非正式社会制度环境（社会关系网络）对资本成本的交互影响没有足够的重视。本书理论推演和实证检验了整个高管团队的社会关系网络（中心度和结构洞）、公司治理机制（内部治理和外部治理）如何影响债务契约和股东要求的资本回报，揭示了社会关系网络与资本成本之间的关系如何随着公司治理水平的不同而变化。现有文献没有考虑公司治理和社会关系网络影响资本成本的交互效应，因而无法深刻把握非正式制度对资本成本的作用机理及正式制度如何发挥应有的作用。本书在分别检验社会关系网络、公司治理如何影响资本成本的基础上，把社会关系网络和公司治理的交互效应纳入研究框架，进而丰富和深化了社会关系网络、公司治理与资本成本之间关系的研究。

　　总之，本研究揭示社会关系网络对资本成本的作用机理，探讨社会关系网络与资本成本之间的关系如何随着公司治理水平的变化而变化，探寻有利于降低资本成本的非正式制度因素，为保护投资人利益等相关制度的建设提供政策建议，促进金融市场的健康发展。本研究探讨社会关系网络、公司治理和资本成本等相关问题研究的新方法、新思路，拓展和充实现有的研究，丰富公司治理、社会学和金融学的理论体系，具有较强的现实意义和理论价值。

1.2 研究目标和研究内容

1.2.1 研究目标

长期以来，资本成本一直是研究和实践中备受关注的话题。投资者需要对公司股权资本成本进行准确的估值，管理者需要对资本预算进行同样的评估，而学术研究在研究利息变量对股权资本成本的影响时需要可靠的估计。

本书从社会关系网络和公司治理出发探讨影响资本成本的深层次因素，理论揭示社会关系网络、公司治理（外部治理与内部治理）对资本成本（债券息差、债券的非价格条款、权益资本成本）影响的作用机理，丰富和拓展了中国现有的资本成本研究。

本书综合考察了所有高管成员（包括 CEO、董事长、CFO、董事等）构成的社会关系网络的中心度和结构洞的影响效应，为我国公司治理结构的设计及推动公司治理的规范化进程提供理论指导。

本书研究公司治理（外部治理与内部治理），以及高管团队整体的社会关系网络和公司治理的交互效应对资本成本的影响，探索通过改善治理水平影响高管社会关系网络与资本成本之间关系的途径，进而为我国资本市场的发展、国有企业的改革、投资者法律保护和资本市场的制度建设提供经验证据。

1.2.2 研究框架

本书的研究内容可用研究框架图 1-3 加以概括。

1.2.3 主要研究内容

根据研究框架图 1-3 所示的社会关系网络、公司治理与资本成本之间的关系，全书共分为 10 章，各章的主要研究内容安排如下：

第 1 章，绪论。主要阐述研究背景和研究意义、研究目标、研究框架和主要研究内容、研究方法和技术路线。

第 2 章，文献研究综述。本章对社会关系网络、公司治理、债务资本成本影响因素和权益资本成本影响因素等相关文献进行系统的梳理和回顾，总结现有文献存在的问题和不足之处，掌握最新的国内外研究动态。

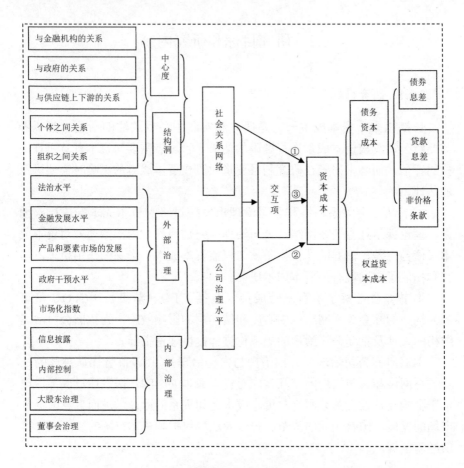

图 1-3　研究内容

第 3 章，中国上市公司融资制度背景分析。本章对中国融资制度背景进行系统全面的剖析，主要包括公司股权结构模式、法律制度环境和金融制度环境三方面，为解释社会关系网络与资本成本的内在逻辑提供制度背景和理论依据。

第 4 章，社会关系网络的内涵、度量及其特征分析。本章在对社会关系网络的度量方法进行系统梳理和总结的基础上，结合中国融资制度背景和社会关系网络相关数据的可获得性，对社会关系网络的度量指标进行补充和修正，构建社会关系网络的综合度量指标。

第 5 章，社会关系网络、公司治理与债务成本的理论分析。结合不完全契约理论、委托代理理论和社会关系网络理论，基于代理冲突视角和信息不对称视角，理论分析社会关系网络、公司治理及社会关系网络和公司治理的交互效应对债务成本的影响机制，提出相关研究假设。

第 6 章，社会关系网络、公司治理与债务成本的实证研究。实证检验社会关系网络、公司治理、社会关系网络和公司治理的交互效应对债券息差的影响。对实证结果进行一系列稳健性的检验，并进行调节效应（moderating effect）检验，以探讨在不同情形下主要回归结果会有什么变化。进行中介效应（mediating effect）检验，以分析社会关系网络通过什么机制或渠道影响债务成本。

第 7 章，社会关系网络、公司治理与债务契约的非价格条款的实证研究。实证检验社会关系网络、公司治理、社会关系网络和公司治理的交互效应对是否要求担保、债务契约限制性条款密度的影响。对实证结果进行一系列稳健性的检验，并进行调节效应检验，考察社会关系网络和债务契约的非价格条款之间的关系如何受到公司治理变量的影响。进行中介效应检验，分析社会关系网络通过什么机制或渠道影响债务契约的非价格条款。

第 8 章，社会关系网络、公司治理与权益资本成本的理论分析。社会资本通过信息、信任和声誉等机制对企业权益资本成本产生重要影响。本章理论分析社会关系网络、公司治理、社会关系网络和公司治理的交互效应对权益资本成本的影响机制，提出相关研究假设。

第 9 章，社会关系网络、公司治理与权益资本成本的实证研究。实证检验社会关系网络、公司治理、社会关系网络和公司治理的交互效应对权益资本成本的影响，并对实证结果进行一系列稳健性的检验。进一步对社会关系网络与权益资本成本之间关系进行异质性分析和中介渠道机制检验。

第 10 章，结论与展望。在上述章节分析的基础之上，本章对主要研究结果进行总结提炼，根据研究结论提出政策建议，并对未来进一步研究进行展望。

1.3　研究方法和技术路线

1.3.1　研究方法

本书是一项涉及公司财务学、社会学、制度经济学和金融学的交叉学科研究课题，将综合运用公司治理、金融学和社会学等相关学科所采用的前沿研究手段。课题主要采用理论分析和实证检验相结合的研究方法。具体的研究方法包括：

（1）文献研究方法。广泛搜集和阅读国内外相关研究文献，全面掌握国内外相关研究领域的最新动态和研究现状，理清相关领域的研究脉络。通过梳理文献归纳总结理论基础、研究范式，选择研究视角、研究思路和研究方法等。重点归纳总结社会网络理论、委托代理理论、信息不对称理论、资源依赖理论等，为构建社会关系网络、公司治理与资本成本之间关系提供理论基础。

（2）比较研究方法。通过对先前文献有关社会关系网络的度量方法进行系统的梳理和总结，对各类社会关系网络的度量指标进行比较分析，并结合中国融资制度背景和社会关系网络数据的可获得性，对相关社会关系网络的度量指标进行补充和修正，探索适合中国国情的社会关系网络度量方法并构建社会关系网络的综合度量指标体系。对中国融资制度背景、市场化水平、投资者保护、政府干预、产品和要素市场、中介组织、内部控制、信息披露、董事会治理、大股东治理等进行国际比较，并且对中国各个省份、地区进行横向比较分析。

（3）网络分析法。网络分析是对社会关系与结构进行分析的方法，在网络分析中，代表行动者的点与代表行动者之间关系的线构成网络图。具体分析步骤：①研究对象和网络边界的确定；②收集和整理研究对象相互关系的数据；③整理绘制数据矩阵；④绘制网络图；⑤解释结论。

（4）规范研究方法。本书结合中国融资制度背景，根据不完全契约理论、委托代理理论、信息不对称理论和社会关系网络理论，理论推演社会关系网络、公司治理如何影响资本成本，以及社会关系网络与资本成本的关系如何随着公司治理水平（内部治理水平和外部治理环境）的变化而变化，探究社会关系网络、公司治理结构在债券与契约设计和安排过程中的影响机制，以及股东对社会关系网络和公司治理结构状况的评估。

（5）实证研究方法。本书根据理论分析结果，采用大样本研究，构建计量经济模型实证检验社会关系网络、公司治理如何影响资本成本，以及公司治理如何影响社会关系网络与资本成本（限制性契约条款）之间的关系。具体的检验分析主要使用 SAS 与 Stata 等软件，建立 OLS、Logistic、Poisson 回归模型等。

1.3.2 技术路线

本书的研究技术线路可归纳为三个阶段、九个步骤。

三个阶段：研究准备阶段（或问题提出阶段）——确立研究框架、进行研究阶段——归纳形成结论、提出政策建议阶段。

九个步骤：

① 文献搜集与梳理。搜集国内外有关社会关系网络、公司治理和资本成本等相关文献，并对其进行整理、归纳和总结。

② 建立研究框架。在对文献进行研究的基础上，对银行高管、上市公司财务经理、投资基金经理等进行访谈，以期获得他们关于债务契约设计和公司债券、银行贷款、股票发行上市的看法和观点，建立相应的研究分析框架。

③ 理论分析。在分析代理冲突、信息不对称、契约理论和社会关系网络理论等基础上，搭建一个描述社会关系网络、公司治理和资本成本（债务资本成本、债务契约非价格条款、权益资本成本）之间关系的理论框架。

④ 提出研究假设。在理论分析的基础上，提出可供实证检验的研究假设。

⑤ 社会关系网络内涵的界定和度量研究。结合文献研究法，对社会关系网络的内涵和度量方法进行系统的梳理和总结，根据数据的可获得性并结合中国实际构建适合中国国情的社会关系网络度量指标。

⑥ 实证模型研究。基于计量经济分析，构建大样本研究的实证检验模型。

⑦ 选择研究样本和收集整理数据。第一，从 CNRDS、WIND 和 CSMAR 等数据库收集相关数据；第二，从公司年度报告中收集相关数据；第三，利用网络爬虫技术，从公司年报、几大门户网站及财经专业网站中抓取相关数据；第四，从相关统计年鉴中收集相关数据；第五，从银行等金融机构收集相关数据。

⑧ 开展实证研究。根据确定的研究样本和收集整理的相关数据，选择和运用适当的研究方法，对所提出的研究假设进行实证检验。

⑨ 归纳形成结论，提出政策建议。在对实证研究所得出的结果进行分析的基础上，进行合理的归纳，形成本书的主要研究结论，并提出相应的政策建议。

本书的研究思路和技术路线如图 1-4 所示：

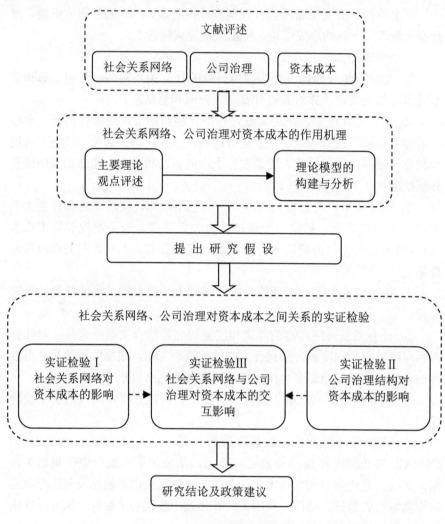

图 1-4 研究思路和技术路线

1.4 关键术语界定

（1）资本成本

本书所研究的资本成本包括债务资本成本和权益资本成本。

债务资本成本分为价格型和非价格型。具体地，债务成本通常包含价格型（例如，贷款息差、债券息差）和非价格型［例如，贷款（债券）

抵押或限制性条款等）两种契约类型，债务契约的设计和安排通常与债务人的违约风险特征有关（Shockley & Thakor, 1997）。针对违约风险较高的债务人，债权人不仅需要设计价格条款，更需要安排严格的非价格型条款（提供贷款担保或使用更多的限制性条款）以加强监督并控制风险（Strahan, 1999）。据此，结合中国特殊的融资制度背景和债务契约数据的可获得性，本研究用公司债券收益率减去匹配期限的中国国债收益率，得到债券收益率差（spread）作为债务资本成本的度量。此外，用债券是否要求抵押、限制性条款的数量等代理变量来描述和刻画债务契约的结构特征。

权益资本成本是股东投资于股票所要求的必要报酬率，是权益投资者对所承担风险而要求的补偿，这种风险主要源自交易前后融资方经营情况和财务行为的不确定性。文献中通常根据经验估计当前股价和分析师盈余预测中隐含的股权成本，事前隐含的资本成本被用来代替预期的权益成本。学者们开发出一系列度量权益资本成本的模型，包括剩余收益估值模型、异常收益增长估值模型。关于哪些模型表现最好或如何评估模型，文献中还未达成共识。因此，我们遵循先前的文献，使用多个模型估计作为我们对股权成本的衡量，以减轻与特定模型相关的测量误差的影响。

（2）社会关系网络

作为一种非正式社会制度，社会关系网络等社会资源相互融合、共同作用形成的社会制度环境，具有提高信息流动、信任和声誉约束，促进金融交易活动发展等潜在功能（Guiso et al., 2004; Allen et al., 2005），有助于处理好各类道德风险、代理冲突及激励问题（Stiglitz, 2000）。社会关系网络是指镶嵌于公司高管和其他经济参与者（包括政府官员、银行高管、其他公司高管等）之间的非正式人际关系网络之中的一种内在资源，这种社会关系网络通过礼尚往来、互惠互利、人情交往等非正式机制逐渐得到增强和巩固。无论公司的经营能力和发展前景如何，镶嵌于社会关系网络之中的高管社会资本都将为公司带来诸多利益（获取私有信息、金融资本等稀缺资源）。社会关系网络用社会关系网络中心度和结构洞（structural holes）来衡量公司在社会关系网络中的优势地位。中心性反映信息量的多少，结构洞则反映信息的多样性。

（3）公司治理

公司治理是一个非常宽泛的概念，本书研究的公司治理包括内部治理机制及外部治理环境。内部治理机制包括了股东治理结构、董事会治理、内部控制、信息披露等，外部治理包括投资者保护、市场化水平、法治化水平、政府与市场的关系等外部治理变量。公司治理可以减少代理问题，保护中小股东免受经理人和控股股东的侵占。因此，公司治理能力良好的公司具有较高的价值和会计盈利能力已被广泛认可，强有力的治理实践还可以通过提高财务报告质量和降低监督成本来降低投资者所要求的回报率。

第 2 章　文献研究综述

2.1　社会关系网络研究综述

在过去的数十年里，学者们对社会关系的认识发生了显著变化。在此思潮下，有关企业高管和董事的社会关系网络的信息越来越多，学术界的社会关系网络研究也越来越多。关于高管和董事社会关系网络如何影响公司政策的研究已经从多个维度和不同角度展开。下面的讨论总结了与本书的研究相关的社会资本理论和社会关系网络的相关文献。

传统财务研究普遍基于委托代理框架，假设个体都是理性行为人，然而社会学强调个体的决策行为并非仅取决于个人，而是同时受所嵌入的社会关系的影响，个人行为和制度都镶嵌在社会网络中（Granovetter, 1985）。社会网络是一种包含了个体与个体之间关系的社会结构，是行动者和联结他们之间关系的集合。Lin（2002）提出社会关系网络本质上是一种非正式的社会结构，是一种弱联结关系。因为它在位置和规则以及对参加者分配权威的过程中几乎不存在正式性。按照社会学理论，弱联结相比于强联结，更容易成为突破社会边缘获取信息和其他资源的来源，也更容易将网络内部的重要信息传递给不属于这些群体的其他人。国内外学者基于社会嵌入观点对财务理论进行了研究，肯定了社会网络的多种嵌入机制（认知、关系、结构等）对资本市场及公司行为的重要意义。

从资源依赖（resource dependency）理论出发，则从内部动因的角度解释了行动者构建社会关系网络的需要，凝结于个体的社会资本使组织与个人借助网络获得嵌入在其中的知识、信息和声誉等资源（Lin, 2002; 边燕杰和丘海雄，2000）。企业与企业、企业与政府之间这种特定关系的建立可以给企业的发展带来竞争优势（Powell et al., 1996）。在信息时代，组织所面临的环境更加不确定和复杂，信息和知识取代了传统的物质资源在企业获取竞争优势过程中的地位，成为企业取得市场竞争优势的战略性资源（李维安等，2014）。

从信息传递（information transfer）的角度出发，许多研究表明，社会关系是一种有效的信息交换手段。Javakhadze et al.（2016b）认为，高管和董事之间的社会关系网络有助于降低金融市场中的信息不对称性。Cohen et al.（2008）认为，社会关系网络为确定资产价格的信息传播提供了重要的渠道。因此，对信息资源的需求和依赖也促使公司努力在关系网络中占据核心地位，努力掌握更多的物质、信息和关键资源，增强自身的竞争优势和决策优势（孙国强等，2016）。

从社会关系网络与社会信任（social trust）建立的角度出发，关于社会关系网络的文献表明，社会关系互动有助于发展信任关系（Granovetter, 1985）。首先，与大量社会关系网络参与者频繁而密切地互动，使得社会关系联结更好的高管和董事能够建立更多的信任关系。社会关系网络中的参与者具有某种共同的背景（如职业、地理和种族）是普遍存在的，这种共同的联结纽带也增强了网络成员相互的信任。由于信任，社会关系网络促进了可靠信息在相互关联的个人之间的传递。因此，社会关系网络联结较好的高管和董事更容易获得更及时、更准确的信息。社会关系网络是一种创建信任关系的方式，对社会成员之间的准确信息传递产生积极的影响。社会资本通过对信任的影响减少了金融发展的潜在障碍，高信任水平社会中的经济主体只需投入较少的资源来保护自己免受可能的合同和财产权侵犯，更多的资源可以用于金融交易。社会成员之间的高信任度降低了信息搜索和监督成本，促进了社会成员之间的诚实交易和合同执行，从而提高了透明度以及合同执行和管理决策的效率。因此，高管和董事社会关系网络中建立的信任机制有望提高企业与投资者之间的信息质量。

总之，社会关系网络在商业领域发挥的重要性早已得到学界的认可，大量文献研究了社会关系网络在商业活动中的重要作用。我们将从社会关系网络与资本市场、公司治理机制、行为决策、企业价值等方面对现有文献进行梳理。

2.1.1　社会关系网络与资本市场

已有大量文献证明社会关系网络能够以促进私有信息传递的方式为网络成员带来利益。Cohen et al.（2008）以美国上市公司为样本，分析了基金经理与董事之间基于社会关系网络交换私人信息对资产价格的影响，发现当共同基金经理与公司董事会成员具有教育经历关联（校友关系）

时，基金经理会赋予关联公司更多的资源配置权重，并且会产生更好的投资业绩表现，证明校友关系网络是基金经理获取私有信息的重要渠道。杨玉龙等（2017）研究发现，开放式基金持有的投资组合中，基金经理对与其有校友关系的上市公司持仓份额更大，在基金投资组合存续期间，基金经理通过持仓关联公司获取了超额收益。上述证据表明基金经理通过与上市公司高管的校友关系构建了私有信息渠道，取得了信息优势。同样，社会关系网络也能够帮助分析师获取公司的私有信息，提高其荐股时的预测能力。先前的文献表明，关联分析师（被 IPO 公司证券承销商雇用的分析师）参与 IPO 公司上市流程能够提高分析师盈利预测的质量。首先，关联分析师参与 IPO 公司上市流程有助于分析师以较低的成本获取通过公开渠道无法取得的私有信息，有助于分析师更好地了解企业经营管理活动（Soltes, 2014; Green et al., 2014）。其次，关联分析师参与 IPO 公司上市流程有助于分析师与股票发行方、投资者以及证券监管部门开展更多的沟通与交流，有助于分析师更好地了解企业的未来前景（Brown et al., 2015; Hobson et al., 2012）。关联分析师参与 IPO 公司上市流程有助于分析师获取更多的行业信息，这对于准确预测公司业绩也是必不可少的（Boni & Womack, 2003）。Brown et al.（2015）发现美国分析师也依赖于从管理层的私人通信中获取信息，且这种来自私有渠道的信息比分析师自己的研究更有价值。通过构建分析师荐股投资组合，Cohen et al.（2010）发现与上市公司高管具有校友关系的分析师推荐的股票表现更好，收益率比没有关联的分析师推荐的股票高 6.6%。

资源配置效率是资本市场的重要特征，而社会关系网络在资本市场资源配置活动中发挥着重要作用。Brockman et al.（2019）以中国特有的"政府+市场"股票发行制度为背景，实证检验股票发行公司的社会关系是否有助于提高股票发行的审批通过率。研究发现，当为股票发行提供专业服务的会计师事务所或律师事务所中有全职工作人员在股票发行期间当选为中国证监会股票发行审核委员会成员时，公司股票发行成功率会显著提高，表明社会关系能为公司股票发行创造便利条件。而当股票发行公司存在异常盈余管理行为、严重的关联方交易活动或者存在大股东掏空行为时，社会关系对股票发行通过率的积极促进作用会更加显著。Akbas et al.（2016）发现董事关系网络联结的数量（程度中心度）会导致市场知情交易水平的上升。Cheng et al.（2019）在此基础上进一步考察了整体董事网络与市场知情交易的关系，发现是董事会联结数量的"质量"（中介中心度与特征向量中心度），而非数量与负面盈余公告前市场的卖空交易量显著正相关。这一结果说明董事会之间的良好联结增加了非公开信息通过关系网络泄露的机会从而导致知情交易增加。Cheng et al.（2019）研究了控股与非控股大股东之间的联结关系是否在促进他们私人利益获取和规避监督方面发挥着重要作用。控股股东与其关联股东（包括与控股股东有股权关系、亲缘关系、董事会/管理层关系等），两者受到的监督力度不同。与关联股东相比，市场参与者和监管机构对控股股东的监督更为严密，因此，他们之间可能会通过合谋来攫取利益，比如关联股东可以通过提供一致投票或作为潜在的一方帮助增强控股股东的能力。以 2006—2014 年中国上市公司的股票减持事件为样本，研究发现，虽然控股股东在出售前没有大举抬高股价，但他们会帮助其关联股东私下以异常高的价格出售股票，通过盈余管理和操纵披露使关联股东在抛售股票前获得了比控股股东更高的异常收益。以上研究都证实，当"关系"在社会资源配置以及经济决策中发挥重要作用时，独立于社会关系网络之外的人将会遭受损失。此外，基于社会关系网络而带来的私有信息共享也可能会给股东带来交易成本。Cai et al.（2016）从社会关系网络对知情交易的影响这一角度出发，研究了华尔街投行与上市公司高管的关系对公司交易成本的影响。研究发现，上市公司与华尔街的社会关系网络会降低公司股票的买卖价差，高管的社会关系网络每增加一个单位将会对公司股东造成超过 100 万美元的交易成本损失，这说明公司的社会关系对股东来讲是一种负担，并且这种效应在社会关系越多越强的公司中越显著。另外，社会关系带来的利益冲突也可能会减弱分析师的信息价值。分析师在对上市公司发布盈利预测时存在不同的动机。已有研究发现证券公司经纪收入是决定分析师薪酬的重要因素（Groysberg et al., 2011），参与 IPO 公司上市流程使得分析师与投资者具有更多交流的机会，由此导致分析师的乐观态度会对 IPO 股票定价以及 IPO 以后股票交易数量产生重要影响。Cowen et al.（2006）也发现证券公司经纪收入与分析师乐观预测偏差存在显著的正相关关系，这表明参与 IPO 公司上市流程的关联分析师存在降低盈利预测准确度、增加乐观偏差的动机，存在乐观偏差的盈利预测能够通过提高股票发行人和承销商的收益进而使关联分析师获益。Lim（2001）、Ke & Yu（2006）研究表明，分析师与股票发行方的频繁接触会强化分析师对自身职业发展的考虑。分析师为了与股票发行方建立良好的合作关系以便未来能够进入客户公司谋求管理职位，也会积极迎合股票发行方的要求从而发布具有乐观偏差的盈利预测。Dambra et al.（2018）利用美国资本市场的 IPO 数据，研究发现当关联分析师被允许参与 IPO 上市流程后，分析师盈利预测的准确度显著下降，盈利预测的乐观偏差显著上升，由此导致投资者对关联分析师盈利预测的市场反应下降。而更严重的后果在于，当投资者完全依赖 IPO 公司关联分析师发布的研究报告购买股票后，至少会产生 3% 的投资损失。进一步研究发现，股票发行人、承销商、分析师都能从乐观偏差的分析师研究报告中获得好处，这也是分析师在某些情况下愿意以牺牲自身声誉为代价发布不准确盈利预测的原因。基金经理在很大程度上依赖金融分析师获取信息，因为这可以帮助其获得超越其他投资者的信息优势并为其创造超额的回报（Mikhail et al., 2007）。

　　基于中国的社会背景，Gu et al.（2019）研究了卖方分析师和基金经理之间的社会关系如何影响他们的决策，结果发现基金经理更偏好持有与其存在社会关系的分析师所跟踪的股票，基金经理可以从持有这些股票中获取更高的投资收益，并且在信息透明度低的公司中超额收益更高。此外，基金经理所在的基金公司更偏好将明星分析师选票投给关联分析师，也更有可能将交易佣金分配给关联分析师所在的证券公司，而分析师主要通过对关联股票进行更多实地调研、发布更具乐观偏向的推荐报告两种方式帮助关联基金经理获取超额收益。类似地，何贤杰等（2014）考察了上市公司独立董事与券商所构建的社会关系网络。研究发现，当上市公司聘请了具有证券背景的独立董事以后，券商自营机构的投资者对这些公司的持股比例显著增加。进一步地，券商自营机构通过投资具有证券背景独立董事的公司亦获得了超额收益。这表明在我国资本市场上网络内成员也能凭借社会关系获取私有信息优势。曹胜和朱红军（2014）考察券商自营业务对旗下分析师独立性的影响，发现分析师对所属券商重仓持有股票会更乐观，但从长期来看，关联分析师的买入评级带来的超额收益显著更低。姜波和周铭山（2015）发现相比于非关联分析师，关联分析师对参股基金公司重仓持有的股票评级更高。

　　大量国外文献已证实投资者之间的网络关系能够促进信息扩散，为投资者带来额外的收益。Hong et al.（2000）通过研究共同基金，发现在同一城市工作的基金经理的持股和交易是相关的。进一步地，Pool et al.（2015）发现居住在同一街区的基金经理，其投资组合相似度远高于在不同街区的基金经理。Hochberg et al.（2007）采用网络中心度的方法研究了风险资本投资网络与投资绩效的关系，发现风投网络中心度越高，其投资的公司业绩更好并且上市成功的概率越高。同样，Ozsoylev et al.（2014）指出，投资者关系网络中传播的信息会显著影响机构投资者的交易决策从而影响股票价格，处于网络中心的投资者会比边缘投资者更快作出反应并获得超额收益。Pareek（2011）研究了基金网络对资产定价的影响机制，发现信息的中心化导致了更高的股票波动性。Colla & Mele（2010）发现网络中关联比较紧密的投资者，他们之间的投资行为是显著正相关的。Rossi et al.（2018）研究发现，经理人的网络中心度与投资组合绩效显著正相关，关系型经理人承担更多的投资组合风险，获得更高的投资者流量，基金经理通过网络关系提高了利用投资机会的能力。这一结果为社会关系网络如何转化出更好的投资组合绩效提供了证据。

基于 Pareek（2011）的研究思想，肖欣荣等（2012）利用投资者网络对羊群行为的内在形成机制进行了研究。他们以重仓股票构建基金网络，检验了基金经理的羊群行为是否与来自基金经理网络中的私人信息有关。他们发现基金网络对于基金的投资决策有显著影响，这种影响方式主要是通过基金网络上承载的私人信息影响基金经理的交易行为。党兴华等（2011）、窦尔翔等（2012）通过对风险投资者网络的研究，证明了中心度、结构洞等网络特征对风投机构的投资收益的正向影响。申宇等（2015）以基金经理之间校友关系构建的关系网探究了校友关系溢价产生的机制，发现我国基金经理存在小圈子效应，网络成员因享有更多的私有信息进行了更积极的主动投资。

总的来说，社会关系网络中信息的传播与扩散会对投资者的行为决策造成影响，最终改变了市场的资产价格。

2.1.2　社会关系网络与公司治理机制

社会关系网络如何影响公司治理机制也引起学者的广泛关注（Andres et al., 2013; Hwang & Kim, 2009; Kuhnen, 2009; Fracassi & Tate, 2012; Subrahmanyam, 2008）。这部分文献大致可以分为两类：一类研究重视个体关系"属性"，聚焦到个体的私人联结关系上，比如政治关联、校友关系、老乡关系、同事关系等；第二类则更强调"关联"，随着社会网络分析范式的引入，学者逐渐从整体层面探寻网络个体的行动机制，比如董事网络、高管网络。国外学者对政治关联影响效应的研究有比较多的文献，大多表明政治关联以及政府控制会对市场造成扭曲，降低社会整体经济效益（Bortolotti & Faccio, 2009; Brockman et al., 2019; Caprio et al., 2013; Chaney et al., 2011; Faccio et al., 2006）。

董事网络被定义为董事之间由于某一社会关系而建立起的联结集合，国内外研究已经比较成熟。目前对于董事网络是促进还是阻碍了监督作用尚未获得一致结论。现有的一部分实证研究在分析了董事网络对管理者薪酬的影响后，得到的结果大都支持董事网络对董事的监督行为有负面效应的结论。Ferris et al.（2003）认为董事兼任数职，其监督与决策建议的能力可能会由于精力分散而无法发挥最大的作用。社会关系网络赋予信息优势的同时，董事会之间的社会关系和通过董事网络在公司之间建立的密切关系可能会降低董事会成员的独立性，从而加剧代理问题。此外，作为人脉广泛的董事，可能需要与董事会以外的利益相关者（比如在政治、媒体等领域）建立联系。可以说，花大量时间满足这种社会需求的董事，花在监督职责上的时间更少。大概有两种假说来解释董事网络对公司治理的影响。一是声誉假说，即当董事社会关联度低的时候，为了建立良好声誉他们会倾向于提供更高的监督，但当董事社会关联度高的时候，由于他们在网络关系中的位置是安全的，并不需要提供更多的努力来监督管理层，故而更倾向于减少监督。二是议价能力假说，即拥有更多网络关系的董事讨价还价能力更强，他们不必担心管理层的报复和职业生涯，从而可以提供更有效的监督。通过对 2003—2006 年 133 家德国公司的抽样调查，Andres et al.（2013）检验了公司治理与董事社会网络中的地位之间的关系。结果发现，董事网络关系密切的公司其管理层薪酬水平显著更高，公司绩效显著更低，在董事嵌入社会关系网络更多的公司中，其监督作用更低。以上文献均证明了董事网络作为一种负面机制，会给董事治理职能的发挥造成负面影响，处于董事网络中心的董事倾向于相互偏袒和获取职业生涯的安全网络，且维系这种网络需要花费时间和资本，由此导致其放松了对管理层的监督。

董事之间的社会关联往往是一种非正式的联结（Hwang & Kim, 2009），另一部分针对董事网络的研究发现，独立董事能够通过社会网络获得信息、知识与声誉收益，提升其在资本市场上的价值。嵌入社会结构中的高管、股东个人关系网络作为重要的公司治理特征，也会直接影响公司的治理行为与经济后果。既有文献记载了社会关系网络对经理人的好处（Cohen et al., 2008; Horton et al., 2012），例如拥有特权、及时地获得信息、增加社会资本。如果这些优势使董事能够更好地履行其董事义务，比如董事联系有助于信息或知识的有效转移，或者有助于了解公司政策和做法，那么董事会之间的联系是有益的，紧密的社会关系网络有利于公司治理（Freeman, 1978）。另外，连锁关系网络的良好连通性通常会提高董事在劳动力市场的声誉资本（Vafeas, 1999; Schmidt, 2015; Shivdasani & Yermack, 1999）。这种声誉资本可以作为一种强有力的治理机制，缓解代理问题（Fama, 1980），使董事在面临管理层或大股东的压力时，讨价还价能力更强，有助于其监督职能的发挥，并有效抑制管理层的机会主义行为。已有证据表明，居住在社会资本水平较高社区的个人，即居住在合作规范强、社会网络密集的社区的人从事机会主义或自私行为的概率更低。

国内外研究董事网络的重点进一步扩展到了股票期权倒签（Bizjak et al., 2009; Reppenhagen, 2010）、避税政策（Brown, 2011）、信息披露（陈运森，2012）、盈余管理（Chiu et al., 2013）等方面。基于连锁董事可能在企业间信息传递中发挥重要作用的观点，一些研究考察了连锁董事对企业战略和治理实践的影响。由于社会网络可以起到传递信息和知识的作用，因此不同公司的政策会由于董事网络内学习效应的存在而扩散。在 20 世纪 80 年代美国收购浪潮中，毒丸计划（poison pills）和金降落伞计划（golden parachutes）就通过董事网络在公司之间快速传播与应用。Davis & Greve（1997）的研究表明，董事网络会促进毒丸计划和金降落伞计划在 S&P 500 公司中扩散。这项研究支持这样一种观点，即连锁董事等社会关系网络在促进企业之间的信息交流和确定跨企业和行业采用的实践方面发挥着重要作用。但由于毒丸计划属于公开信息，因此很难区分这种做法是关联了董事还是通过其他渠道传播。与属于公开信息的毒丸计划不同，期权倒签是一种未公开信息。Bizjak et al.（2009）探索了连锁董事在解释股票期权倒签做法的传播中所扮演的角色。他们假设董事会网络是一种促进股票期权倒签的机制，当董事成员曾经在其他公司从事过类似股票期权倒签行为时，那么该公司更有可能会倒签股票期权，CEO 年龄小、股价波动性大、CEO 持有的股票和期权多的公司，其倒签期权的概率就比较高。Battiston et al.（2003）发现拥有共同董事的公司作出的决策具有相似性，这种羊群行为正是由董事网络之间的信息传递导致的。Kang & Tan（2008）从社会网络的角度研究了会计选择，认为股票期权授予的自愿性费用化可能由董事连锁导致的社会影响和学习所驱动，如果公司的内部董事与其他进行过股票期权授予的自愿性费用化决策的公司连锁，或者与曾经投资过财务舞弊公司的机构投资者的董事会连锁，那么公司就有可能自愿费用化股票期权。Cai et al.（2014）以美国上市公司为样本，从组织间模仿视角实证检验了连锁董事与管理层自愿信息披露决策的关系，探究连锁董事对公司治理效率的影响。类似地，Chiu et al.（2013）检验了盈余管理是否通过董事网络在公司间传播。发现在一家公司发生财务重述的当年以及之后的两年内，与公司共享连锁董事的公司都会受到影响而进行更多的盈余管理。当连锁董事担任领导或会计相关职位时（如审计委员会主席或成员），盈余管理的传染性更强。与此相反，Chen et al.（2014）的经验证据则表明，董事连锁可以帮助独立董事约束大股东的掏空行为，在公司治理中扮演着积极的作用。

不同于董事网络对公司治理作用的研究，管理层—董事的关系网络研究主要侧重于高管与董事之间由于某种社会联结而对公司治理独立性造成的破坏。公司的高管和董事在很多方面都具有关联，可能同时在另一家公司的董事会任职，或者过去以雇员或董事的身份一起工作过。他们也可能在职业关系网络之外建立联系，比如高管们可以在同一个俱乐部打高尔夫球、一起参加商业圆桌会议、担任相同慈善组织的受托人，或者他们可能毕业于同一个 MBA 项目。董事为了获取席位和利益会选择与 CEO 合谋，使得其治理作用难以发挥，从而降低公司价值。Hwang & Kim（2009）、Fracassi & Tate（2012）以及 Westphal & Stern（2007）研究了 CEO 与董事之间个体层面的社会关系对公司治理造成的影响，都证实这一关系往往会破坏董事和高管自身的独立性。利用高管与 CEO 当前和过去的职业经历、教育经历以及是否参加相同的俱乐部、慈善机构等组织，Fracassi & Tate（2012）检验了管理层和董事之间的社会关联是否会影响随后董事的任命及公司绩效。基于美国 2000—2007 年标准普尔 1500 家公司的面板数据，他们发现强势的 CEO 更倾向于任命与自己有社会联系的董事，董事和 CEO 之间的私人关系会削弱董事会的监督功能，社会关联程度高的公司估值更低，并购不良资产的概率更高。Shue（2013）通过对哈佛商学院 MBA 学生的随机分配，发现高管校友网络是管理决策和公司政策的重要决定因素。在一个班级中，同一小组的毕业生与不同小组的毕业生相比，高管薪酬和收购策略都更为相似。Nguyen（2012）发现当 CEO 和董事处于同一个精英教育学院时，CEO 在公司业绩不好的时候更不可能被更换，哪怕被强制更换后也更容易找到新的职位。利用美国市场 2000—2007 年的数据，Engelberg et al.（2012）研究发现 CEO 社会关系网络对高管薪酬产生重要影响，校友关系网络越强，高管薪酬越高。类似地，Hwang & Kim（2009）研究发现社会关系较差的 CEO 薪酬相对较低，薪酬业绩敏感性更强，CEO 聘期与经营业绩之间的相关性更高。Horton et al.（2012）选取了 4278 家英国上市公司为样本，利用 2000—2007 年 31495 名董事构建了一个完整的连锁董事社会关系网络。利用社会网络分析法来衡量 CEO 以及外部董事的社会关联程度，结果发现，高管的社会关联性与薪酬正相关。由这些关系产生的高管薪酬与未来的公司绩效有着显著的正相关关系，外部董事的网络关联性与其薪酬呈负相关，这一结果与 Fama（2012）的声誉假说一致，即认为董事为了获取声誉有动机和能力去监督管理层，而非建立声誉后就放松监管。Hoitash（2011）从股东利益最大化的角度检验了与管理层（内部董事）有社会关系的独立董事是否能够有效地监督管理层。结果表明，社会关联程度与高管薪酬正相关，而这一结果主要是由包括薪酬委员会成员在内的社会联系造成的。从理论上讲，社会关联是否会加强或削弱董事的监督尚不清楚，与管理层有社会关系的独立董事可能会作出对管理层有利的决策，也可能提高内外部董事的信任和信息共享，加强董事监督的有效性。

　　另一类文献探讨了资本市场上其他利益相关者与 CEO 之间的网络关系对公司治理的影响。同样，社会关联可以通过促进有效的信息传输来缓解代理冲突，但也可以成为合谋的渠道。Westphal & Bednar（2012）研究发现，机构投资者与 CEO 的社会联结关系会对其参与公司治理造成阻碍。Kuhnen（2009）发现美国共同基金行业的基金董事和管理基金的咨询公司基于过去的联系程度优先地互相聘用对方，但并没有发现这种纽带会导致更好或者更坏的后果，可能是这种联结关系一方面促进了监督，但另一方面也增加了共谋的风险。Butler & Gurun（2012）研究发现与非关联基金相比，基金经理与 CEO 具有校友关系的共同基金更有可能投票反对股东发起的限制高管薪酬的提案。此外，基金经理与高管之间的校友关系与薪酬显著正相关。这说明了公司管理层与基金经理之间有可能通过放松监管来换取私人信息和利益。

　　国内对于社会关系网络对公司治理的研究最早是基于连锁董事层面开展的，大多数学者验证了董事网络对公司治理的改善作用。卢昌崇等（2006）将之归纳为四种理论体系，即互惠理论、资源依赖理论、金融控制理论和管理控制理论，结果证实了资源依赖理论，部分证实了金融控制理论和管理控制理论。陈仕华和李维安（2011）认为公司治理具有社会嵌入性，社会嵌入理论不仅可以解释代理理论和管家理论视角不能解释的诸多现象，而且还为公司治理的政策制定带来有益启示。陈运森和谢德仁（2011, 2012）利用社会网络分析方法考察了上市公司董事网络中位置的差别对独立董事治理行为的影响。具体而言，网络中心度越高，公司的信息披露质量、投资效率和薪酬—业绩敏感度越高，独立董事治理作用越好。李敏娜和王铁男（2014）认为董事治理所需要的信息、知识和声望包含于董事网络中，因而公司能够通过这些信息发现高管薪酬激励方式的不足，带来高管薪酬激励方式的转变，并且这种转变越是合理，激励高管的效果就越显著，高管就越会努力促进公司的成长。相反，陆瑶和胡江燕（2013, 2014）利用 CEO 与董事间的同乡关系对公司风险水平的影响检验了董事会的监督功能，结果证实 CEO 与董事之间的老乡关系会减弱董事会的监督力度，使得管理层更易进行高风险的投资行为。此外，裙带关系显著提高了公司的违规倾向，同时降低违规后被稽查出的概率。刘诚和杨继东（2013）研究发现，独立董事能够有效监督 CEO，而与 CEO 存在社会关系的董事却成了 CEO 的保护伞。

近年来关于社会网络和公司金融的交叉研究逐渐增多，大量研究主要集中于董事网络，而以股东关系网络作为切入点的研究并不多见。对比董事网络，股东关系网络有其独特性。目前国内学者也开始关注股东社会资本和社会关系网络的研究。例如，马连福和杜博（2019）发现非控股股东的网络位置中心度对控股股东私利行为具有显著的抑制效应。

2.1.3　社会关系网络与公司行为决策

社会关系对公司行为决策也产生了深刻影响，这些行为决策包括投资、融资、并购、创新等。Fracassi（2017）研究发现，社会关系密切的两家公司之间更有可能相互发生投资行为。陈运森（2015）发现企业所处的网络结构洞越丰富，企业的经营效率和投资效率越高。Ishii & Xuan（2014）研究发现社会关系还会对并购绩效产生影响。Johansen & Pettersson（2013）发现社会网络会影响审计师选择和审计收费。Helmers et al.（2017）发现连锁董事在企业间信息传递中起着关键作用，验证了董事网络对创新绩效的正向效应。

最近的研究开始关注社会关系网络与融资行为决策的关系（Yen et al., 2014; Owolabi & Pal, 2013; Engelberg et al., 2012; Chuluun et al., 2014; Charumilind et al., 2006）。国际研究大都表明，社会关系可以增加公司外部融资并且降低融资成本。Yen et al.（2014）研究发现 CEO 在商贸协会中担任领导职务可以帮助公司从银行获得更多、期限更长的贷款，并享受较低的利率。Owolabi & Pal（2013）利用 15 个欧洲中东部国家 5040 家公司样本，研究发现具有商业关系网络的企业在寻求外部融资的时候具有优势，它可以降低金融机构贷款时的潜在代理成本，增加外部融资机会。在债务契约中，如果决策制定者利用自己掌握的私有信息侵犯债权人利益，就会产生逆向选择和道德风险问题。这里的道德风险主要指公司以牺牲债权人利益为代价来满足股东利益的投机行为或自利行为，比如过度投资（Galai & Masulis, 1976）、债权稀释（Bebchuk et al., 2002）等。密切的社会关系网络能够强化来自外界的制裁，提高决策制定者对从事侵犯债权人利益的投机行为而感知到的边际成本，从而迫使决策制定者行为符合合作规范，减少债权人面临的道德风险。大量研究表明当银行预期面临较高风险时，会要求更高的利率（Bharath et al., 2008; Graham et al., 2008; Hasan et al., 2017）。银行将社会资本作为限制道德风险的外在压力，从而对社会资本高的公司制定较低利率。同时，合作会产生信赖，信赖会引起信任。银行会对社会资本较高的公司更加信任，从而制定较低利率。Hasan et al.（2017）发现社会关系网络更密集地区的公司获得的银行贷款利率更低、非价格条款更宽松。债权人把社会网络看作债务契约中限制公司投机行为的外在环境压力。Engelberg et al.（2012）利用美国 5057 家上市公司、1924 家商业银行共 65074 个董事或者 CEO 的个人数据，发现当公司的高管与银行家有社会关系时，比如校友关系、同事关系等，贷款利率明显降低，并且限制条件少、贷款数额大。Khwaja & Mian（2005）利用巴基斯坦 1999—2003 年 105917 家公司的借款数据，研究连锁董事对银行借款的影响，结果发现，连锁董事关系网络增加了公司 16.6%的外部融资机会，同时减少了企业陷入财务困境 9.5%的可能性。Chuluun et al.（2014）利用美国上市公司 1994—2006 年 5402 个债券样本观测值，用债券的买卖价差作为信息对称程度的度量进行了研究。研究发现，企业可以从良好的社会关系网络中获得借款成本较低的好处，支持连锁董事降低公司间的信息不对称性的假说。类似地，Güner et al.（2008）利用美国上市公司 1988—2001 年 32943 个观测值，研究发现，商业银行家加入董事会时，公司的外部融资增加，投资—现金流敏感度降低，融资现金流增加、信用等级提高；投资银行家加入董事会，公司债券发行增加。Charumilind et al.（2006）研究发现泰国上市公司高管与银行家和政治家有关系时可以获得更多银行长期贷款，并且只要较少的抵押。Braun et al.（2019）研究表明与银行连锁的董事会有助于缓解公司的外部融资约束，且公司获得贷款的机会更高。Benson et al.（2018）也证实了董事关联对信用评级的正向影响。类似地，Skousen et al.（2018）研究发现 CEO 网络中心度与债券评级之间存在显著的正相关关系，CEO 拥有更广泛的关系网络可能获得更高的债券评级。Gong & Luo（2018）利用美国 1998—2010 年 1135 个供应商数据，实证检验了供应链贷款人（指贷款人与借款人的大客户有借贷关系）从借款人大客户处获得的私有信息对借款人会计稳健性的需求，以及对债务合同条款的影响。研究发现，贷款人与借款人的大客户先前存在的借贷关系与较低的贷款利差、更长的贷款期限和更少的基于会计指标的限制性条款有关。这些国际经验证据表明，社会关系网络可以降低公司和金融机构之间的信息不对称风险，为公司增加融资便利。

　　国内学者最近的研究也开始关注连锁董事与融资行为。陈仕华和马超（2013）研究上市公司高管在金融机构兼职形成的联结对企业贷款融资的影响，结果发现，具有高管金融联结的企业可以获得较多的贷款、较低的成本，并且民营企业以及金融市场欠发达地区的企业，高管金融联结的贷款效应更强。俞鸿琳（2013）以 2006—2010 年上市民营企业为样本，研究发现关系网络有助于企业使用商业信用融资，尤其对小型企业的帮助程度最高。陆贤伟等（2013）的研究结果表明，存在融资约束时处于董事网络中心位置的公司债务融资成本降幅更大，说明信息不对称程度越高的公司越能从董事网络中获益，董事网络的信息传递功能和治理效应在信息不对称公司的融资中扮演重要角色。张敏等（2015）指出，董事长与总经理的个人社会网络有助于提高公司的风险承担水平。社会网络对企业风险承担的影响具体表现为债务融资和研发水平的提升，社会关系网络越丰富，企业负债越高。

　　同样的理论被用来解释公司的并购绩效（Schmidt, 2015; El-Khatib et al., 2015; Ishii & Xuan, 2014; Renneboog & Zhao, 2014; Cai & Sevilir, 2012; Chikh & Filbien, 2011; Singh & Schonlau, 2011），国际上还没有取得一致的研究结论。一方面，社会关系网络可以为并购双方提供信息沟通机制并降低信息不对称性，该信息优势最终会促使并购双方作出更优决策。另一方面，基于管理者或股东的社会关系为双方高管谋取自身利益提供了更大的空间，加剧了代理冲突，妨碍了并购决策。Ahn et al.（2010）研究表明，董事连锁的收购公司在并购公告日会出现更多负的异常收益。Schmidt（2015）运用美国 2000—2011 年 6857 个并购案例研究发现，当公司需要咨询的时候，董事会的社会关系与收购公告日收益正相关，当公司更需要监督时，董事会的社会关系与收购公告日收益负相关。El-Khatib et al.（2015）研究 CEO 网络中心度对并购绩效的影响，结果表明，网络中心度高的 CEO 发起的并购遭受了更大的价值损失，由于他们受到公司内部控制和经理人市场的约束较小，所以往往会利用他们社会关系的权力和影响来增加壕沟效应以攫取私人利益。类似地，Ishii & Xuan（2014）研究发现社会联结使并购公司放松了对潜在目标公司的尽职调查，对并购绩效有显著的负面影响，并且目标公司的 CEO 和董事都更可能留在并购后的公司。Chikh & Filbien（2011）考察校友关系及董事连锁产生的社会关系网络对公司并购的影响，结果发现，拥有较强网络关系的 CEO 更可能不顾市场的负面影响去完成并购决策。Singh & Schonlau（2011）发现董事会关系越多，随后的收购业绩更好，购买并持有的超额收益率更高，ROA

水平更高，产生 7%～12%的年度超额收益。类似地，Cai & Sevilir（2012）发现董事会关联的公司间并购交易产生了更好的并购收益。Renneboog & Zhao（2014）研究发现当并购发起方和目标公司之间存在董事联结关系时，并购成功的可能性更高，并购协商的时间更短，目标公司的董事更可能被邀请到并购后的公司中担任董事。Shue（2013）研究发现，哈佛大学商学院 MBA 入学时随机分配的小组在毕业后所形成的高管同学网络对公司决策有明显影响。同一个班级毕业生的公司产出相似，在并购战略方面相似性最强，来自同一小组的毕业生这种相似度更高，并且发现校友聚会后的一年里这种同窗效应是平常年份的两倍。

国内学者万良勇和胡璟（2014）发现上市公司独立董事的网络中心度越高，公司越容易发生并购行为，这表明独立董事的网络联结有助于独立董事更好地为并购决策提供咨询建议服务。此外，万良勇等（2014）还探讨了董事网络的结构洞特征对并购的影响，发现董事所获得的结构洞越丰富，公司越是能够通过董事网络获得强大的信息优势与控制力，快速获得并购信息与机会，展开并购活动。李善民等（2015）研究由股东网络带来的信息优势与企业并购行为之间的关系。研究结果表明，社会网络带来的信息优势降低了并购过程中的不确定性，对并购发起行为及并购绩效产生正面影响。刘健和刘春林（2016）的研究也表明在关联股东构成的并购事件中，关联股东的并购经验会促进并购绩效的提高。

总而言之，关系资源影响资源配置的社会体系中，社会关系网络会对企业经济行为产生不可忽视的影响（Piotroski & Wong，2012）。

2.1.4　社会关系网络与企业价值

组织社会学、经济学和金融学的大量文献强调了社会关联带来的潜在收益和成本。以往研究认为，社会关系网络主要从以下几个方面增加企业的价值：第一，社会网络带来大量关于行业趋势、市场状况、监管变化等方面的重要信息，这些信息在网络中流动，社会关系网络良好的个体有更多的机会获得这些信息，还能获得镶嵌在网络中的其他对公司运营和战略发展有用的资源，因此在作出战略决策时具有比较优势（Mol，2001）。第二，社会网络允许公司在签订合约时利用社会资本进行谈判以及减少签约过程中的信息不对称（Schoorman et al.，1981；Renneboog & Zhao，2014），这两个因素可以帮助改善合约。比如与供应商享有共同独立董事能够降低双方供销合约的信息不对称性，从而降低目标公司的投入成本。第三，个体拥有通过社会网络传递的重要和有价值的业务联系，这些联系可以是有用的商业关联的来源或其他经济利益和资源交换的来源（Nicholson et al., 2004）。第四，社会网络是企业间有价值的创新模式传递的渠道，通过这种机制，一家公司商业实践的成功或失败能够给另一家正考虑实行类似决策的公司提供有价值的信息（Haunschild & Beckman, 1998）。公司可以通过董事网络了解有效的公司治理实践、提高效率的技术、创新的薪酬结构。第五，董事网络代表了公司之间的沟通和资源交换的渠道，可以促进合作和竞争行为，为联系紧密的公司带来经济利益。

社会网络也可能会对公司业绩产生不利影响，现有的文献主要指出了以下几个原因：第一，社会网络可能会传播损害企业价值的管理实践。例如，董事网络被认为是股票期权倒签的重要原因（Bizjak et al., 2009; Armstrong & Larcker, 2009）。第二，董事兼任过多会导致其过于忙碌，以致其对公司监督或战略咨询的投入减少。这与忙碌独董的监督效果和股东财富负相关的观点是一致的（Core et al., 1999; Fich & White, 2003; Loderer & Peyer, 2002; Fich & Shivdasani, 2007）。第三，误导性或不正确的信息可能通过社会网络传播，从而损害公司的价值。第四，虽然社会网络丰富可以对股东价值产生积极影响，但由此产生的监管、诉讼和声誉成本会给股东价值带来净损失。

Santos et al.（2007）检验了巴西上市公司连锁董事的影响，发现公司价值与连锁董事人数负相关，拥有"繁忙"董事会（当主要的董事兼任三家或更多董事席位）的公司这种现象更显著。Braggion（2011）研究伦敦交易所 1895—1902 年 410 家上市公司经理人参加"共济会"对公司绩效的影响，结果发现经理人与"共济会"有关系的大公司，其代理成本更高、绩效更差。Berger et al.（2013）来自德国的经验证据表明，银行更可能任命具有较强社会关系的外部人进入高层，这种任人唯亲的行为导致了较差的绩效。Kim（2005）以 1990—1999 年 199 家韩国上市的大型公司为样本，考察了董事会网络特征（网络密度和外部社会资本）对公司业绩的影响，发现适当水平的董事会网络密度提升了公司价值，然而董事会网络密集则会破坏价值，并且董事会成员的精英学校网络跟企业绩效正相关。利用公司并购对董事会席位和董事其他社会关联造成的负面冲击，Hauser（2018）发现董事会任命的减少与更高的盈利能力、账面市值比以及董事加入董事委员会的可能性有关。在此基础上，Brown et al.（2015）发现由于并购而经历连锁董事职位减少的公司大多表现出在经营业绩、监督和战略咨询方面的改善。

国内关于社会网络对公司价值产生正面影响还是负面影响的争论一

直存在。一种假设认为，社会关系网络在转型经济中能够弥补市场失灵和制度漏洞，从而有助于改善公司绩效（卢昌崇等，2006；彭正银和廖天野，2008；田高良等，2011；段海艳，2012；陈仕华等，2013）。黄灿和李善民（2019）利用2007—2015年A股上市公司数据实证检验了股东关系网络对企业绩效的正面作用，并指出股东关系网络是一种弱联结关系，其对应的作用机制更多的是信息优势而不是资源效应。而另一种相反的证据则表明，转型中的公司治理失灵催生了连锁董事，其作为一种社会凝聚的工具，容易导致管理层机会主义行为，并最终损害企业价值（任兵等，2007；田高良等，2013）。

综上所述，在社会关系网络能否提升企业价值的问题上尚未达成共识，尚缺乏对于社会关系网络如何影响企业价值的内在机制的探讨。

2.1.5 社会关系网络研究现状评述

金融和会计学者掀起了一股研究社会关系网络影响效应的热潮。社会资本理论基于Burt（1992）和Lin（1999）提出的社会资本结构理论，提出了社会关系网络的社会资本观，认为社会资本可以从植入社会关系网络的资源中获得。社会资本理论认为，社会关系网络带来信息、信任和社会网络中固有的互惠规范（Woolcock，1998）。之前的许多研究使用社会资本理论来衡量企业领导者之间的联结，并调查这种联结是否与各种经济结果有关。

通过对国内外文献的梳理，不难发现：（1）国内学者已有的研究成果主要集中在高管政治关联、连锁董事网络、股东通过股权联结的关系对公司绩效和公司治理的影响上。在中国人普遍重视"关系"文化的背景下，研究更一般的社会关系，比如同学关系、同事关系、同乡关系等对公司资本成本的影响，据笔者掌握的文献，目前还鲜有涉及。（2）国内学者已有的研究成果，大多在较窄的社会关系范畴内（政治关联、连锁董事），主要集中在对高管和董事这两个主体的社会关系属性进行研究，并未将终极大股东的社会关系网络纳入研究框架。（3）目前国内的研究没有把社会关系网络和制度环境两者结合起来研究，没有考虑制度环境因素和社会关系网络对公司资本成本的交互影响。本书试图在国内外研究成果的基础上，在连锁董事网络和高管政治关联嵌入性社会关系网络研究的基础上进行扩展性的理论探讨，通过深入研究高管、董事和大股东特殊的社会关系网络来提高理论分析的纵深度，即从公司董事（高管）团队拓展到大股东，从一般的工具性关系的联结拓展到更一般的社会关系（同学关系、同事关系、同乡关系等）。本书的研究试图探讨在中国文化背景下，社会关系网络对公司权益资本成本和债务资本成本的影响，以及他们之间的关系如何受到公司治理（内部治理质量和外部治理环境）的影响。本书率先把社会关系网络和外部治理环境纳入对公司资本成本的影响研究，有利于丰富和完善资本成本理论。最重要的是，本书研究的各个主要变量之间是能够高度契合的，而不是简单跟踪学术热点。这主要体现在以下几个方面：影响公司资本成本的机制和路径主要是信息和信息的传递、信任的建立、战略资源的获取以及缓解代理成本，而社会关系网络恰恰可以在其中扮演类似的角色；债务契约中涉及一系列契约的执行，治理质量在保证契约执行的过程中具有非常重要的作用；社会关系网络（非正式制度）和治理质量（正式制度）的变迁会对公司的资本成本产生深远的影响，因此有必要探讨它们之间的交互影响。

2.2 债务资本成本的影响因素研究

作为财务决策的核心，资本成本（包括权益成本和债务成本）不仅是企业进行投融资的关键，也是影响经营业绩和资源配置效率的重要因素。股票市场、债券市场以及银行信贷市场的建立为企业融资成本的降低提供了外部条件，Modigliani & Miller（1958）最早利用经济学方法考察公司资本结构并提出，在资本市场有效的情况下，源于公司经营模式的商业风险和公司信息环境是决定公司资本成本高低的重要决定因素。随着信息不对称和代理理论的出现，学者们开始从会计信息质量和公司治理层面考察影响企业资本成本的因素。

公司债务融资主要包括银行贷款以及发行债券这两种方式。债务成本反映了债权人对所投资公司的风险和回报的感知，从银行借款的角度看，债务成本是银行对借款人信息风险和违约风险评估的结果（Fisher, 1959; Bradley & Roberts, 2015）。先前文献认为公司违约风险的高低一方面取决于微观层面上的债务人风险特征（Bradley & Roberts, 2015）和公司治理机制（Francis et al., 2007; Ge et al., 2012），另一方面还包括宏观层面上的制度环境因素，包括法律制度（Beck & DemirgucKunt, 2005; Qian & Strahan, 2007）、债权人权利保护（Bae & Goyal, 2009; Haas et al., 2010）、社会文化（Guiso et al., 2006; Giannetti & Yafeh, 2012）、社会信任（Ang et al., 2015）、社会关系网络（Kuhnen, 2009）、社会资本（Guiso et al., 2004;

2007; Du et al., 2015）等社会制度环境。先前的研究文献主要围绕公司特征、公司治理机制、法律制度环境和社会资本等视角对债务资本成本进行研究。

2.2.1　公司特征与债务资本成本

围绕如何缓解信息不对称与降低违约风险，早期的研究重点关注与违约风险相关的公司特征和债务成本的关系，如企业规模、负债水平、流动性、盈利能力等。Fisher（1959）研究了公司债券利率与违约风险的关系，并提出违约风险是公司市值、债券期限、市场认可度与盈利波动性的函数。Diamond（1989）从理论上证明了公司成立时间越长，债务资本成本越低。Strahan（1999）研究发现规模越小、现金流越少、财务杠杆率越高，以及外部投资者更难估值的公司债务违约风险越高，相应的贷款成本也越高。Cantillo & Wright（2000）从理论上证明公司的现金流量规模越高、越稳定、盈利能力越强，债务违约风险越低；公司规模越大、可抵押资产比例越高，财务破产成本越低。因此，债务违约风险和财务破产成本越低的公司，越容易获得契约条款优惠的银行贷款。Bradley & Roberts（2015）研究发现，公司规模越小、固定资产比例越低、负债比率越高、现金流量波动性越大，贷款成本越高。Benmelech et al.（2005）用独特的商业地产贷款合同来研究资产清算价值对债务契约的影响。研究发现，可重置资产的规模越大，资产的清算价值越高，公司债务利率越低、规模越大、期限越长，信用抵押担保要求越低，这与清算价值和财务结构不完全契约理论（Aghion & Bolton, 1992）和交易成本理论（Hart & Moore, 1994）一致。Beck et al.（2006）研究发现，企业的经营年限、规模和境外投资者持股可以降低其面临的融资障碍。Beck et al.（2008）研究发现，对于银行等债权人而言，中小企业的高盈利性是获得银行贷款的有利因素，但发展中国家宏观经济的不稳定性及发达国家的竞争性却是获得银行贷款的融资障碍。Jimenez et al.（2006）研究发现，债务人信用风险越高，被要求抵押担保的可能性就越大，当债权人无法捕捉到债务人信用质量的私有信息时，双方之间面临较严重的信息不对称，债权人就会提高贷款的抵押担保要求。Murfin（2012）发现借款人信用评级下降，债务违约风险提高，银行就会针对借款人的信誉质量进行更加严格的筛选，导致银行贷款紧缩。此外，一旦债权人经历过债务违约后，银行将针对所有的贷款申请者提高债务契约的限制，即使违约借款人与其他借款人所处的行业和地理位置不同。信息风险理论表示，资金提供者和资金需求者之间由于信息不对称产生的信息风险是不可分散的（Easley & O'Hara, 2004），这会导致逆向选择问题，因此在信息质量差的情况下，外部投资者会要求更高的溢价来补偿风险，从而导致公司资本成本的升高。信息披露质量的提升可以缓解借贷双方的信息不对称从而降低公司的债务成本（Rajan, 1992）。前人对资本成本与公司信息披露之间的关系进行了大量研究（Core, 2001; Healy & Palepu, 2001），公司高质量信息披露能降低资本成本几乎已成共识。一方面，信息披露能够提高投资者对公司的认知，增加与公司风险共担的意愿，从而降低资本成本（Merton, 1974）。另一方面，更准确更详细的特质信息披露可以降低公司与其他公司之间盈余的相关性，降低公司β值，从而降低资本成本。此外更多信息披露还能够减少公司管理层与投资者之间的信息不对称性。若公司披露的信息匮乏，投资者会意识到严重的信息劣势可能提高资本成本。Sengupta（1998）发现信息披露质量可以反映公司的违约风险，及时和详细地披露降低了贷款人对披露公司违约风险的认识，进而降低债务成本。Duffie & Lando（2001）的理论表明，更透明、精确的会计信息披露将有助于减少潜在风险的不确定性，进而降低债券定价中的信息风险溢价。DeFond et al.（2005）提供了有关会计质量对债务利息成本影响的证据，发现会计质量最低的公司的利息成本比会计质量最高的公司高126个基点。Bharath et al.（2008）研究发现，企业的盈余越差，贷款成本越高、期限越短、抵押条款越严格。已有研究也证实债务成本与流动性风险有关，信息不对称导致公司潜在流动性风险增加，从而增加公司债务成本（Longstaff et al., 2005; Sufi, 2007）。Lu et al.（2010）从债券的角度出发，发现信息不对称使得债券投资者收取了显著更高的溢价，债券利差提高。贷款人通常会在贷款合同中增加借款人私有信息披露条款，要求借款人披露更多的会计信息。Carrizosa & Ryan（2017）研究发现，借款人信用风险、经营风险、信息不对称越高，贷款合同中不利于贷款人的条款内容以及贷款合同中的限制性条款越多。Kim et al.（2018）研究发现，信息技术声誉高的企业违约和信息风险更低，因此其借款成本更低、限制性条款更少且被要求抵押担保的概率更低。Chiu et al.（2018）研究了美国证券交易委员会强制要求企业披露的风险信息对信用违约互换的影响，结果表明信息披露提高了公司信息透明度，有助于信贷投资者评估公司的信贷质量，从而降低了信用违约互换的风险溢价，并且在信息不对称程度越高的公司中越显著。Beatty et al.（2002）提供的经验证据证明具有更大报告灵活性的借款人会被收取更高的利息成本。Graham et al.（2008）研究发现，经历了财务重述的借款人，其重述后银行贷款利率显著更高、期限更短、担保要求更严格，贷款的限制性条款也更严格。Kim et al.（2011）研究发现，对于自愿采用 IFRS（国际财务报告准则）的债务人，银行贷款利率更低、规模更大、期限更长，贷款契约条款的限制性程度更低。Demiroglu & James（2010）研究认为，公司流动比率越大、成长机会越高，债务契约的限制性程度越低；公司违约风险越高、投资机会越少，债务契约的限制性程度越高。Hollander & Verriest（2016）发现当企业向距离较远的银行申请借款时，其贷款合约的限制性契约条款会更多，说明距离会削弱出借方获取借款人私有信息的能力。

先前的文献表明，审计质量是影响债务契约的重要因素。Minnis（2011）证明拥有经审计的财务报表的公司会享受较低的贷款成本。Chen et al.（2013）研究发现债权人认为借款人的财务报告稳健性是有价值的，债权人会对稳健的借款人降低抵押要求。Robin（2017）证明了高质量的审计师会削弱由借款者违反限制性条款引起的对借款成本的负面影响。Chen（2016）检验了非标准审计意见在债务合约中的作用，发现与收到标准无保留意见后一年内获得的贷款相比，收到非标准审计意见的公司之后的贷款利率更高、限制条款更多、贷款规模更小，并且被要求提供担保的概率更高。Francis（2017）发现审计师变更后一年内发起的银行贷款利差增加了 22%，证明自愿性的审计师变更会增加信息风险，从而增加企业的贷款成本。

此外，Hasan et al.（2014）考察了企业避税行为对银行借款成本的影响，利用美国 1985—2009 年上市公司借款数据，研究发现避税程度高的企业在获得贷款时会被要求更高的利差，还会导致贷款中更严格的非价格条款、更高的债券利差。Lin & Chou（2015）研究发现，商业信用的供给（比如应收账款）越高，银行贷款规模越大，而商业信用的需求（比如应付账款）和银行贷款规模之间显著负相关。Aivazian et al.（2015）研究发现，企业经营多元化水平越高，贷款价格越低，非价格型限制性条款也越少，即贷款期限更长、担保要求更宽松、贷款条款的限制性程度更低。Franco et al.（2016）使用 1990—2012 年的 7084 份债券契约数据研究发现，高质量披露和多元化经营与债券收益率显著负相关。Ge et al.（2016）研究发现，离岸经营的跨国公司比没有离岸附属子公司贷款契约条款的优惠程度更低，并且这种负相关关系在信息不对称较严重的公司和总部位于法律制度落后地区的公司更加显著。Ertugrul et al.（2017）研究了年报可读性与银行贷款成本的关系。研究结果表明可读性较低和语义模糊会导致公司信息风险增加，进而导致公司面临更加严格的贷款条件。

Campello et al.（2017）研究发现，客户集中度越高，信息风险越大，这与更高的贷款利率、更多的限制条款、更短的贷款期限相关。

国内关于公司特征与资本成本的研究成果也很丰富。胡奕明和唐松莲（2007）研究认为，审计师规模与银行贷款利率存在显著的负相关关系，发布非标准审计意见将导致更高的银行贷款利率。周楷唐等（2016）发现，非标准审计意见能降低企业债务规模、提高债务成本。陆正飞等（2008）研究发现，银行贷款规模与企业的盈余管理、会计信息质量之间没有显著的相关关系。廖义刚等（2010）研究发现，审计师出具持续经营审计意见会导致银行贷款利率显著提高、贷款规模显著降低。潘红波和余明桂（2010）研究发现，集团化通过降低债务违约风险有助于提高银行贷款规模、延长贷款期限。徐玉德等（2011）研究发现，会计信息披露质量的完善有助于贷款融资能力的提高。郑军等（2013）研究发现，提高内部控制质量有助于企业获得银行新增贷款、缓解融资约束、降低债务成本。郑登津（2016）发现企业会计越稳健、外部审计质量越好，债务成本就越低。朱松（2013）发现会计信息质量越高，评级机构给予的信用评级越高，且债券投资者要求的投资回报越低，即债券融资成本越低。周宏等（2012）研究发现，企业债券发行者和投资者之间的信息不对称程度与债券信用利差之间存在显著的正相关关系。

2.2.2　公司治理与债务资本成本

由两权分离导致的管理层和股东之间的信息不对称和利益冲突使得资本提供者面临着代理风险（Beatty & Ritter, 1986），较差的治理水平增加了代理成本的风险，最终导致资本成本的增加，因此这种差的治理水平所带来的代理风险也被称为治理风险（Ashbaugh et al., 2006）。代理成本风险使得债权人通过引入更严苛的债务契约来缓解股东与债权人之间的代理冲突，当债权人预期公司内部人（经理人或者大股东）可能存在机会主义行为时，将会要求更高的风险溢价作为其较高的投资风险与监督成本的补偿，比如在合约中添加更多限制性条款、提供担保，并且提高贷款利率（Graham et al., 2008）。

已有文献从股权结构、高管薪酬、董事会特征等层面考察了公司内部治理机制对债务资本的影响，大部分文献都证明良好的公司治理可以降低债权的代理成本。Anderson et al.（2004）发现债务成本与董事会独立性和董事会规模成反比，独立的审计委员会可以降低债务成本。换句话说，公司治理质量越好，债务成本越低。Francis et al.（2007）研究发现，银行给治理水平较高的公司提供期限更长、利率更低的贷款。在法律制度较弱、债权人保护程度更低的国家，公司治理水平对银行贷款契约的影响更为显著。Byers et al.（2008）研究发现，市场更有可能对治理薄弱的公司产生积极的贷款公告反应，这一结果与公司治理可作为银行监督借款人的有效机制的假设一致。Graham et al.（2008）研究发现，与财务重述前贷款相比，重述后申请的贷款具有更高的利差、更短的到期日、更高的担保可能性和更多的契约限制，由于欺诈性重述带来的贷款效应更加显著，银行使用更严格的贷款合同条款来克服财务重述带来的风险和信息不对称问题。Al-Fayoumi & Abuzayed（2009）研究发现贷款规模与管理层持股显著负相关，表明银行考虑了管理者的利益侵占动机和攫取行为。Roberts & Yuan（2010）研究发现，贷款利差与机构投资者持股比例负相关，这种负向关系在信息不对称程度较高的公司更为强烈，机构投资者通过有效的监督管理来降低其投资组合的风险水平，从而在公司治理中发挥积极作用。Lin（2011）对 1996—2008 年 22 个国家的 3468 家公司的所有权和控制权进行分析，发现终极控制权与现金流量权分离度较大的公司，债务融资成本显著较高，大股东的超额控制权有利于其潜在的掏空行为和其他道德风险活动，增加了银行面临的监督成本和信贷风险，进而增加了借款人的债务成本。Francis et al.（2013a）研究发现，银行倾向于承认女性 CFO 在事前提供更可靠的会计信息和事后降低违约风险方面的作用，并给予女性 CFO 公司更低的贷款价格和更优惠的合同条款，由女性 CFO 控制的企业获得银行贷款价格更低、期限更长、需要提供抵押品的概率越低。Kim et al.（2011）研究了内部控制缺陷和银行贷款合约特征的关系，发现具有内部控制缺陷的公司其贷款利率普遍上升 28 个基本点，并且受到更严格的非价格条款限制，当公司修正这些缺陷后，贷款利率降低。Costello & Wittenberg-Moerman（2011）的研究发现，当公司公布存在重大内控缺陷的时候，债权人相应地增加了价格和抵押保护。Dhaliwal et al.（2011）发现公司披露重大内控缺陷会使公司公开交易债券的利率增加。Fields et al.（2012）研究分析董事会质量综合评价指标与银行贷款成本及非价格条款的关系，发现拥有大型、独立、经验丰富、多元化董事会和机构持股比较低的公司借贷成本更低。此外，银行贷款条款的限制性程度与董事会规模、董事会独立性呈负相关，银行贷款的抵押担保要求与董事的任期、女性董事人数负相关。Francis et al.（2012）研究发现公司董事会的独立性与更优惠的贷款合同条款有关，包括价格与非价格条款。此外，董事会规模、审计委员会结构和其他董事会特征也会影响银行贷款价格。Ge et al.

（2012）研究发现，银行将借款人的内部治理视为降低代理风险和信息风险的重要因素，对治理较好的公司收取较低的贷款利率，提供较大规模和较长期限的贷款，并施加较少的限制性条款，并且在法律制度环境较强的国家，公司内部治理对银行贷款契约的有利影响将更加显著。Beladi & Quijano（2013）研究发现，基于股权的激励增加了大股东和 CEO 资产转移的动机，鼓励管理者作出有风险的选择，以牺牲债权人的利益来增加股东财富。当公司的 CEO 持有更高的股票期权薪酬比例时，公司借款利率会更高。Rahaman & Zaman（2013）研究发现，更高的管理水平可以降低银行贷款成本、提高企业债务融资能力，高水平的管理质量也与较低的贷款成本与更宽松的非价格合同条款相关，表明银行在定价和设计债务合同时明确考虑了管理不善所带来的风险。Francis et al.（2013b）研究发现，更加关注公司业绩的管理风格有助于公司获得利率更低、非价格型条款更加优惠的银行贷款，当关注公司业绩管理风格的管理者调任至新公司之后，银行将追随这位管理者的工作变动路径，愿意继续向管理者新继任的公司提供条款优惠的银行贷款契约。Deng et al.（2014）研究了股东诉讼对银行贷款合同的价格和非价格条款的影响，发现在股东提起诉讼后，被告公司支付了更高的贷款利差和贷款费用并且更有可能被要求抵押担保，这些发现与股东诉讼带来的公司声誉损失一致。Billett et al.（2015）研究发现，在管理者的控制权和现金流量权分离的情况下，虽然债务成本随着股东和管理层之间的利益分歧而增加，但债务成本相对于股权成本的下降使得债务对具有较高潜在股权代理成本的公司更有利，股权的代理成本不会被债务成本的减少所抵消。Qian & Yeung（2015）研究发现，在银行体系由效率低下的国有银行主导的环境下，控股股东的掏空行为与企业的银行贷款融资正相关，这种关系在借贷能力更高的企业和银行业严重低效的地区尤为明显，由于"隧道"严重损害公司价值，银行贷款融资能力最终和公司未来业绩负相关。Lugo（2019）通过研究内部人持股水平与公司债务融资成本之间的关系来考察内部人与债权人之间的利益冲突问题。代理理论认为当内部人持股比例较低时，他们有更强的动机来获取私人利益并承担更多的风险。当内部人士拥有强烈的"隧道"动机时，理性的债权人就会要求更高的回报，此时内部人持股与债务成本之间存在负相关关系（Jensen & Meckling, 1976）。另一方面，低水平的内部人持股会削弱对公司的控制（Shleifer & Vishny, 1986），从而影响他们以牺牲债权人利益为代价进行攫取控制权私利行为的动机，此时内部人所有权的增加实际上会增加公司债务成本。Klock（2005）发现反收购治理条款降低了债务融资成本。Chava et al.（2009）研究发现，公司章程中的反收购条款显著降低了公司的银行贷款成本，但是过度依赖以公司控制权市场作为治理手段的公司会受到成本更高的银行贷款的惩罚。

国内这方面的研究逐渐兴起，蒋琰（2009）发现上市公司的综合治理水平有利于降低企业的债务融资成本。肖作平（2010）研究发现，公司内部治理水平越高（股权集中度越低、产权性质属于国有、管理者持股比例越高、董事会独立性越高），银行贷款期限越长。姚立杰等（2010）研究发现，监事会规模和银行贷款成本负相关，股权集中度和银行贷款成本正相关。祝继高等（2012）研究发现，第一大股东的控股能力越强，银行的不良贷款率越高，贷款集中度越高，独立董事对银行大股东的"掏空"行为有着显著的抑制作用。周宏等（2018）发现良好的公司治理能通过改善公司业绩、减少管理者与投资者之间的信息不对称程度来减少债券的信用利差，且这种作用在民营企业更显著。肖作平和刘辰嫣（2018）研究发现终极控制股东的控制权与现金流量权分离度越高，公司债券限制性条款越多。

2.2.3　制度环境与债务资本成本

La Porta et al.（1997, 1998, 2000, 2002）的一系列文章主要从投资者法律保护视角研究了法与金融市场发展的关系。良好的法律环境和市场发展程度有助于保护债权人免受管理层的利益侵占，降低潜在的违约风险，使公司能够以较低的成本进行融资。经验证据表明，在缺乏法律保护、债务契约执行效果较差的国家，贷款期限较短，贷款利率较高。不同国家的司法效率存在差异，司法执行效率高的国家，贷款利率较低（Laeven & Majnoni, 2005）。即使在一个国家内部，地区司法效率差异也会影响债务契约的制定（Jappelli et al., 2005）。法律体系中，对于债权人权利的保护条款越完善，执行效率越高，贷款的期限就会越长，贷款利率就越低，贷款集中度也越强（Qian & Strahan, 2007）。债权人权利保护大小和保障程度决定了债务契约的执行效率，债权人权利保护程度越高，债务契约执行效率就会越高（Djankov et al., 2007; Bae & Goyal, 2009）。随着债务契约执行成本降低，债权人愿意借出更多资金并降低资产抵押要求（Lilienfeld et al., 2012）。

国内制度环境与资本成本的研究方兴未艾。余明桂和潘红波（2008）研究发现，法律制度环境越好、金融发展水平越高的地区，国有企业的银行贷款规模越小、贷款期限越短；政府干预程度越高的地区，国有企业的银行贷款规模越大、期限越长。张健华和王鹏（2012）研究发现，法律制度环境越好，地方政府干预程度越高，银行贷款规模越大。钱先航和曹廷求（2015）研究发现，法律执行质量越高、信用环境质量越好的地区，银行对债务人有关会计信息、资历背景等的贷款审核越宽松，银行提供关联性贷款的可能性越低、关联性贷款规模也越小，银行不良贷款率越低。王彦超等（2016）发现潜在诉讼风险会增加债务融资成本，尤其是在赔偿率普遍较低的地区，潜在诉讼风险对债务融资成本的影响更大。同时，在法律环境和信贷市场发达程度不同的地区，潜在诉讼风险对债务融资成本的影响也存在差异。钱雪松等（2019）发现以《中华人民共和国物权法》出台为标志的担保物权制度改革通过扩大可抵押资产范围、加强债权人保护等渠道降低了企业的债务成本，且这种降低作用在法律制度环境好、金融市场化程度高的地区更明显。

2.2.4　社会资本与债务资本成本

传统金融理论在解释公司资本成本时并没有摆脱社会化不足的研究缺陷，随着社会学的发展，越来越多学者开始探究社会资本（比如社会关系网络、社会文化、社会信任等）对上市公司融资成本的影响。信息的有效传导、信息不对称的降低以及增强信任、促进经济交流是社会资本的主要优势。从信息交流机制角度来看，社会资本主要从网络和信任这两个维度发挥了价值。在网络维度上，社会资本具有增加信息传递广度的作用。Hoshi et al.（1990）研究表明日本工业集团与银行有关联可以帮助他们减少融资约束。Peng & Luo（2006）认为，新兴经济体由于市场的不完全，管理者必须依靠建立社会资本来获取市场信息、解释法规和执行合同。Allen et al.（2012）针对中国和印度这两个法律和金融体系均不完善国家的研究也表明，企业的快速发展与建立在信任和关系基础上的非正式制度紧密相关，债权人可以将社会资本作为限制道德风险的外在压力，从而对社会资本高的公司制定较低利率。Guiso et al.（2004）研究发现社会资本可以帮助解决契约问题，社会资本鼓励合作，能够减少交易中的投机现象。Bharath et al.（2011）从银企关系角度考察了借贷双方基于重复的信贷交易形成的关系网络对贷款利差的影响，发现社会网络每增加一单位，会使贷款利差降低 10～17 个基点，当借款人信息透明度较低时，这种关系更显著。Goss & Roberts（2011）研究发现企业履行社会责任可以降低银行信贷成本。Duarte et al.（2012）发现看起来更值得信赖的借款人更有可能获得贷款并支付较低的利率。Kim et al.（2014）研究发现，债务人的伦理道德水平可以降低银行贷款利率，尤其是当债权人和债务人之间在伦理、道德等价值观方面的认同度和相似程度越高，伦理道德行为对银行贷款优惠程度的影响效应越显著。Yang et al.（2014）研究发现，拥有政治关联的公司比没有政治关联的公司更容易获得长期贷款，但这种现象随着媒体监督的增加明显减少。Hasan et al.（2017）研究发现总部在美国的社会资本水平较高的公司的银行贷款成本较低，贷款的非价格条款更为宽松，发行债券利率更低，说明债权人把社会资本看作债务契约中限制公司投机行为的外在环境压力。Gong & Luo（2018）利用美国 1998—2010 年1135 个供应商数据，实证检验了供应链贷款人（指贷款人与借款人的大客户有借贷关系）从借款人大客户获得的私有信息对借款人会计稳健性的需求，以及对债务合同条款的影响。研究发现，贷款人与借款人的大客户先前存在的借贷关系与较低的贷款利差、更长的贷款期限和更少的基于会计指标的限制性条款有关。

国内研究方面，周宏等（2016）发现发债企业承担社会责任能够显著降低其债券信用利差，且这种作用在民营企业中更显著。作为非正式制度的社会网络弥补了法律法规等正式制度的缺失，在促进经济交流方面发挥着重要的作用。基于社会资本衍生的信任机制起到了增加信息传递强度的作用。只有组织内部建立了信任的氛围，组织成员才有意愿去分享其拥有的私人关系、信息、知识等资源，实现组织内部资源的互换与重组。

2.3　权益资本成本研究综述

权益资本成本是股东投资于股票所要求的必要报酬率，是权益投资者对所承担风险而要求的补偿，这种风险主要源自交易前后融资方经营情况和财务行为的不确定性。从宏观上看，权益资本成本是促进资本市场发展、提高资源配置效率以及引导资金合理流向的重要因素。微观层面上，权益资本成本是企业进行投融资决策和价值评估的关键参考指标，是影响企业融资行为的直接因素。尤其在我国，特殊的制度环境决定了西方的融资理论并不适用于我国企业的筹资行为。中国特殊的国情，决定了中国上市公司普遍偏好股权融资。然而，由于权益资本成本影响因素的复杂性和度量上的困难，使得其至今仍是财务领域的研究重点，本研究通过对以往文献的归纳梳理，分别从公司特征、公司治理和制度环境三个方面对权益资本成本影响因素的研究进行述评。

2.3.1 公司特征与权益资本成本

早期国外学者针对权益资本成本的相关研究主要集中在风险溢价、资产期望收益率、公司规模、账面市值比、流动性等因素。Sharpe（1964）等在现代投资组合理论的基础上提出了传统资本资产定价模型（CAPM），该模型假设权益资本成本仅取决于公司的系统风险高低，系统风险越大，权益资本成本越高（Lintner, 1965; Mossin, 1966），风险资产的均衡收益率是其与市场组合收益率的协方差（β 系数）的函数，证券的预期收益率等于无风险利率加上证券的系统性风险溢价。然而，CAPM 模型随后被证明无法准确地捕捉到风险溢价，Reinganum（1981）、Coggin & Hunter（1985）、Lakonishok & Shapiro（1986）以及 Fama & French（1992）等研究均未发现资产收益率与 β 系数的正相关关系。Fama & French（1992, 1993, 1997）来自美国上市公司的样本发现，资本资产定价模型（CAPM）对解释资产收益率因素的力度较弱，该模型无法解释公司规模（Banz, 1981）、账面市值比（Stattman et al., 1980）、财务杠杆（Bhandari, 1988）等因素对横截面平均净资产收益率的影响，并通过考虑市场风险溢价、公司规模以及账面市值提出了三因素模型（FFM 模型）。但该模型随后也被证明难以度量风险溢价（Fama & French, 1997）。除了 CAPM 和 FFM 模型外，Bower & Logue（1984）、Goldenberg & Robin（1991）以及 Elton et al.（1994）提出了套利定价模（APT 模型），该模型可以更好地衡量资本预期收益率。与 CAPM 模型相比，APT 模型是基于收益率形成的多因素模型，但其不能明确界定影响资本收益的因素，只是一种广义的资本资产定价模型。Litzenberger & Ramaswamy（1979）研究发现更高的股利回报率会导致市场期望报酬率更高。Basu（1983）研究发现，即使在控制了规模的情况下，高市盈率公司的普通股平均比低市盈率公司的普通股获得更高的风险调整收益率。Fama & French（1992）研究发现股票报酬率与账面市值比正相关，与公司规模负相关。Bhandari（1988）研究发现财务杠杆越高，风险越高，投资者要求的收益率越高，权益资本成本越大。Brennan et al.（1998）利用平均交易量考察流动性对权益资本成本的影响，研究发现股票收益率与流动性显著负相关，表明权益资本成本与交易成本有关，流动性越差，交易成本越高，预期收益率越高。Gebhardt et al.（2001）研究证明公司的隐含资本成本是其行业、B/M 比率、预测的长期增长率和分析师盈利预测偏差的函数。这些变量共同解释了未来隐含资本成本中约 60% 的横截面变化。Trunk & Stubelj（2013）

研究发现股价被高估的公司权益资本成本更低。Goh et al.（2016）从预期现金流的角度研究了公司避税与权益资本成本之间的联系，发现避税公司的权益资本成本较低。这种影响对于外部监督较好的公司，从税收节省中获得更高边际收益的公司，以及信息质量更高的公司更为强烈。结果证实了由于企业避税的积极现金流效应，股票投资者通常要求较低的预期回报率。

国内研究方面，陈信元等（2001）研究表明 β 系数、财务杠杆和市盈率对期望报酬率的解释力不显著，但规模和 B/P 对股票收益具有显著的解释力。苏冬蔚和麦元勋（2004）研究表明交易频率而非交易成本导致了我国股市存在显著的流动性溢价，股票预期收益与换手率负相关，与交易成本正相关。叶康涛和陆正飞（2004）发现权益资本成本不仅会受到股票 β 系数影响，还会受到公司规模、账面市值比、负债率和行业的显著影响。姜付秀和陆正飞（2006）研究发现多元化经营的公司风险更小，对外部融资市场依赖更小，权益资本成本更低。

2.3.2　公司治理与权益资本成本

国外基于公司治理视角研究权益资本成本的文献大致集中在三个方面：信息披露机制、代理问题以及中小股东利益保护。Chen et al.（2005）考察了信息披露和其他公司治理机制对亚洲新兴市场权益资本成本的影响，国家层面的投资者保护和公司层面的公司治理都是降低权益资本成本的重要因素。Ashbaugh et al.（2004）从财务信息质量、股权结构、股东权利、董事会结构四个维度考察公司治理对企业权益资本成本的影响。研究发现盈余信息披露质量、审计委员会和董事会独立性、机构投资者以及董事会持股比例与权益资本成本显著负相关，而大股东持股比例、股权集中度与权益资本成本显著正相关。Cheng et al.（2006）研究发现股东权力越高、信息透明度越高，权益资本成本越低。Chen et al.（2009）研究发现，公司层面的治理对新兴市场的权益资本成本有显著的负向影响，并且这种公司治理效应在投资者保护较差的国家更为明显。Chen et al.（2013）研究发现高管薪酬差距与隐含权益资本成本正相关，并且这种正向影响在自由现金流代理问题越严重时越显著。Chu et al.（2014）利用 21 个国家的数据研究股权集中和代理成本与权益资本成本的关系，研究发现终极控股股东的两权分离度对企业的权益资本成本有显著的正向影响，结果证实了控股股东通过"隧道"行为进行掏空加剧代理冲突从而增加了权益资本成本。Chen et al.（2016）研究发现董事和高管的责任保险与股权成本之间存在正相关关系，信息质量和风险承担似乎是责任保险影响股权成本的两个基本渠道，表明责任保险削弱了股东诉讼的惩戒作用，导致权益资本成本的上升。

先前的文献对资本成本与公司信息披露机制之间的关系进行了大量研究（Core, 2001; Healy & Palepu, 2001），公司财务信息披露能提高资本配置效率并且降低资本成本几乎已成共识。一方面，信息披露能够提高投资者对公司认知，增加与公司风险共担的意愿，从而降低资本成本（Merton, 1974; Easley & O'Hara, 2004）。Fernando et al.（2010）研究发现审计师规模、审计师行业专长和审计师任期与客户公司的权益资本成本显著负相关，但这种影响仅限于小规模公司，这可能反映了此类公司糟糕的信息环境。另一方面，更准确更详细的特质信息披露可以降低公司与其他公司之间盈余的相关性，减少公司预期未来现金流的波动程度，降低公司 β 值，从而降低资本成本（Hughes et al., 2007; Lambert et al., 2007）。此外，更多的信息披露还能够减少公司管理层与投资者之间的信息不对称。若公司披露的信息匮乏，投资者意识到严重的信息劣势可能会降低交易意愿，由此产生的流动性不足增加了买卖价差和交易成本，导致投资者要求更高的股本回报率或权益资本成本（Amihud & Mendelson, 1986）。Diamond & Verrecchia（1991）研究发现公开信息披露通过增加证券的流动性来吸引大投资者的需求，从而降低公司的资本成本。Frankel et al.（1995）研究发现，当公司提高自愿信息披露水平后，资本成本得以降低。Botosan（2000）的研究证明了上市公司信息披露质量的提高主要通过降低资本市场上信息不对称程度从而降低权益资本成本。在此基础上，Botosan & Plumlee（2002）研究发现权益资本成本的高低受不同类型信息披露的影响，年报信息披露质量的提高有助于降低权益资本成本，但其他公告披露的及时性提升反而会导致权益资本成本的升高。Bhattacharya et al.（2003）通过考察跨国数据，指出信息披露质量不但可通过影响信息不对称降低股权成本，也可以直接作用于股权成本，提高公司股票交易量。Richardson & Welker（2001）研究发现，对于分析师关注度较低的公司，财务披露的数量和质量与权益资本成本负相关。Botosan（2004）研究权益资本成本与公开和私人信息质量之间的关系。发现权益资本成本与公共信息的准确性之间存在负相关关系，但权益资本成本与私人信息的准确性之间存在正相关关系。Gietzmann & Ireland（2005）研究发现，采用激进会计政策的公司，提高信息披露水平可以降低权益资本成本。Francis et al.（2008）研究发现，更多的自愿信息披露与较低的资本成本相关，但公

司对盈余质量的调节会削弱信息披露对资本成本的作用。Déjean &
Martinez（2009）通过分析师跟踪人数衡量企业的自愿性环境信息披露，
没有得出公司披露信息必然会降低股权成本的结论。Rakow（2010）研究
发现管理层发布的悲观、模糊以及当期亏损的预测会导致较高的权益资本
成本，而更及时的预测和信息含量更高的预测与较低的权益资本成本相
关。Dhaliwal et al.（2011）以美国 1993—2007 年数据为样本发现前一年
具有较高资本成本的公司倾向于披露社会责任报告，首次披露社会责任报
告并且表现良好的公司，未来权益资本成本降低。Barth et al.（2013）提
供的证据表明，收益更透明的公司享有较低的权益资本成本。Larocque
（2013）研究发现，分析师修正盈余预测误差有利于降低权益资本成本。
He et al.（2013）考察了澳大利亚上市公司，发现信息不对称与投资者要
求额外事前收益率之间存在显著的正相关关系，分析师的预测分歧会增加
股权的事前成本，分析师跟踪则会降低投资者所需的回报率。

　　在国内研究方面，沈艺峰等（2005）研究发现公司权益资本成本与
第一大股东持股比例正相关，与前五大股东股权集中度负相关。姜付秀和
陆正飞（2006）研究发现股权集中度越高、高管薪酬水平越高，权益资本
成本越低。蒋琰和陆正飞（2009）研究发现，董事会治理机制和控股机制
在影响权益资本成本时发挥了显著不同的作用，前者有利于降低权益资本
成本，而后者会提高权益资本成本。周嘉南和雷霆（2014）研究发现，股
权激励未能降低公司代理成本，相反还引起了代理冲突和权益资本成本的
上升。肖作平（2016）研究发现终极控股股东的控制权和现金流量权的分
离度越大，信息不对称和代理问题越严重，权益资本成本越高，国有企业
加剧了终极控股股东与小股东之间的利益冲突，具有相对更高的权益资本
成本。李慧云和刘镝（2016）研究发现在市场化进程高的地区，自愿性信
息披露对权益资本成本的影响更明显。李沛等（2016）研究发现分析师和
机构投资者具有信息治理功能，可以发挥降低公司信息风险的作用从而降
低权益资本成本。

　　总之，公司治理是外部投资者保护自己免受内部人侵占的一套机
制。公司治理可以减少代理问题，保护中小股东免受经理人和控股股东的
侵占。具有良好公司治理的公司具有较高的公司价值和会计盈利能力已被
广泛认可。强有力的治理实践还可以通过提高财务报告质量和降低监督成
本来降低投资者要求的回报率。

2.3.3　制度环境与权益资本成本

近年来，越来越多的学者开始将视角转移到了制度环境等外部因素，包括宏观经济和法律环境，对权益资本成本的影响。La Porta et al.（1997）认为，在投资者法律保护程度较高的国家，收益被内部人侵占的概率更小，公司更倾向发放股利，投资者因此愿意为金融资产支付更高的价格，使公司能够以较低的资本成本筹集资金，进而有利于公司对外筹集股权资金，也有利于金融市场的发展。此外，La Porta et al.（1999, 2002）还指出，投资者法律保护可以抑制控股股东的利益侵占行为，减轻控股股东对小股东的剥削，从而提高公司价值。Demirguc-Kunt & Maksimovic（1998）研究发现，提高投资者法律保护水平可以强化公司对内部人的监管，同时也有助于改善公司信息披露水平，从而有利于公司向外部融资，推动公司发展以及权益资本成本的下降。Bhattacharya & Daouk（2002）研究指出，实施内幕交易管制可以降低公司权益资本成本。Chen et al.（2016）通过对 22 个发达国家 7380 个企业的年度样本进行分析，强调了法律渊源、金融发展和公司治理属性在影响权益资本成本方面的互补效应。Chen et al.（2016）对我国省级金融发展与权益资本成本的关系进行了探讨，发现股票市场发展总体上降低了权益资本成本，银行业发展仅略微降低股权成本，股票市场的发展替代了会计质量、执法、股市一体化、股权分置改革等制度性因素在降低权益资本成本方面的作用，银行业竞争和市场化不足，以及非国有经济发展不足是解释银行业发展对权益成本影响较弱的部分原因。Colak et al.（2017）研究发现，政治不确定性会导致更低的 IPO 发行价格和更高的权益资本成本，并且这种抑制作用在业务更集中于总部所在州、更依赖于政府合约和估值难度大的公司中更加显著。Lee et al.（2019）研究发现 CEO 社会网络与权益资本成本存在正相关关系，社会网络通过降低 CEO 在离职后所承担的成本，从而导致更多的代理问题和更多的风险承担。对于信息不对称程度较高的企业，CEO 网络与企业权益成本之间的这种正相关关系会被削弱。

国内学者沈艺峰等（2005）、姜付秀等（2008）研究认为投资者法律保护能够降低公司的权益资本成本。肖珉（2008）研究发现，法律框架和法律的实施对权益资本成本的影响存在明显的差异，前者对权益资本成本的作用有限，其作用的发挥只局限在某些特定阶段。相反，法律的实施能够显著降低权益资本成本。游家兴和刘淳（2011）从个体嵌入性角度研究发现，企业家的社会网络关系、地位及声誉有助于降低权益资本成本。罗进辉（2012）、肖作平和黄璜（2013）、卢文彬等（2014）研究均发现媒体监督具有公司治理和信息传播作用，媒体报道有助于降低公司权益资本成本。金智（2013）研究表明，违反社会规范的公司承担了更高的权益资本成本。

综上所述，影响公司权益资本成本的主要因素是什么？一种研究认为，对中小股东的法律保护是一个重要因素。来自披露更广泛、证券监管更强、执法机制更严格的国家的公司，其资本成本更低。另一种观点认为，公司层面的公司治理是一个关键因素。在投资者法律保护薄弱的新兴国家，公司层面的公司治理质量对股权资本成本具有显著的负向影响。除了国家和公司层面的公司治理因素外，影响资本成本的另一个关键因素是金融发展水平和资本获取渠道。在投资者保护薄弱的国家，采用良好的内部治理成本过高。一般来说，投资者保护薄弱的国家往往与较低的金融发展联系在一起。然而，现有的研究鲜有考察社会关系网络（非正式制度）与公司治理对股权成本的交互作用。

第3章 中国上市公司融资制度背景分析

人的行为受到社会背景的塑造、重新定向和约束。社会规范、人际信任、社会网络和社会组织不仅在社会运行中重要，在经济运行中也很重要。本章对中国融资制度背景进行系统全面的剖析，主要包括儒家关系主义文化传统、公司股权结构模式、法律制度环境和金融制度环境等方面，为解释社会关系网络与资本成本的内在逻辑提供制度背景和理论依据。

这一章将在融资制度背景的国际比较分析的基础上，简要分析社会关系网络的产生、市场化进程的地区差异、投资者保护水平的地区差异。这些将是后续各章探讨社会关系网络对公司资本成本影响的基础，也是分析社会关系网络与资本成本之间关系如何受地区市场化程度影响的现实依据。本章对中国的制度背景作一个简单的阐述，这些特征是社会关系网络影响效应发生的基础，如图3-1所示。

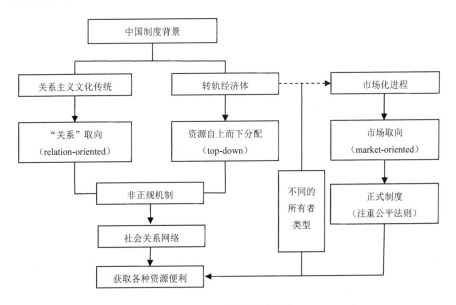

图3-1 制度背景分析框架

3.1 融资制度背景的国际比较

交易过程中产生的谈判、监督和执行成本，会使融资的成本上升。交易成本理论认为，专门的中介机构或交易制度的出现是为了减轻与市场失灵相关的各种成本。这些制度通过允许企业和个人参与交易而减少不必要的成本或风险，来支持市场的有效运作。然而，如果资本市场、监管体系和合同执行机制缺失或薄弱，就像新兴市场经常出现的情况一样，需要一套可替换的非正式制度，比如基于关系、名誉等，来克服正式制度的空缺。

根据一项国际调查，交易成本包括双方为进行交易而产生的谈判、监督和执行成本。这些成本主要是交易过程中的一些摩擦，例如收集信息、决定与谁讨价还价，以及保护现有的合同，都会带来巨大的成本和风险，就像摩擦吸收能量并降低机械系统的效率一样，交易成本降低了经济效率和交易的潜在价值（Ghoul et al., 2017）。即使在发达市场，制度的质量也各不相同，但在新兴市场经营的公司面临着许多制度空白。如果没有强大的股票和信贷市场以及金融分析师、投资银行和金融媒体等信息中介，由于信息不对称问题，企业可能无法筹集到足够的资本。此外，如果政府广泛干预企业经营，管理者可能难以预测监管机构的行动，这可能会损害其创造价值的能力。简而言之，在市场支持制度缺失或薄弱的地方，企业必须寻求独特的社会资本来克服市场失灵。

根据瑞士洛桑国际管理学院（IMD）公布的世界竞争力排名，以及加拿大智库弗雷泽研究所发表的世界经济自由度报告，如表3-1所示，世界各经济体在股票市场效率、信贷市场效率、营商环境、法律和产权保护上存在巨大差异。股票市场效率得分最高的三个经济体分别是中国香港（8.11）、澳大利亚（7.54）、美国（7.38），信贷市场效率得分最高的三个经济体分别是芬兰（7.82）、中国香港（7.79）、澳大利亚（7.31），营商环境得分最高的三个经济体分别是卡塔尔（8.50）、新加坡（8.22）、沙特阿拉伯（8.20），法律和产权保护得分最高的三个经济体分别是芬兰（8.98）、丹麦（8.96）、挪威（8.84）。表3-1中53个样本国家（地区）的均值分别是股票市场效率（5.97）、信贷市场效率（6.04）、营商环境（6.74）、法律和产权保护（7.29）。中国上述四项指标，分别是股票市场效率（4.87）、信贷市场效率（4.07）、营商环境（5.45）、法律和产权保护（6.35），得分都远低于世界平均水平。中国的法律和产权保护得分低于同为东亚国家的韩国和日本，股票市场效率得分低于同为金砖国家的巴西和印度，信贷市场效率得分低于菲律宾、马来西亚这些发展中国家。总之，中国在股票市场效率、信贷市场效率、营商环境、法律和产权保护水平上跟世界相比，仍然有很长的路要走，需要进一步提高股票市场和信贷市场的效率，进一步改善营商环境，提高法律和产权保护的水平，改善融资环境。

表 3-1　融资制度背景的国际比较

国家（地区）	股票市场效率	信贷市场效率	营商环境	法律和产权保护
中国香港	8.11	7.79	7.90	8.07
中国	4.87	4.07	5.45	6.35
智利	6.59	6.77	6.77	7.20
英国	6.32	5.85	7.18	8.22
印度尼西亚	5.40	5.02	5.95	4.60
印度	6.64	5.94	5.13	5.80
意大利	4.15	4.35	5.86	5.89
以色列	6.20	5.92	6.68	6.29
匈牙利	3.10	3.05	6.05	6.35
新西兰	5.70	7.01	7.73	8.63
新加坡	7.12	7.20	8.22	8.50
希腊	5.03	5.57	6.05	6.05
西班牙	5.64	5.48	6.23	6.69
土耳其	4.71	4.79	6.25	5.40
泰国	6.02	6.21	6.30	5.63
沙特阿拉伯	N/A	N/A	8.20	7.70
瑞士	7.17	6.73	7.48	8.62
瑞典	7.10	7.06	7.51	8.44
日本	5.90	5.83	6.75	7.65
葡萄牙	4.45	5.53	6.00	7.18
挪威	6.84	7.18	7.17	8.84
南非	6.85	5.06	6.40	5.55
墨西哥	3.74	3.01	5.65	4.68
摩洛哥	N/A	N/A	6.35	6.00
秘鲁	4.23	5.13	5.95	5.10
美国	7.38	7.22	7.04	7.46
毛里求斯	N/A	N/A	7.10	6.23
马来西亚	6.88	6.30	6.75	6.65
卢森堡	5.94	6.85	7.11	8.40

续表

国家（地区）	股票市场效率	信贷市场效率	营商环境	法律和产权保护
科威特	N/A	N/A	6.60	7.15
卡塔尔	5.29	6.81	8.50	7.50
捷克	3.28	5.02	5.30	6.30
加拿大	7.20	7.16	7.39	8.29
荷兰	6.79	6.76	6.76	8.41
韩国	5.36	4.81	6.64	6.78
哈萨克斯坦	3.90	4.25	6.10	5.70
哥伦比亚	4.10	4.75	6.35	4.35
芬兰	6.48	7.82	7.76	8.98
菲律宾	4.96	5.28	5.75	4.50
法国	5.95	5.63	6.84	7.47
俄罗斯	3.71	3.25	4.90	5.30
德国	6.39	5.38	6.91	8.51
丹麦	6.57	7.24	7.68	8.96
波兰	5.02	4.80	5.67	6.13
比利时	6.12	6.23	6.74	7.26
巴西	4.98	4.14	3.91	4.84
巴拿马	N/A	N/A	6.00	5.10
巴布亚新几内亚	N/A	N/A	7.75	4.70
澳大利亚	7.54	7.31	7.06	8.42
奥地利	5.87	6.64	6.91	8.54
爱尔兰	5.65	6.45	7.30	8.01
埃及	N/A	N/A	5.90	5.30
阿拉伯联合酋长国	N/A	N/A	8.00	7.35
所有的国家（地区）	5.97	6.04	6.74	7.29

数据来源：Ghoul S E, Guedhami O, & Kim Y. 2017. Country-level institutions, firm value, and the role of corporate social responsibility initiatives. *Journal of International Business Studies*, 48, 360-385.

3.2　中国社会关系网络的产生

社会关系和关系网络的"嵌入性"（embeddedness）在产生信任、建立预期、创建和执行社会规范方面具有重要作用。本节将从中国的文化特征入手，并借鉴本土社会心理学的理论，分析社会关系网络产生的合理性及其影响。此外，虽然我国改革开放以来市场化程度不断提高，但是某些重要的资源仍然是一种由上而下的分配方式，资源支配者会根据"关系"的亲疏远近来分配资源，我国上市公司构建社会关系网络仍然具有一定的现实需要。

3.2.1　关系主义文化特征

长期以来，强调人际关系的合理安排是中国文化最显著的特征。"关系"一词更是了解中国人社会行为的核心概念。①"关系"作为中国社会一个重要的文化特征，它在人与人之间、组织之间的互动中具有非常重要的意义。中国人积极、巧妙和富有想象力地培育"关系"，是他们一以贯之的生活态度。正如费孝通（1948）在《乡土中国》中所描述的那样：西方社会中的个人像是一根一根的木材，由他们的社会组织将其绑在一起，成为一捆捆的木材。中国社会中的个人，恰似石头扔在水里激起的涟漪，相互交织，构成一张庞大而复杂的网络。这就是所谓差序格局，就是以自我为中心向外延伸的亲疏不同的关系网络。Yang（1994）更认为它是推动中国政府机器运作的润滑剂。关系主义理论模型如图 3-2 所示。

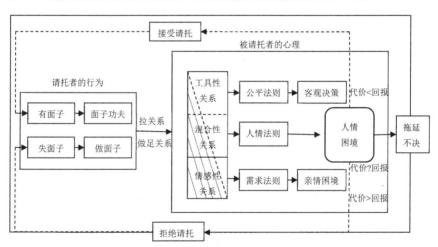

图 3-2　关系主义理论模型

资料来源：Hwang K K. 1987. Face and Favor: The Chinese Power Game. *American Journal of Sociology*, 94(4): 944-974.

---

①　"关系"这个概念并没有明确的定义，主要源于 Hwang（1987）对"儒家关系主义"的描述，其在著述中将理论探讨和经验研究相结合，试图在对中华文化传统进行深入分析的基础上，融合东西文化，努力建构以"儒家关系主义"为核心原理的理论模型，以作为华人本土社会心理学的研究典范。在本书中所谓"关系主义"旨在强调中国人积极、巧妙和富有想象力地培育"关系"，是他们一以贯之的生活态度。

中国人非常注重"关系",并且会用不同的标准来对待与自己"关系"亲疏不同的人(费孝通,1948)。在许多资源都是自上而下分配的情况下,企业为了寻求发展、突破资源约束,而向掌握某种关键资源(如信贷资源等)的部门请求时,资源支配者的第一反应是:这个企业家和自己有什么样的关系?这种关系是否足以让自己把掌握的资源做有利于他的分配?正如图 3-2 中 Hwang(1987)对关系主义理论模型所描述的那样,代表被请托者(政府官员或者其他掌握资源分配权力的个人)心理过程的部分中,存在三种不同的人际关系类型,分别是工具性关系、混合性关系和情感性关系,并且这三种人际关系都具有工具性成分和情感性成分,所不同的是在不同关系中两种成分所占比例的差异(阴影部分代表情感性成分,而空白的部分代表工具性成分)。情感性关系对应的是工具性关系,前者可以满足个人在关爱、温情、安全感、归属感等情感方面的需要,后者主要是为了获得他所希望的某些物质目标。在中国社会,混合性关系恰恰是企业最可能以"人情"和"面子"来影响资源支配者的人际关系。一般而言,这种关系包含亲戚、朋友、师生、同窗、同事、同乡等不同的角色,构成一张庞大而复杂的关系网(Jacobs, 1979)。这种关系主义文化特征对于中国企业家的社会心理有十分深远的影响(Hwang, 1987)。

3.2.2 社会关系网络的现实需要

基于关系的经济体(relationship-based economy)的特征是法律执行较弱和透明度较差(Rajan & Zingales, 1998)。在市场为基础的经济体中,合同规范着交易,合同的执行至关重要。但是在合同执行较差的环境中,关系为基础的经济体依旧可以存在并得以发展,这可能是因为"关系"替代了合同去完成交易。市场为基础的经济体依赖高度的信息透明来保证合同的履行,与之相反,关系为基础的经济体需要不透明来保护关系免受竞争的威胁。转型经济体中,企业家想建立社会关系网络主要是因为国家控制了关键资源而不是通过市场机制来进行分配。由于计划经济的后遗症和市场支持制度发展较缓慢,企业(尤其是非国有企业)在转型经济体中经营遇到很多障碍,得不到国有银行的贷款,面临更加严厉的政府监管及更多的行政收费。①有国外学者认为除了市场不健全、政府部门腐败外,转型经济体的法律体系对产权的保护和合同的执行都比较弱(McMillan &

---

① 虽然国有企业天然存在着某种政治联系,但是限于政府掌握资源的稀缺性,出于不同的原因,不同国有企业在获取政府资源的能力上必然存在着差异。

Woodruff, 1999）。在这样的环境中，与政府的紧密关系能帮助企业去克服市场和政府的缺陷，还能避免意识形态方面的歧视。作为一个典型的基于关系的经济体，"关系"在中国社会是普遍存在的。中国的人际关系能够让他人为自己提供某种程度的帮助或者服务，"关系"是描述中国人际关系的一个子集（Chung & Hamilton, 2002），而社会关系网络是"关系"的一种结构，处于社会关系网络中心位置的企业可以获得优惠待遇。

3.3　中国市场化进程的地区差异

中国虽然具有统一的政治经济法律制度，但是由于历史的原因，各个地区（省、自治区、直辖市）的发展不平衡，市场化进程有先有后、有快有慢。因此，不同的地区存在不同的制度环境。就目前而言，中国社会一个重要的制度环境就是各地区的法治水平和金融发展水平并不平衡，市场化进程存在着明显的差异。这为本书研究地区制度环境差异对公司资本成本的影响，提供了天然条件。基于此，本研究将进一步分析不同市场化进程下社会关系网络对资本成本的影响。以往的许多研究往往都是做跨国的比较（Rajan & Zingales, 1995; Demirguc-Kunt & Maksimovic, 1998, 1999; Booth et al., 2001; Giannetti, 2003; Bancel & Mittoo, 2004; Lopeziturriaga, 2005; Hail & Leuz, 2006; Djankov et al., 2007; Djankov et al., 2008; Oztekin & Flannery, 2012）。

20 世纪 70 年代末，我国开始了从高度集中的计划经济向市场经济转轨的伟大变革。尽管这个过程还在继续，但中国经济已经取得了令世界艳羡的成就，经济保持了高速增长，中国人的财富显著增加。但是由于历史和体制的原因，中国各个地区的市场化进程是非常不平衡的。在某些地区，特别是在东部沿海地区，由于较早地实行了改革开放，市场化已经取得了长足的进展，而在另外一些省份，特别是中西部偏远地区，经济运行中的非市场因素还占据着重要的地位。①

为了量化我国各个地区之间市场化相对进程的差异，从而对中国各个地区之间市场化水平的不平衡性有一个基本的判断，中国国民经济研究所对中国各个省区市的市场化相对进程进行调查，建立了一套中国各地区市场化相对进程的指标体系，从多个不同方面对各个省份市场化的相对水

---

① 囿于数据的可获得性，本研究中各省区不包括我国港澳台地区。

平进行测度（王小鲁、胡李鹏、樊纲，2021）。这套指标体系大概反映了各个地区市场化进程的差异。虽然市场化指数并不反映市场化的绝对程度，而只是反映某一省区市在市场化进程中与其他省份相比的相对位置。但就总体而言，这里所提供的分析结果大致上反映了各地市场化进程的实际状况。如图 3-3 所示，从时间的维度来看，随着我国改革开放的不断深化，国家不遗余力地发展社会主义市场经济，各地区市场化总体水平随着时间的推移不断向前发展，大体上呈逐年稳步提高的趋势。从空间的维度来看，由于历史、国家政策和地理的原因造成了东部、中部、西部各个地区之间发展的不平衡，东部沿海地区由于较早对外开放，市场化总体水平较高，2008—2019 年排列在市场化前四位的是上海、浙江、广东和江苏，而中西部地区的市场化水平相对较低，市场化总体得分最低的四个省份分别是处于西部地区的贵州、甘肃、青海和西藏。不难发现，在 30 多年的市场化改革过程中，东部沿海地区无论在经济发展方面还是在市场化进程方面都领先于其他地区。

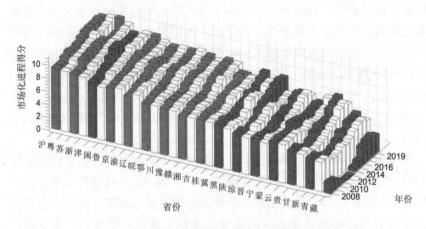

图 3-3　各地区市场化进程总得分

数据来源：根据《中国分省份市场化指数报告（2021）》（王小鲁、胡李鹏、樊纲，2021）整理得到。

进一步地，王小鲁、胡李鹏、樊纲（2021）把影响各省区市的市场化水平的因素细化，对政府与市场的关系（政府干预市场的情况）、要素市场的发育（尤其是资本市场）、市场中介和法律制度环境从时间和空间两个维度进行比较，以反映中国各个省区市制度质量的差异。

如图 3-4 所示，政府与市场关系得分基本上也是随着时间的推移稳步提高。但是从空间来看，东部沿海地区政府与市场关系得分较中西部地区更高，呈现一个东西部发展不平衡的格局。在政府与市场的关系中，减轻企业税外负担是其中重要的一个方面，随着地方政府规范行为在全国范围的逐步落实，企业税外负担有所减少，但是各个地区之间仍旧存在不少差异。这主要是因为各地方政府财政收入水平存在差异，在财政赤字比较严重的中西部地区，地方政府有动机去侵占企业的利益，从而增加企业的税外负担。而在地方政府财政收入比较富裕的东部地区，地方政府"掠夺"企业的动机较弱，因此企业的税外负担也较轻。潘越等（2009）研究表明，企业的社会关系网络优势受到地区财政富余程度的显著影响，只有在地方财政有充足财力的情况下，企业才可能利用社会关系网络获得更多的政府补助。

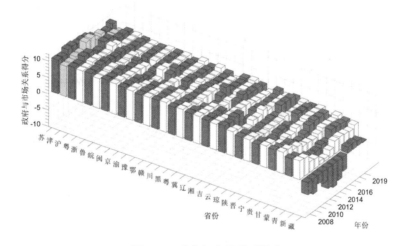

图 3-4　政府与市场关系得分

数据来源：根据《中国分省份市场化指数报告（2021）》（王小鲁、胡李鹏、樊纲，2021）整理得到。

　　生产要素市场（尤其是资金市场）的培育和发展，是市场配置资源的基础，是发展市场经济的基本要求。市场经济必然要求生产要素商品化，能够以商品的形式在市场上实现自由流动和有效的配置。如图 3-5 所示，全国各省区市要素市场发育程度平均得分在 2008—2019 年逐渐提高。在各类要素市场中，金融业市场化稳步提高，其中非国有金融机构吸收的存款占整个金融机构吸收存款的比重缓慢上升，金融机构贷款中非国有企业贷款所占比重的进步更大一些（王小鲁、胡李鹏、樊纲，2021）。各省区市要素市场发育程度地区差异明显，东部一些省区市要素市场发育程度要明显好于西部一些省区，并且这种差距比政府与市场关系大得多。由此可见，要素市场的培育需要一个过程，不像纠正政府行为那样可以短时间内在全国范围展开并取得一定的成效。

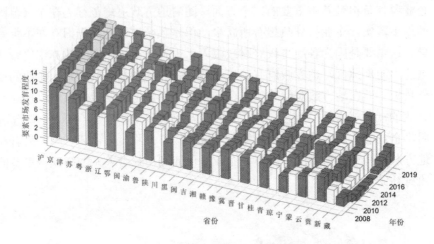

图 3-5　各省区市要素市场发育程度

数据来源：根据《中国分省份市场化指数报告（2021）》（王小鲁、胡李鹏、樊纲，2021）整理得到。

　　市场中介组织的发育和法律制度环境的改善对市场配置资源具有非常重要的作用。在这一方面，随着改革向深度和广度发展，全国范围的市场中介组织和法律环境都有不同程度的提升，但地区间的发展存在明显的不平衡性。如图 3-6 所示，东部省份的市场中介组织和法律保护水平发育较好、成长较快，而中西部省份虽然有所改善，但是发展水平还相对落后。另外，中国法律保护虽然具有统一的规范，但是各省区市之间的执行力度却存在显著差异（Cull & Xu, 2005）。

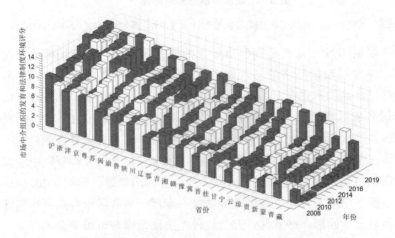

图 3-6　各省区市中介组织发育和法律保护差异

数据来源：根据《中国分省份市场化指数报告（2021）》（王小鲁、胡李鹏、樊纲，2021）整理得到。

3.4　中国投资者保护水平

投资者保护对金融发展和融资成本具有重要影响，作为资本市场监管的核心，投资者保护不仅是一种法律保护，同时也是由社会规范和市场保护机制共同构建的。大量的理论分析和经验证据表明，投资者保护对一个国家或地区的金融市场发展、股权结构、权益价值及公司财务政策等诸多领域有重要的影响（La Porta et al., 1997, 1999, 2002; Shleifer & Wolfenzon, 2002）。投资者保护能够提高公司契约有效性、降低内部人与外部投资者的代理冲突、提高信息披露质量、提高企业价值。对于投资者保护的本质，大致有三种认识，分别是法律规范论、社会规范论与市场机制论。

第一种观点认为投资者保护的本质是一种法律保护。在不同法律体系下，投资者具有不同的权利界定，相应具有不同程度的投资者保护水平。投资者保护水平取决于法律制度的完整性，而法律渊源是决定投资者保护水平的重要因素。La Porta et al.（1997, 1998, 1999, 2000, 2001）开创的"法与金融"研究，强调法律对投资者利益的保护，认为法律渊源对投资者保护水平具有决定作用，法律执行效率是重要影响因素。该观点也得到 Claessen et al.（2000）的支持。第二种观点认为投资者保护本质由社会规范来决定，而非由法律决定。社会规范是一个社会中的非正式规则、价值观与文化。市场监管中的社会环境与社会规范决定了投资者保护水平。这种观点认为，包括控制权私有收益的社会容忍度（Nenova, 2003）、政府管制（陈冬华，2008）和社会文化等这些社会规范可能比正式的法律规范更有效，更能解释不同国家或地区间投资者保护的差异。第三种观点认为资本市场中投资者保护功能本质上是通过市场机制实现的。在一定的法律规范与理性预期下，股票市场、信贷市场（Qian & Strahan, 2007）、控制权转移市场（Dyck & Zingales, 2004）、经理人市场（Jensen, 2001），乃至产品市场会形成对管理层的正向或负向激励，从而降低代理成本，提升公司价值。

投资者保护需要法律规范、社会规范及市场机制共同构建，协同发挥作用。首先，完善的法律和高效的执行可以明晰产权，提升股东和经理对剩余索取权与剩余控制权边界认识的清晰度和一致性，增加受托人利益侵占和损害的机会成本，提高投资者因利益损害而获得赔偿的可能性。其次，社会规范通过证券市场监管和利益集团的博弈来发挥投资者保护作用。如陈冬华（2009）发现，受证监会和证券交易所处罚的公司，其公司以及公司所在省份后续融资会减少，而这一结果没有任何法律或法规规定，其源于社会的隐性规则。最后，在既定法律框架和社会规范下，市场机制会发挥作用，企业高管在市场机制激励和约束下，自动保护企业价值与股东价值，形成投资者保护的内在动力。

会计通过法律机制、社会规范与市场机制保护投资者利益，并有三个基本路径：事前逆向选择规避、事中决策与控制、事后背德惩戒。国内学者以此为出发点，建立了五个要素、三层目标、三种机制及三个路径的会计投资者保护的理论框架，在此基础上设立了五个方面的指标，建立了中国上市公司投资者保护指数（AIPI），并对中国上市公司投资者保护状况进行了评价。经过检验，AIPI 具有良好的效度，能够显著地解释公司下一年度的会计收益、股票回报、违规和权益资本成本。AIPI 作为中国上市公司投资者保护的代理指标，能够比较有效地反映其会计投资者保护的现状并具有一定的预测价值。中国上市公司会计投资者保护指数总体情况如表 3-2 所示。

表 3-2 中国上市公司会计投资者保护指数

年份	均值	标准差
2015	54.54	3.79
2016	54.12	3.88
2017	54.38	4.19
2018	55.50	4.48
2019	55.99	5.12
2020	56.10	4.12
2021	56.39	4.76
2022	57.03	4.52
2023	57.70	4.13

总体上来看，中国上市公司 2015—2023 年的投资者保护均值都处于及格线以下，总体上先缓慢下降后稍微上升态势，由 2015 年的 54.54 分下降到 2016 年的 54.12 分，2017 年开始又有所上升。

分行业投资者保护状况如图 3-7 所示。樊纲等认为，就产业部门而言，制造业、建筑业、商业等竞争性部门的市场化程度较高，而资源性和涉及资源的产业（如石油、天然气、矿业和房地产开发）、具有天然垄断属性的产业（如电力、电信、铁路等部门）、有公共产品属性的产业（如文化和传播等），市场化程度较低。这可能与高政府干预行业、低市场竞争行业与高资源依赖行业的投资者保护水平较低有关，这些行业的市场化程度低，外部约束与治理力量弱，违约责任转移的可能性大，具有治理软约束特征，因此其投资者保护水平较低。总体来说，交通运输、仓储和邮政业，住宿和餐饮业的投资者保护水平较高且比较稳定，连续 9 年在所有行业中排名进入前 5 名。房地产业的投资者保护水平也较高，但波动较大。综合业、采矿业的会计投资者保护水平都较低。从投资者保护的稳定性来看，制造业、金融业、科学研究和技术服务业与信息传输、软件和信息技术服务业的投资者保护水平比较稳定，连续 9 年名次波动都不大。

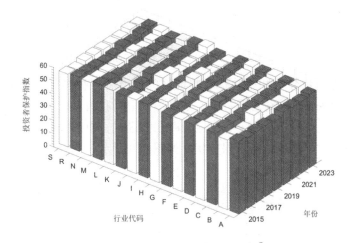

图 3-7　分行业投资者保护状况①

　　投资者保护在各地区之间可能存在差异，按照上市公司注册地的不同，分不同省区市进行分析，观察不同地区上市公司投资者保护的特征，并比较其差异。分省投资者保护状况评价如图 3-8 所示。2015—2023 年，浙江、北京与广东 3 个省份的投资者保护水平较高且非常稳定；宁夏、青海和西藏 3 个西部省份的投资者保护水平较低，连续几年排名都比较靠后。从投资者保护的稳定性来看，河北、上海与重庆的投资者保护水平波动较小，而宁夏、吉林和广西的投资者保护水平各年间变化较大。

　　① A-农、林、牧、渔业；B-采矿业；C-制造业；D-电力、热力、燃气及水生产和供应业；E-建筑业；F-批发和零售业；G-交通运输、仓储和邮政业；H-住宿和餐饮业；I-信息传输、软件和信息技术服务业；J-金融业；K-房地产业；L-租赁和商务服务业；M-科学研究和技术服务业；N-水利、环境和公共设施管理业；R-文化、体育和娱乐业；S-综合。

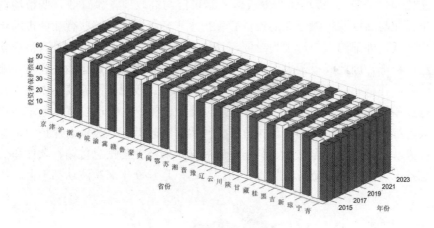

图 3-8　分省份投资者保护状况

为了进一步分析和检验行业与地区间投资者保护的差异，本书分大类对不同地区与行业进行了分析。地区上，根据我国对东、中、西部的划分，把 31 个省区市归为三个大区，即东部区域、中部区域和西部区域，并进行检验。分地区投资者保护状况如图 3-9 所示。

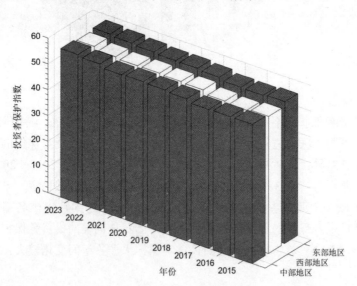

图 3-9　分地区投资者保护状况

分地区来看，东部地区公司的投资者保护水平最高，西部最低，具有显著差异。这主要与地区经济发展水平、市场发育程度、融资约束程度、法律环境、政府干预及政商关系有关。经济越发达、市场化程度越高，市场机制在投资者保护中的作用发挥越好，外部治理的力度越强。从融资约束来看，中西部地区存在较高的融资约束，上市公司上市动机和再融资动机更强。同时，由于外部治理弱化，内生性增长乏力，对投资者尤其是中小投资者利益侵占的动机更加强烈。从法律环境来看，东部地区的执法环境更好，股东利益受损的维权意识更强，有利于提高东部地区上市公司的投资者保护意识和保护水平。从政府干预和政商关系来看，西部地区政府对市场的干预程度更高，政商关系更密切，由于有政府的背书或隐性承诺，中西部地区上市公司具有更小的内在动力进行投资者保护建设。这一结果也与樊纲等的结果一致。

在过去的 40 年中，随着中国从计划经济向市场经济过渡（这一转型仍在进行中），中国颁布了许多新的公司法和证券法规，但是中国的法律体系在保护投资者方面一直非常薄弱（Allen et al., 2005; Pistor & Xu, 2005）。在一项重要的研究中，La Porta et al.（1998）比较了 49 个国家的法律制度质量，他们的研究并没有包括中国，但是 Allen et al.（2005）为中国编制了衡量的指标，以确定其在 La Porta 所研究的国家中的排名。他们发现，中国对债权人和股东的保护要低于其他国家的平均水平。更重要的是，他们发现在 La Porta et al.（1998）的样本中，中国的执法水平明显低于平均水平。因此中国也面临着其他许多发展中国家同样面临的问题，即法律环境薄弱。Kato & Long（2006）认为，中国没有一套全面的法律法规来保护中小股东，也没有能力有效地执行现有法律。

需要提出的另一个重要问题是，法律环境不仅仅包括法律制度和执行效率，还包括惩罚。在中国，违反证券法规和公司法的惩罚都很轻，这种低水平的惩罚是法律保护薄弱的另一个原因。长期以来，中国证券法关于法律责任的规定都很轻，例如上一版的中国证券法第 11 章列举了违反 48 种证券法的各种罚款和处罚（第 188 至 235 条），几乎所有的罚款都很轻：3 万至 30 万元人民币。如果一家公司试图出售未经批准的公开发行股票，欺诈者仅被处以 3 万到 30 万元的罚款。在中国，有很多异常的管理层渎职导致轻微罚款的例子。2003—2006 年，丹科股份有限公司在未召开董事会和股东大会讨论，也未向公众披露的情况下向关联方支付了 15.1 亿元人民币。该公司还伪造了 2.05 亿和 4.79 亿元虚假银行存款以及虚假资金 1 亿元。而对于以上所有不当行为，丹科仅收到了证监会警告以及 30 万元人民币的小额罚款，这些欺诈行为背后的高管也仅被处以 3 万到 30 万元的罚款。2019 年 12 月 28 日新修订的证券法，对于证券发行人以欺骗手段获取股票发行、上市资格的，要处以 50 万元以上 500 万元以下的罚款，但 500 万的顶格处理放在市场的现实环境中，仍然过低。

　　但是值得称赞的是，中国政府已认识到其法律和执法的薄弱性，并不断采取措施加以改善。2002 年，中国证监会和国家经贸委联合颁布了《上市公司治理准则》，该准则的出台被称为中国公司治理的转折点。同年中国证监会也颁布了许多公司治理法规，如提高大股东变更时的信息披露要求。值得注意的是，证监会在当年对 1175 家上市公司进行了一次前所未有的大规模审查，发现其中约30%的公司都存在严重的公司治理问题。最终证监会颁布了几项有关关联交易和会计操纵的新会计条例。

　　Jiang et al.（2010）的研究指出，中国为改善法律环境做了很多尝试。20 世纪 90 年代末，中国数百家上市公司控股股东总计占用公司资金数百亿人民币。具体来说，他们从自己的公司获得资金，称之为"贷款"，并将其记在其他应收款项下。在 Jiang et al.（2010）的样本中，其他应收款平均占总资产的 8.1%。对于排名前十的企业，其他应收款占了公司资产的 1/3。中国证监会在 2001 年曾试图禁止向控股股东发放公司贷款，但这一禁令基本上被忽视了。随后国务院在 2004 年发布规定，指出针对上市公司中挪用公款的控股股东将受到处罚。2005 年，中国证监会警告称，将披露截至2005 年底债务超过 1 亿元人民币的所有控股股东姓名。

　　Jiang et al.（2015）扩展了 Jiang et al.（2010）的研究。由于其他应收款包含除公司间贷款以外的其他实际应收款，所以 Jiang et al.（2015）使用了一种更直接的企业间贷款衡量方法，称之为非经营性资金占用。作者发现资产负债表上有非经营性资金占用的公司主要是控股股东，机构投资者很少。作者对该指标的有效性进行了直接的实证检验，他们确定了关于非经营性资金占用的主要规定公布的两个日期。一个是在 2006 年 5 月 26日，公司宣布董事会主席将亲自负责公司的非经营性资金占用。另一个是2006 年 6 月 1 日，两家证券交易所宣布，要求公司向公众披露其非经营性资金占用账户余额。在这两天，资产负债表上有非经营性资金占用的公司出现了正的异常公告收益，这一研究揭示了"隧道"行为与公司价值之间隐含的负相关关系以及监管措施的有效性。在采取这些监管措施之后，解决了非经营性资金占用的公司经营业绩得到了改善，公司价值更高，长期绩效也更高，表明了监管措施的有效性。

　　总体而言，中国可能会在不久的将来有一个完善的法律环境。鉴于中国的证券市场还很年轻，中国的法律环境甚至可以说正在发生深刻的变革。中国法律环境的迅速演变发展并不足为奇，因为中国的优势在于能够向发达市场尤其是西方市场学习。

第4章 社会关系网络的内涵、度量及其特征分析

4.1 社会关系网络的内涵

社会关系网络由一系列的个体，以及这些个体之间的各种社会关系组成的。以往的研究中，有学者定义了企业高管的社会关系网络，其中的个人可能曾经一起工作或在另一家公司的董事会共事，有相同的教育背景（同学或者校友），或在一个更社会化的层面上进行互动。例如，曾服务于同一家慈善机构或曾是同一家高尔夫俱乐部的成员。

社会背景（通过社会关系网络获取）作为经济行为的重要决定因素，近年来越来越受到经济学家的关注。这种兴趣源于人们意识到许多经济行为都嵌入在关系网络中，这些网络的结构在控制这些经济行为的结果中发挥着重要作用（Jackson, 2010）。最近在公司财务方面的研究关注了高管或大股东的社会联系，并发现了这些社会联系的积极和消极影响。一些研究的结果支持社会联系有助于获取信息和相关资源的观点（Lin 1999）。例如，Cohen et al.（2008）发现与公司董事会成员有联系的共同基金经理会投资于表现更好的共同基金。Larcker et al.（2013）的研究表明，拥有更多处于网络中心的董事的公司会获得更高的股票回报，并经历更高的未来业绩增长。无独有偶，Fracassi（2017）的研究结果显示，拥有更多处于网络中心位置董事的公司会作出更好的投资决策，并有更好的绩效。Faleye et al.（2014）提供的证据表明，CEO 的社会关系网络中心度与创新投资正相关，获得的专利质量也更高。这些结果表明，拥有良好人脉的董事会或管理人员的公司能更好地获取信息和资源，并作出更明智的决策。

社会关系网络理论可能是与中国现实最贴近、最接近于本土文化的理论，而国内相关研究比较缺乏，除了政治关系和连锁董事相关研究尚待丰富以外，更具一般意义的、更广泛的"关系"对资本成本影响的研究还鲜有涉及。鉴于此，本章首先系统回顾社会关系网络的内涵和在实证研究中通常采用的度量方法。社会网络理论与公司财务理论的融合突破了以往采用个体行为特征变量解释公司治理效率和决策效果的局限性，也开启了公司财务研究的新视域。

社会网络分析方法应用于公司财务研究有其深厚的理论基础。Ellision & Fudenberg（1995）认为，社会网络形成于人与人之间的社会互动。谢德仁和陈运森（2012）在研究董事间网络结构时也认为董事之间的沟通主要通过各种正式和非正式场合的互动进行。这种相互交流的关系一方面源于对血缘关系的认同，另一方面则源于对同学、同事、同乡关系的身份认同。由于不同个体之间交流的方式与内容千差万别，因而每两个个体之间由于相互交流而建立起的社会网络关系都是异质的、难以替代的（谢德仁、陈运森，2012）。社会网络包括许多种不同的网络，如上下游关系形成的网络、董事网络、股东网络、专利申请网络、校友关系网络、同事关系网络、亲戚关系网络等，而每一种网络均有其特殊性，如亲戚关系形成的网络多为强关系，而股东网络多为弱关系。

这种由于血缘认同或身份认同建立的社会网络关系在短期内不会消失，并且当这种关系能够为个体带来价值时，个体会根据自身的功能性需要维护这种社会网络关系，以便为自身带来利益。因而，社会网络关系是归属于个体的重要社会资本。凝结于个体的社会资本使个体能够得到更多难以获得的知识和信息（Lin, 2002），以及镶嵌于社会网络中的独特资源和声誉（Freeman, 1978）。

探究网络关系强弱的研究最初起源于 Granovetter（1973）的联结优势理论。他指出可以通过四个维度来区分强联结和弱联结：认识时间的长短、互动的频率、关系的密切程度及互惠交换内容的丰富性。研究发现，认识时间越长、互动频率越高、关系越密切、互惠交换内容越多，那么个体与个体之间的联结关系就越强。他认为由于强联结关系中的个体拥有的信息较为同质，容易形成一个封闭的系统，而弱联结关系则有着极快、极具低成本和高效的传播效率，因此弱联结关系在获取新信息的过程中发挥了关键作用。Lin（2002）认为个体由于相互交流而产生的联结关系本质上是一种非正式的网络关系，是一种弱联结关系。尤其是在我国，个体在网络中的位置及对参与者权威的分配更无正式性可言。中华文化本质上就重视非正式的社会关系，而非"理性化"的正式关系。在资本市场并不完善的中国，这种非正式关系往往能够充当正式关系的替代物，从而影响公司治理效率与效果。因而，社会网络分析方法被学者们广泛用于公司治理研究。

社会关系网络是具有相互联系的各个节点构成的一种社会关系结构。它不强调单个个体的行为特征，而主要关注个体之间由于互动而形成的网络关系特征。有学者将社会网络看作一组行动者及连接行动者的各种关系的集合，这种集合从本质上看就是节点与线的集合（Wasserman & Faust, 1994; Kilduff & Tsai, 2003），节点表示网络关系上的个体，线则表示个体与个体的关系（谢德仁、陈运森，2012）。

我国对于社会网络的研究起源于费孝通（1948）对中国乡土社会的研究。他认为中国人基于亲属、朋友、同学等社会关系将自身与他人的关系分为不同层次，社会关系因此呈现出一种差序格局特征。之后，学者在解读中国人的关系认同时指出，中国人会对自我与他人是否存在某种特定关系进行认知，这种关系认同的核心源于亲属认同，并且他们能够根据自身的功能性需要将亲属认同向外扩张，如拟亲属关系认同、地缘关系认同等。

社会网络研究发展成为一门学说是在 20 世纪 60 年代，最初是西方社会学的一种分析视角，后来学者们逐渐将其应用于经济学和管理学领域。Granovetter（1985）利用社会网络关系理论批判了古典经济学家关于理性人的假设，他认为人们作出决策的行为并不能准确地获得这项决策的收益和成本，他们会参考社会网络中其他成员的行为，获得镶嵌于社会网络上的资源与信息，从而进行决策。也就是说，个人的经济行为镶嵌于社会网络。此外，Granovetter（1973）还认为社会网络分析方法是一种连接微观和宏观层次的社会学分析工具，它通过分析小规模的互动阐释其宏观含义。个体的小规模互动能转变成大规模的社会网络结构，这种网络结构形态反过来又影响了个体的行为与决策。

4.2　社会网络的构建与测度

马克思提出"人的本质是一切社会关系的总和"，作为"社会人"的公司也是一切社会关系的总和，并呈现出社会关系的差序格局特征。关系及在此基础上形成的社会关系网络，是公司必须面对的一个至关重要的因素，也是任何公司在经营中无法回避的。公司金融领域基于社会关系网络的研究成果主要集中在公司政治关联、连锁董事和更一般意义的社会关系上。公司政治关联一般指的是由高管或大股东的政府背景产生的联结关系。虽然表达上略有不同，但基本内涵差不多，即公司的高管或者大股东与政府部门（官员）之间建立起来的关系。由于不同学者关注问题的角度不同及制度背景的差异，目前在研究政治关联影响效应的时候并没有一致的定义和度量方法。本研究对这些文献进行梳理之后，大致可以归纳为以下几种情况：①公司的控股股东、高管、董事是国会议员、部长，或与某位政要、某个政党有紧密联系都认为是有政治关联；②类似于方法①，但对政府官员的级别未加区分，只是笼统地表述为大股东、高管、董事现在或曾经在政府部门、军队工作；③以政治关联董事占董事会的比例来衡量政治关联；④以公司的政治捐献、游说支出作为政治关联的代理变量；⑤政府持股比例；⑥地理关联，即国会议员、部长的故乡是否与公司总部所在地一致；⑦其他。由于各国的制度背景各异，政治关联的表现形式也不尽相同，政治关联的度量方式出现了比较大的差异。

连锁董事（board interlock）作为企业社会资本的重要表现和最主要的一种企业间网络关系，是指董事成员同时在两家或两家以上公司的董事会中任职，以及由此形成的企业间关联关系。这是从企业层面对连锁董事最原始的内涵界定，但得到了后续研究连锁董事现象的国内外广大学者的普遍认同。从董事个体层面来讲，连锁董事是指同时在两家或两家以上的公司董事会任职的董事。实际上，在国外多数相关理论研究与实践考察中，连锁关系中的个体即使不在相关公司的董事会任职，只要发挥连锁董事的作用，也会被归入连锁董事的范畴。在实证研究中一般运用UCINET、PAJEK和NetMiner等大型社会网络数据分析软件计算表示董事社会关系网络整体和个体特征的指标。

随着研究的深入，国外学者的相关研究逐渐向更宽的社会关系（social network）发展，考察姻亲关系、同事关系、校友关系，以及同为某个专业协会、非营利组织、休闲俱乐部成员等社会关系（Bunkanwanicha et al., 2013; Nann et al., 2010; Braggion, 2011; Nguyen, 2012; Rider, 2012; Yen et al., 2014）。无论是西方人提出的关系强弱还是国内学者提出的关系信任或关系认同法则，都试图对"关系"作出完整准确的解释。既包括了从工具理性的视角来考察人际关系，又包含了非功利情境下的人际交往。通常情况下，中国人人际交往所普遍遵循的是人际认同法则，它与中国传统社会看重家庭、家族、宗族的观念及地缘性共同体有着内在的契合性。中国人认同的关系大致包括九种，即通常所说的"九同"——同学、同事、同乡、同姓、同好、同行、同年、同袍和同宗。除了"九同"之外，还有一个最重要的"第十同"，就是共同的朋友。中国人人际交往中的"九同"或"十同"法则实际上都是在这一基础上演绎出来的，目的都是应对人际交往中的各种情境，以便于人际交往能够顺利达成。鉴于中国社会比西方社会更注重关系，进一步深入地探讨社会关系对公司财务决策（尤其是资本成本）的影响成为必要。

社会网络是由许多个人或组织通过一系列社会关系连接而组成的网络结构。与目前仍然主宰大部分社会学研究中的以个体为中心的方法不同，社会网络分析（SNA）明确假定，行为人之间的联结对其各自的行为会产生重要影响，如董事会交叉任职现象、彼此的业务往来、公司高层的相识度等内容。因此，社会网络分析中两个关键步骤为网络节点的选择和网络关系的识别与测度。本书以董事、CEO、CFO 等高管以及大股东作为网络节点，社会网络分析的流程如下：

①选取 A 股上市公司。

②整理所选公司上市期间所有高管（董事、CEO、CFO 等）及大股东作为网络节点。

③识别、测量高管（董事、CEO、CFO 等）及大股东之间社会关系的结构形式与实质内涵，即高管之间上市公司高管任职经历、教育联系与政府机构工作联系。

④统计分析个体在网络中的位置信息，即计算中心度与结构洞指标。

本书参考 Forsyth & Katz（1946）将矩阵应用于模拟和描述节点之间的网络关系，并以图论（graph theory）的思想建立代数模型探究这些复杂网络关系背后蕴含的规律，设定所有节点构成的网络为无向图 $G=(V(G), E(G))$，其中 $V=\{n_1, n_2, \cdots, n_N\}$ 为节点的集合，E 为网络关系的集合。图 4-1 表示了一个社会关系网络的简单示例。

社会关系网络可以根据是否存在单边关系（定向和非定向网络）或不同关系强度（加权和非加权关系网络）进行分类。美国心理学家 Stanley Milgram 早在 20 世纪 60 年代就意识到，每个人都是通过平均 6 个联系人的短链与世界上的其他人联系在一起的。这种所谓"小世界现象"（small world phenomenon），也被称为"六度分离"（six degrees of separation），即通过六个熟人就可以认识世界上任何一个陌生人。从图 4-1 可以看到，每个人或者每个节点（Node）都以直接或间接的方式

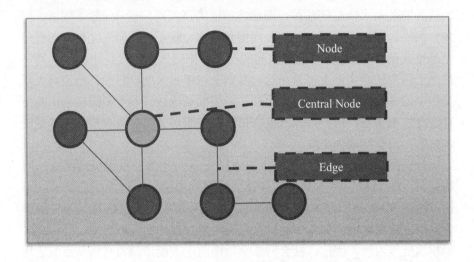

图 4-1　社会关系网络示例

与其他人有联系，并且社会关系网络大多是无标度的网络，其中联系人的数量在所有成员之间不是均匀分布的。相反，网络是由许多几乎没有相互联系和只有一些高度集成的成员组成的，即所谓枢纽或中心节点（Central Node）。这些中心节点充当了相互紧密联系的成员的单个组之间的连接。总的来说，社会网络中不同个体成员的互联性通常有显著差异，为了确定那些在社会关系网络中发挥核心作用的行为者，我们通常利用社会网络分析来计算其在网络中的中心度（centrality）。在最简单的情况下，网络成员的直接联系人数量是一个有用的中心度指标，即程度中心度（degree centrality），是相对容易理解的事实。程度中心度表示每个节点直接关系的数量，一个有很多关系的参与者被认为是强大的，因为这些关系可以产生有价值的信息交换和增加可信度。还有一种方法是基于这样一种思想，即那些与其他节点距离较近，因此能够非常有效地在网络上传播信息的节点，在网络中处于中心位置。这种方法的一个代表是接近中心度（closeness centrality），如果一个人只需要很少的中介就可以联结他人，在结构上相对独立，那么他就被视为网络的中心参与者，用到达网络中所有其他参与者的最短路径的长度来表示。此外，还可以将中心地位等同于网络成员根据其在网络中的位置对信息流的控制，而两个不直接相关的行为者之间的交流和互动依赖于中介行为者，也就是中介中心度（betweenness centrality），其中参与者的中心度是基于网络中包括被关注的参与者之间的所有最短路径的数量与网络中所有最短路径数量的商。上述三种中心度指标很少甚至没有注意到间接关系，这意味着它们没有或只是间接地包括在行动者的中心度的量化中。如果直接连接的网络成员与许多其他良好连接的参与者有关系，则参与者被集中参与到网络中。这就是递归定义的中心度度量指标，即特征向量中心度（eigenvector centrality）。

4.2.1　网络节点

在社会关系网络研究领域，网络节点是指相关社会背景下的所有行动者（如图4-1中的"Node"）。在高管、股东社会关系网络的研究中，也主要分为两种类型。其一，以个人为节点，例如 Singh & Delios（2017）、Wincent et al.（2010）、Akbas et al.（2016）以所有高管为节点，Engelberg et al.（2012）仅考虑了所有董事会成员，Fracassi（2017）创造性地选取了所有董事会成员与薪酬最高的五名高管，还有大量研究聚焦于公司CEO 与董事会成员、评价高管个人在整体高管网络中地位等，通过计算全部高管的平均值、最大值或提取主成分、关键因子等方法表现公司的社会关系网络中心度水平。其二，以公司为节点，通过公司中高管个体之间的联系判断公司之间是否存在联结，例如 Larcker et al.（2013）。

根据节点在整体网络中的联结情况，可以分为以下几类：联络人，不属于任何群体但在网络中起到联络作用；孤立者，很少或者几乎不参与任何团体；明星，拥有最多联结的节点。例如，在高管网络中，部分高管不属于任何公司，但由于曾经的任职经历进入网络，扮演联络人的角色；而网络明星在整体网络中及局部网络中均居于中心位置，在同行业及整条供应链中掌握话语权。此外，董事会大部分成员通常仅在一家公司任职，仅与内部高管产生联结，而独立董事往往身兼数职，有数家上市公司任职经历，在网络中连接不同公司，起到桥梁与中介的作用。

参考公司法关于公司高管的规定，结合上市公司财务报告中关于高管职责范围的说明及其在融资过程中的参与度，选取样本公司所有董事会成员（包括执行董事、非执行董事、独立董事）、经理层（由于不同公司高级管理人员称呼与职务划分不同，包括 CEO、总裁、总经理与董事会秘书等）和财务负责人（包括 CFO、财务总监、总会计师、财务主管等）。

4.2.2　网络关系

基于以上并分析参考 Akbas et al.（2016）、Engelberg et al.（2012）、Hwang & Kim（2009）、Houston et al.（2014）的做法，本书建立高管之间

的任职网络、校友网络与政治网络,具体如下。

(1)任职网络

当两个个体同时(包括过去与现在)在一家上市公司担任高管,包括董事、CEO、CFO 等,即认为产生一条任职关系。由此可见,上市公司的选取不仅决定了高管网络节点,还直接确定了高管之间的职业关系,即高管之间的职业关系依赖于公司产生。

为建立动态职业关系网络,选择我国出现第一家上市公司对应年份作为基准年份,假定所有高管曾经建立的社会联系会一直延续至今,也就是说下一年的高管网络都是基于本年度的高管网络进一步累加得到,对应矩阵表达为高管—高管矩阵与对应年份高管的马尔科夫状态转移矩阵相乘,得到下一年高管—高管关系矩阵。

以下图 4-2 为例,首先,选定一个基准年份 t_0,根据所有上市公司所任命的高管信息,建立职业网络,见图 4-2(a),其中同时在公司 A 就职的高管为 01 至 05 号,05 号高管同时在 A 公司与 B 公司就职。其次,考虑 t_0+1 年高管自身入职或离职、公司上市或退市所导致的高管职业关系变化,见图 4-2(b)。例如,C 公司吸收合并 B 公司,B 公司法人资格被注销,公司股票终止上市,B 公司的部分高管(编号 07)继续在合并公司 C 担任关键职务,与 C 公司现有高管建立网络关系,08 号高管接受 G 公司的邀请,由于 05、08 号高管与 07 号高管之间过去的任职关系,公司 C 高管不再是网络中孤立的子群体,与 A 公司、G 公司高管都建立起了直接或间接的联系;t_0+1 年度上市公司 F 被借壳,公司 F 高管层大换血,借壳方高管 27 至 29 号进入网络,被借壳方高管仍被保留在网络中;02 号高管成为公司 D 的董事会成员,15 号高管从 D 公司离任成为 G 公司 CFO,分别起到沟通 A 公司与 D 公司、D 公司与 G 公司的桥梁作用。综上所述,考虑因公司上市(编号 30 至 32)、借壳上市(编号 27 至 29)、被上市公司聘任(编号 26)而新进入网络的高管。与此同时,保留因公司兼并(编号 06)、公司退市(编号 18 至 19)、公司被借壳(编号 23 至 24)、从原公司离任(编号 04)而不再属于当前上市公司高层管理人员的节点,该部分高管极有可能在之后的年度里进入新公司扮演重要角色,加上 t_0 年度在上市公司任职已经建立起的联系,这些高管很有可能在原公司与新公司间起到中介作用,控制信息等资源的传播,因此不予以剔除。最后,以此类推,建立上市公司高管动态任职网络图。

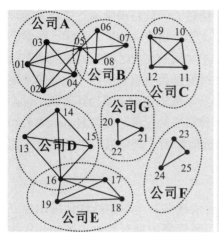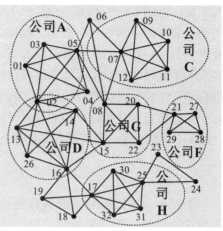

（a）第 t_0 年高管任职关系　　　　（b）第 t_0+1 年高管任职关系

图 4-2　高管任职关系变化示意图

（2）校友网络

参考 Cohen et al.（2008）中的做法，着重强调了专业相似度在校友关系中的重要性，根据高管毕业院校、毕业年份、所学专业、获得学历判断高管之间是否具有校友关系，建立动态校友关系网络。

因此，两名高管之间具有校友关系必须符合以下条件：①毕业于同一学校。本书以合并、更名后的高校来构建校友关系。此外，高管毕业院校还包括国外知名学校、国内主要 MBA 学院（长江商学院与中欧国际工商管理学院等）、主要科研机构（中国科学院、中国社会科学院等）等。②获得相同学位，或者其中一名高管为高校教师。考虑到中国高校学历认可程度与接受程度的演变，特别是 1977 年恢复高考之前，专科学位受到推崇，导致数据之间缺乏可比性，并且基于实质重于形式的原则，本书将本科与专科划分为一大类"专本"，将硕士与博士归为另一大类"研究生"，还特别考虑了高管在高校任教期间建立起的校友关系，称为"教师"学历，并且认为除"教师"学历外，其他不同学历之间产生社会联结的可能性较小，"教师"学历与其他学历（包括专本与研究生）极有可能为"师生"关系。③所学专业相同。基于《普通高等学校本科专业目录（2020 年）》中对于基本专业、特设专业及军事专业的分类规定，结合我国高校院系设定情况，将经济学与管理学专业合并为经济管理类，将原本工学类下的兵器项划入军事类，并且由于许多高管本科学习了基础理学知识，研究生阶段偏向技术应用，如高分子化学与高分子材料分别属于理科与工科，将两者分为两类专业显然不合情理，因此将理学与工学合并为理工类。最终，得到哲学、法学、教育、文学、历史、理工、农学、医学、经管、艺术、军事与军工共 11 大类。④共同的在校时间。为建立动态的校友关系网络，文章根据两名高管在校时间是否有重合区间（而非简单地根据毕业年份）进行判断，其中"教师"学历毕业年份即为其离职年份，对于高管教育背景数据中毕业及入学年份缺失的记录，参考 Hwang & Kim（2009）中的处理，利用高管年龄进行近似判断，规定高管年龄相差不超过 5 岁。

（3）政治网络

中国企业的发展对政府具有强烈的依赖性，本书创新性地提出建立高管政治网络，而非利用哑变量、公司高管层中拥有政治关联的高管比例、赋分法等来测量公司的政治资源。在高管中担任的政府官员职位的选择上，基于《中华人民共和国公务员法》第十六条进行筛选，包括国家级、省部级、厅局级、县处级、乡科级政府机关及军队等单位。考虑到高管在担任党代表、人大代表、政协委员（但不包括常设机构）期间，相互接触机会与时间较少，予以剔除。此外，鉴于金融监管机构在公司融资过程中的重要性，政治关系网络特别纳入了高管在证监会、银保监会、国家外汇管理局、中国人民银行的政治关系。

利用矩阵表示为，当两名高管具有上述任一条联系时，邻接矩阵中对应交叉元素的值 a_{ij} 为 1，否则为 0。

$$a_{ij} = \begin{cases} 1, & n_i n_j \in E(G) \\ 0, & n_i n_j \notin E(G) \end{cases} \quad\quad (4\text{-}1)$$

参考 Andres et al.（2013）等大多数研究，认为高管之间的社会关系通常是相互的，即根据高管 n_i 认识高管 n_j，可以推断高管 n_j 也认识高管 n_i，并且规定对角元素为 0，因此得到高管社会网络矩阵 $A=[a_{ij}]_{N \times N}$ 为对称矩阵。

4.2.3 网络特征

虽然关系强度指标已经将视线转移至二元变量属性，可以用于研究金融交易中博弈双方连接紧密程度对其中一方或双方经济行为的影响，但这种方式将社会关系局限在两两高管之间是否具有社会联系这一单一、直接的层面上，忽略了社会关系的传递性与网络性，无法用于探究资本市场中信息传递的微观机制。因此，本书根据图论思想，借助社会网络分析中密度理论探究高管个体网络特征，借助中心度理论与结构洞理论描述高管个体在整体网络中的位置表现。

（1）个体网络密度分析

高管个体网络分析从高管个人出发向外追踪，仅关注与高管存在连接的其他个体，因此网络密度通常用来评价高管个体网络的凝聚力，即个体网络中实际拥有的连接数与最多可能拥有的连接数的比值，数学表达式如下：

$$D\left(n_i\right)=\frac{L\left(n_i\right)}{N\left(n_i\right)\left[N\left(n_i\right)-1\right]/2} \tag{4-2}$$

其中，L（n_i）表示第 n_i 节点的个体网络图中实际包含的连接数，N（n_i）为对应节点数；$i=1, 2, \cdots, N$；D 的取值范围为[0, 1]。

本书在构建高管个体网络中，为保证网络完整性与可比性，不考虑与高管存在职业、校友、政治联系的非上市公司高管，相当于从整体网络图中将与高管有联系的部分抓取出来，建立第 n_i 高管的子图并计算密度指标。从图 4-2（a）可以看出，由于基准年份多数高管仅与内部公司高管存在联系，其个体网络密度为1，而5号与15号高管所任职的两家公司的其他高管之间不存在其他联系，个体网络密度分别为 0.62 与 0.57。由此可见，高管网络密度随着网络规模的扩大呈现递减趋势，网络图中的孤立个体及孤立子群体中个体的社会网络密度趋向于 1。加上高管个体网络倾向于反映社会联系紧密程度对内部治理机制的影响，不足以解释外部资源传递效应，因此，下文不纳入考量。

（2）整体网络中心度分析

从整体网络视角刻画高管在网络中的重要程度与战略地位，借助程度中心度（degree centrality）、中介中心度（betweenness centrality）、接近中心度（closeness centrality）、特征向量中心度（eigenvector centrality）、结构洞（structural holes）指标描述高管在整体网络中的交互数量、对网络中心资源传播的控制程度、接触到网络其他节点的最短距离、与网络中心成员联系的紧密程度，以及对网络边缘资源传播的控制程度。

网络中心度具有三个重要的特性：如果通过网络中的额外关系，至少一个参与者 x 到另一个参与者 y 的距离减小，则 x 的中心度得分增加；如果通过网络中的额外关系，从一个参与者 x 到至少另一个参与者 y 的最短路径数量增加，则 x 的中心度得分增加；通过两个参与者 x 和 y 之间的额外关系，这两个成员的排名相对于中心度不会改变。

以图 4-3 为例来计算各种中心度。这张图简单地说明了社会关系网络。数字表示节点或参与者，直线表示节点或参与者之间的连接关系。

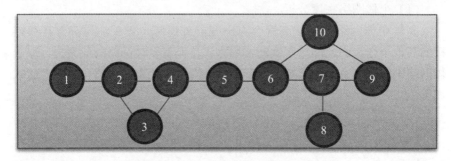

图 4-3　中心度度量的网络示例

①程度中心度（degree centrality），指网络中某一行动者与其他所有行动者直接连接的数目，即某个高管在社会网络中参与交互的活跃程度。高程度中心度的高管在社会关系网络中占据中心地位，也通常是各种资源（如资金、信息等）的支配者。相反，低程度中心度的高管一般位于网络边缘，与网络其他成员处于相对隔绝的状态。网络联系数目依赖于网络规模的大小，为增强各年度网络图之间的可比性，网络图中第 i（$i = 1$, 2, $\cdots$, N）节点的消除规模化的程度中心度可以表示为：

$$DEG_i = \sum_{j=1}^{N} a_{ij} / (N-1) \tag{4-3}$$

式中，a_{ij} 表示关系强度矩阵第 i 行第 j 列的数值；N 为其维度，即网络图中节点数目，$N-1$ 即为网络中每个节点最多可能拥有的联系数。程度中心度（degree centrality）决定了直接接触的数量作为网络成员互联质量的指标。

因此，节点 x 的联结点越多，其中心度评分越高。在图 4-3 的网络中，可以得出节点 1 的中心度评分 = 1，因为参与者 1 与参与者 2 只有一种直接关系。节点 4 的中心度评分=3。在大多数情况下，节点 x 到节点 y 之间的距离因一种额外的关系而减少并不会增加中心度的值。x 和 y 之间最短长度的连接的增强也不会增加中心度的值，因为程度中心度只考虑直接联结关系。而且在无向、无加权的图中，参与者 x 和 y 之间的直接联系只能存在一次。总的来说，性质 1 和 2 通常不满足，程度中心度满足性质 3。通过一种新的关系，参与其中的双方都赢得了一次额外的直接联结，所以两个成员的程度中心度都增加了 1，参与者的排名保持不变。图 4-3 网络示例的程度中心度如表 4-1 所示。

表 4-1　程度中心度（degree centrality）

节点 x	1	2	3	4	5	6	7	8	9	10
程度中心度 σD(x)	1	3	2	3	2	3	3	1	2	2
中心度排名	9	1	5	1	5	1	1	9	5	5

程度中心度的度量直观且易实现，但其视角仅限于社会网络的第一层，对两个拥有相同连接数的董事分配得到相同的价值，疏忽了信息传播链机制。以图 4-2（b）为例，07 号高管可以通过 01—03—05—07、01—03—05—08—07 等路径接收 01 号高管发出的信息，这些路径中 01—05—07 途经节点最少，路程最短为 3。由于最短路径中所有节点最多只可能出现一次，对两个端点及所有中间点的出入总数加以约束，网络图中任意两点 n_i、n_j 之间捷径 d_{ij} 的数学模型可以表示为：

$$\min d_{ij} = \sum_{t=1}^{N}\sum_{s=1}^{N} l_{st} x_{st}$$

$$s.t. \begin{cases} \sum_{t=1}^{N} x_{st} = \begin{cases} 1, & s = j \text{或} s = i \\ 2, & s \neq i, s \neq j \end{cases} \\ y_{st} = \begin{cases} 0, & \text{该弧不在最短路径上} \\ 1, & \text{该弧在最短路径上} \end{cases} \\ l_{st} = \begin{cases} 1, & a_{st} = 1 \\ +\infty, & a_{st} = 0 \end{cases} \end{cases} \tag{4-4}$$

式中，$s,t = 1, 2, \cdots, N$；l_{st} 表示节点的直接连线的长度（当没有直接联系时，视为正无穷），y_{st} 为指示变量表示最短路径是否经过该边，也就是说，当 $x_{st}=1$，点 n_s 与点 n_t 均为最短路径中的点（端点或中间点）；当 $\sum_{t=1}^{N} x_{st} = 0$，最短路径不经过点 n_s；最短路径中有且仅有一条边（出或入）经过路径端点（$s=i$ 或 j）。与之类似，有且仅有两条边（出和入）经过中间点。上述最短路模型可以通过 Dijkstra 算法和 Floyd 算法求解。

鉴于此，Wasserman & Faust（1994）提出偏心距（EcCentrality）的概念，计算各节点与剩余所有节点的捷径中最长的一条：

$$EC_i = \max_i \{ d_{ij} \} / (N-1) \tag{4-5}$$

式中，d_{ij} 为节点 n_i、n_j 之间的捷径。将此指标转化为极小化指标，并且避免存在网络中心节点与边缘节点连线较长的偶然情况。接近中心度得到广泛应用（Rothenberg et al., 1995; Morris & Kretzschmar, 1995; Freeman, 1978）。

②接近中心度（closeness centrality）。强调某一节点与其他所有节点的接近程度，即所有最短路径的平均长度。接近中心度的值越大，高管在信息传递过程中越能迅速高效地与其他所有高管建立联系，通过直接交流或者极少的中间环节。数学表达式为：

$$CLO_i = \left[\sum_{j=1}^{N} d_{ij} / (N-1) \right]^{-1} \qquad (4\text{-}6)$$

接近中心度是基于这样一种思想，与其他节点距离较短的节点可以通过网络非常有效地传播信息。为了计算节点 x 的接近中心度，将节点 x 与网络中所有其他节点之间的距离相加。通过使用一个倒数，当到另一个节点的距离减小时，即当融入网络的程度提高，接近中心度值增加。对于图 4-3 网络中的参与者 4 的接近中心度 = 1/21。具体地，对于节点 x = 2、3 和 5 ，节点 4 的距离 dG (4, x) = 1；对于节点 x = 1 和 6 ，节点 4 的距离 dG(4, x) = 2；对于节点 x = 7 和 10，节点 4 的距离 dG (4, x) = 3；对于节点 x = 8 和 9，节点 4 的距离 dG (4, x) = 4。以上各个节点到节点 4 的距离的倒数就是 1/21。表 4-2 包含了图 4-3 中网络中所有节点的接近中心度得分及其在应用接近中心度时的排名。考虑节点 2 和 5，尽管它们都位于其他节点之间的最短路径，节点 2 比节点 5 更接近网络中的其他节点，可以访问更多的信息。接近中心度是一个节点与网络中所有其他节点之间最短距离的倒数和。因此，笔者期望节点 2、4、6 和 7 具有较高的接近中心度。

表 4-2　接近中心度（closeness centrality）

节点 x	1	2	3	4	5	6	7	8	9	10
接近中心度 σC(x)	1/34	1/26	1/27	1/21	1/19	1/19	1/23	1/31	1/29	1/25
中心度排名	10	6	7	3	1	1	4	9	8	5

此外，对于网络图中部分节点与其他一些或全部节点不存在任何联系，如孤立点，存在 d_{ij} 趋向无穷大，进而无法准确计算接近中心度，需要特别处理。

③中介中心度（betweenness centrality）。关注高管对信息传播的控制

程度，换句话说，充当了信息在其他两名高管之间流动的"守门作用"。如果参与者是其他参与者之间的桥梁，那么这些参与者被放置在他们之间最短的距离上。例如，节点 5 在节点 4 和 6 之间的最短路径上，像 5 这样的节点可以获得更多的信息，它们可以快速传播。换句话说，在中介中心度度量时，如果一个网络成员位于其他节点对之间尽可能多的最短路径上，则他被认为是联结良好的节点。中介中心度的基本假设是，两个非直连节点 x 和 y 之间的相互作用取决于 x 和 y 之间的节点（Freeman，1979）。图 4-2（a）中，节点 5 能够控制节点 1 与节点 6 之间的相互作用的内容和时间，有更多的人际影响。中介中心度的度量假定两名高管之间的通信总是沿着最短路径，并且当两个节点有多条最短路径，每条最短路径有相同的权重，以相同的概率被选中，进而计算出某个节点处于其他任意两个节点的捷径上的比例。代数表达式为：

$$BET_i = \frac{\sum_{j=1}^{N}\sum_{k=1}^{j-1} g_{jk}(n_i)/g_{jk}}{(N-1)(N-2)/2}, k, j \neq i \tag{4-7}$$

式中，g_{jk} 为节点 n_j、n_k 之间的捷径数量，每条捷径被选中的概率为 $1/g_{jk}$。$G_{jk}(n_i)$ 为节点 n_j 与 n_k 之间经过节点 n_i 的捷径数量，连接节点 n_j、n_k 间所有经过点 n_i 的捷径的比例为 $g_{jk}(n_i)/g_{jk}$。N 同样为网络中的节点数，$(N-1)(N-2)/2$ 可消除不同年份高管网络规模差异。

对于图 4-3 网络中的参与者 9，其中介中心度 $= 1/2 + 1/2 = 1$，因为他位于从参与者 7 和 8 到参与者 10 的两条最短路径之一上。表 4-3 列出了其他参与者的中介中心度值及其排名。

表 4-3　中介中心度（betweenness centrality）

节点 x	1	2	3	4	5	6	7	8	9	10
中介中心度 σB(x)	0	8	0	18	20	21	11	0	1	6
中心度排名	8	5	8	3	2	1	4	8	7	6

④特征向量中心度（eigenvector centrality）。前述三种中心度的测量基于所有节点同等对待的前提进行，忽略了高管拥有的社会关系的"质量"。特征向量中心度 σE 基于这样一种思想，即与相互连接较差的节点相比，与相互连接较好的节点的关系对自身中心度的贡献更大。特征向量中心度（eigenvector centrality）认为高管网络关系的强弱与其所接触的其他

高管的网络中心度相关。高管与网络核心成员建立联系，不仅能够提升自身地位，对其他与其有联系的高管的中心度都会产生影响，即"朋友的朋友"带来的价值。每位高管的特征向量中心度计算表达式如下：

$$EIG_i = \frac{1}{\lambda_{max}} \sum_{j=1}^{N} a_{ij} EIG_j \qquad (4\text{-}8)$$

式中，a_{ij} 为高管社会网络邻接矩阵中第 i 行第 j 列的元素，即当两名高管 n_i、n_j 之间至少具有一条职业、校友或政治联系，a_{ij} 取 1，否则取 0；为了消除规模化，λ_{max} 为该邻接矩阵 $A=[a_{ij}]_{N \times N}$ 的最大特征值，并且当该矩阵中所有元素为非负值时，矩阵 A 存在正的特征根；EIG_j 为第 n_j 高管的特征向量中心度。

由此可见，特征向量中心度采用递归加权的方法衡量网络关系的质量，可以通过求解标准的"特征值—特征向量"模型得到，计算方程 $AE=\lambda_{max}E$ 的特征值就可得到高管的特征向量中心度。表 4-4 列出了图 4-3 网络中第 1 到第 10 个节点的特征向量中心度值，以及由此得到的排名。特征向量中心度通过考虑一个节点是否连接到另一个高度的节点来衡量网络中一个节点的重要性。例如，节点 8 是独行侠，但它很重要，因为节点 8 连接到节点 7，而节点 7 是很重要的节点。

表 4-4　特征向量中心度（eigenvector centrality）

节点 x	1	2	3	4	5	6	7	8	9	10
特征向量中心度 σB(x)	0,171	0,413	0,363	0,463	0,342	0,363	0,292	0,121	0,221	0,242
中心度排名	9	2	3	1	5	3	6	10	8	7

（3）整体网络结构洞分析

与中心度相比，网络结构洞分析更加强调与自我联系网络成员之间的关系模式。根据 Burt（1992）提出的结构洞理论，由于某些社会关系的缺失，网络关系"球面"出现破洞，处于破洞附近，即网络关系稠密地带之间而非稠密地带之内的位置的成员在网络中起到关键性的连接作用，缩短两个互不关联的簇群间信息交流的平均路径，加快信息传递效率。另外，也可以通过操纵结构洞来获取"信息优势"和"控制优势"。Burt（1992）从社会网络的有效规模、效率、限制度和等级度四个角度提出结构洞的衡量方法，其中限制度（constraint）是指网络节点在整体网络中运用结构洞的能力，在高管社会网络分析中应用最为广泛，限制度越高，高管拥有的社会网络越少。因此，经过极大化修正的限制度指标的数学表达式为：

$$SH(n_i) = 1 - \sum_{j=1}^{N}\left(p_{ij} + \sum_{k=1}^{N} p_{ik}p_{kj}\right)^2, k \neq i \neq j \qquad (4\text{-}9)$$

式中，p_{ij} 表示节点 n_i 对 n_j 直接关系投资，即在行动者 n_i 的所有直接连接中投入 n_j 的关系所占比例，在本书中可以表示为 $p_{ij} = a_{ij} / \left(\sum_{j=1}^{N} a_{ij}\right)$，$a_{ij}$ 为社会网络关系矩阵 $A_{N \times N}$ 中第 i 行第 j 列的元素，同理 p_{ik} 与 p_{kj}，则 $C_{ij} = (p_{ij} + p_{ik}p_{kj})^2$，表示节点 n_i 在节点 n_j 上的直接及间接投资强度，也可以表示 n_i 对 n_j 的依赖程度，当高管 n_j 为 n_i 的唯一联系人，C_{ij} 取最大值 1，n_j 完全控制 n_i 的信息流入与流出的传播路径，当高管 n_j 与其他所有高管没有建立联系，C_{ij} 取最小值 p_{ij}^2；$C_i = \sum_{j=1}^{N} \cdot C_{ij}$ 表示网络节点在整体网络中受到的总约束，经过极大化处理得到 SH_i，用于衡量结构洞丰富程度。

4.3　社会网络指标的特征

以 A 股上市公司上市期间所有董事、CEO、CFO 等高管作为网络节点（共 502977 个）构成一个关系网络。应用网络分析软件 Ucinet 对程度中心度（degree centrality）、中介中心度（betweenness centrality）、接近中心度（closeness centrality）、特征向量中心（eigenvector centrality）进行了计算，并进行描述性统计，如表 4-5 所示，从均值（中位数）、标准差来看，与先前的研究比较接近。结构洞代理变量的均值为 0.73459（中位数为 0.70648），最大值和最小值相差 0.29778，表明不同公司的结构洞丰富程度差异较大。社会网络指标与社会关系数量随时间变化的统计结果如图 4-4 所示。

表 4-5　所有上市公司高管社会网络指标统计量

各项	程度中心度	中介中心度	接近中心度	特征向量中心度	结构洞
N	502977	502977	502977	502977	502977
Mean	0.00053	0.00006	0.22218	0.00075	0.73459
Std	0.00041	0.00021	0.04534	0.00186	0.06843

续表

各项	程度中心度	中介中心度	接近中心度	特征向量中心度	结构洞
Min	0.00005	0.00000	0.00033	0.00000	0.68138
P_{25}	0.00030	0.00000	0.20931	0.00005	0.70151
Median	0.00042	0.0000005	0.23003	0.00017	0.70648
P_{75}	0.00060	0.00001	0.24654	0.00057	0.72423
Max	0.00261	0.00144	0.29334	0.01347	0.97916
Skewness	2.77779	5.05423	-2.90282	4.96557	2.56611
Kurtosis	12.35472	30.34522	14.82722	30.55233	8.53946
J-B	2480834.62***	17812553.65***	3637961.15***	17976365.08***	1195100.58***

注：J-B 统计量的数学表达式为 $JB = \dfrac{n}{6}\left[skewness^2 + (kurtosis - 3)^2 / 4 \right] \sim \chi^2(2)$ ，用来检验序列是否服从正态分布；*、**、***分别表示在 1%、5%、10%显著性水平下拒绝原假设。

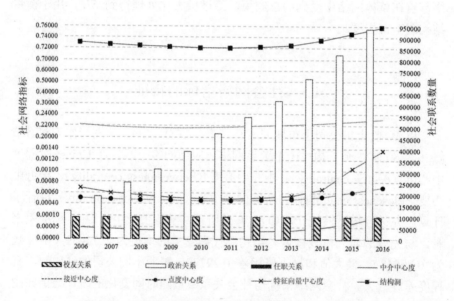

图 4-4　社会网络指标与社会关系数量随时间变化统计图

第5章　社会关系网络、公司治理与债务成本的理论分析

5.1　引言

从 Coleman（1988）开始的大量社会学文献表明，社会关系互动影响企业经济行为。越来越多的学者研究企业、制度环境和社会关系网络之间的相互作用。更好的社会关系网络可以有效增加企业高管个人的社会资本和可信度，一个人脉广泛、在行业中获得信任的企业，可能会带来更高的信用评级。如果没有这种信任关系，债权人很可能对不确定性进行定价而要求更高的预期回报，即债务资本成本上升。在信息不对称和信息不确定性条件下，投资者会要求更高的信用息差。

关系网络能够增加信息流动，这在公司金融领域不是什么新鲜事。社会资本是嵌入在社会关系网络中的可利用的资源，社会资本的深层逻辑涉及信任，信任是在个人增加其社会资本时产生的。这种信任表现为，如果拥有更大的社会资本（以高管的关系网络来衡量），公司的信用评级就会更高。人们普遍认为，信用评级机构在评估信用时依赖定性信息。由于评级过程固有的主观性质，纯财务模型不能完全捕捉公司评级的可靠性。评级所包含的信息在公司的财务报表中没有被完全描述出来。社会资本是评分分配的主观方面的一个重要组成部分。评级过程的主观性导致评级机构试图缩小公司所拥有的信息差距。公司也乐于缩小这一差距以提高评级，但信贷评估机构可能仍持谨慎态度。社会关系网络良好的公司能够减轻评级机构对信息不对称的担忧，因为与关系密切的公司相伴的是信任感，而信任缓解了贷款人对道德风险的担忧，并在企业的银行贷款市场融资中发挥重要作用。

社会资本的概念已经在包括经济学、社会学和管理学在内的其他学科中得到广泛探索。然而，社会资本创造信任的理论在财务文献中还没有得到充分的探讨。最近的研究开始关注社会关系网络对债务契约的影响。Engelberg et al.（2012）发现债务安排中关联董事具有重要的经济价值，类似地，Chuluun et al.（2014）揭示了与金融机构有关联的董事可以提高企业的价值。Javakhadze et al.（2016）研究了董事、高管和金融家之间的关系网络，发现这些联系减少了财务约束和外部融资对现金流的敏感性。社会资本增加了关联主体之间的信息流动，在这些关联主体之间产生更大的信任。这些文献表明，关系在债务契约中发挥了重要作用，不仅限于两个实体之间的直接关系，还包括关系网络中相关成员的社会资本。

世界范围来看，关系资源对债务融资和资本成本都有非常重要的影响。Qi & Nguyen（2021）研究了企业与政府的关系是否以及如何影响世界各地中小企业的信贷融资便利。通过对 30 个发展中国家中小企业进行抽样研究发现，与政府有关系的中小企业更容易获得银行贷款，这种影响在腐败程度较高的国家更为强烈，这表明政府关系是不健全的正式制度的替代品。Tee（2018）研究发现企业高管的政治关联与较低的债务成本相关联。Infante & Piazza（2014）研究表明，有政治联系的企业受益于较低的利率。Houston et al.（2014）分析了美国上市公司的政治关系是否影响贷款合同的成本和条款，发现董事会成员有政治关系的公司，银行贷款成本要低得多。贷款人收取较低的利率，因为他们认识到政治关联可以提高借款人的信用价值。政治关系增加了美国公司的价值，降低了银行面临的监督成本和信贷风险，从而降低了借款人的债务成本。类似地，Khatami et al.（2016）利用美国的样本数据，研究发现公司董事和评级机构之间的个人联系导致了更高的信用评级。关联公司发行的债券被评级为 A3 的可能性要高30%，个人关系是减少评级机构和发行人之间信息不对称的一种重要机制。Schoorman et al.（1981）研究发现，公司通过董事之间的联结关系可以获得减少环境不确定性的好处，将市场各方主体联系起来，可以获得专业知识并提高声誉。Skousen et al.（2018）考察了 CEO 网络中心度对公司债券评级的影响，发现 CEO 社会关系网络中心度和债券评级之间存在显著的正相关关系，表明拥有更好社会关系的 CEO，其公司更有可能获得更高的债券评级，关系良好的个人可以给公司带来好处。Talavera et al.（2012）考察社会资本对获得银行融资的影响，结果表明，花在社会活动上的时间增加了从商业银行获得贷款的可能性。Yen et al.（2014）研究发现，在行业协会中担任职务可以增强 CEO 的个人联系，这种社会关系网络可以转化为银行贷款优惠，从银行获得的贷款规模更大、利率更低、期限更长。Fogel et al.（2018）研究 CFO 的社会关系与私人债务成本后发现，与关系较低的 CFO 相比，关系密切的 CFO 导致的贷款利差会减少 24%。

社会资本对中国企业的发展至关重要。Yeung & Tung（1996）强调关系在儒家社会中扮演着重要的角色，影响着中国的长期商业成功。很多企业为了发展业务，必须寻求与其他市场主体进行良好的互动。在中国，合作依赖于社会关系网络来建立可靠的人际关系，商业行为围绕着相互依赖的"关系"而展开。在特定领域的人脉及现有的联系都是降低生产成本和促进销售的重要因素。此外，与金融机构的联系在企业发展的各个阶段都特别重要，因为它们减少了企业经常面临的外部融资约束。社会资本可以促进获得资金以建立公司并提高后续业绩。社会关系网络嵌入促进了借款者和贷款者之间私人信息的传递，银行还可以获得非标准信息，拥有更广泛、更多样化人脉的企业可以获得更好的信用评级。与借款人的非正式联系也为银行创造了价值，这降低了与签订合同相关的交易成本，并使贷款人能够留住稳定的客户。债务合同各方之间更强的个人或组织之间的关系有助于借款人获得更高的贷款金额、更低的利差和更少的契约限制。总之，拥有更大、更有影响力关系网络的企业会拥有更大的社会资本，良好的社会关系网络可以改善社会监督，减少债权人和公司之间的信息不对称，导致更高的信用评级，从而降低债务资本成本。

5.2　社会关系网络对债务资本成本的影响

企业能否获得稳定的资金来源、及时足额筹集到生产要素组合所需要的资金，对企业的经营和发展至关重要。对企业来讲，能不能获得便宜的资金，则对企业价值具有更直接的意义。现代企业建立在广泛的契约基础之上，契约制定的最大原则就是在约定的条件下，以实现契约成本的最小化。具体到债务契约上，由于债权人的风险主要取决于贷出去的本金以及契约中规定的利息能否按照事先约定的条款收回，而该风险则主要受债务人的偿债能力和相关制度约束的影响。因此，理解债务契约的性质，必须从债务人的偿债能力及相关的制度约束切入（孙铮等，2006）。

首先，就债务人的偿债能力而言，处于社会关系网络优势地位的企业具备更好的偿债能力。根据资源依赖理论，企业的竞争优势源于它所拥有的有形和无形的资源，并且这种资源其他公司较难取得或者取得的成本较大。社会关系网络作为一种有价值的资源，能够帮助企业获取提升竞争优势的关键资源。高管的社会关系网络可以被视为个体的独特资源，并构成社会资本价值。先前的研究表明，社会关系网络处于优势地位的企业的经营风险更低，债权人在评估企业风险的时候将是否具有良好的社会关系网络作为一个重要考虑因素。

其次，从相关的制度约束来看，企业在社会关系网络中处于优势地位可以有效缓和制度约束。债权人评价贷款风险的一个重要依据是企业的信息披露水平，因为信息不对称风险和债务资本成本正相关。信息透明度及时准确地反映了企业的财务状况和经营绩效，对债务人偿债能力的判断具有十分重要的作用。社会关系网络处于优势地位的企业，其信息不对称风险显著低于不具有社会关系网络优势的企业，债权人在给贷款定价的时候会充分考虑这一点，给社会关系网络处于优势地位的企业更优惠的利率。

我国正式制度在契约执行和法律保护不够健全的情况下，企业往往会通过一种非正式的制度安排来弥补这方面的不足，而社会关系网络便是其中重要的替代机制之一。在缺乏正式的法律制度对企业产权进行有效保护的时候，企业的经济纠纷常常通过非正式的机制来解决。换句话说，当司法体系无法保证债务契约得到有效执行时，借款人的社会关系网络会对债务契约产生重要影响。在社会关系网络中处于优势地位的企业，可以得到发展所需的关键资源，降低企业经营的不确定性，进而更易于获得低成本的资金。具体地，我们认为社会关系网络的中心度影响债务成本的机制主要包括以下三种：信息渠道、资源收益和信任环境。

第一种机制是信息渠道。信贷关系中的信息不对称广泛地存在于贷款人、投资者和借款人之间（Myers & Majluf, 1984）。社会关系具有信号传递的作用，企业拥有更多社会资本的高管，可以向市场传递公司质量较好的信号。企业社会关系网络为信任提供了基础，这促进了战略信息的交换，减少了企业竞争的不确定性，从而避免潜在投资者无法作出准确的预测。因此，当信息不对称和代理成本严重时，债权人会要求更高的债务成本。信息的有效传递可以缓解信息的不对称性（Rauch & Casella, 2003）。高管成员直接和间接的联系是把公司联系在一起的自然纽带之一，先前的研究证实了社会关系网络可以有效促进企业间的信息流动（Burt, 1980; Bizjak et al., 2009）。Haunschild（1993）认为，有良好关系的公司更容易获得私人信息。作为一种低成本的信息来源，社会关系网络也为企业之间提供了稳定的沟通和联系（Allen, 1974）。因为它们提供了更多的信息流动和与其他公司的沟通，处于网络中心位置的公司可以获得更多的机会，赢得潜在投资者和债权人的青睐。此外，社会关系网络也会影响信息的质量。Granovetter（2005）认为，由于公众可以获得的许多信息都是微妙的、难以核实，因此人们更愿意相信来自社会关系网络中传递的信息，而不是网络之外的信息。因为关系网络中的信息是相对更直接的识别，社会关系网络可以提供比其他来源更可信和更有影响力的信息（Haunschild & Beckman, 1998）。企业在社会关系网络中的位置很重要，中心度是企业间社会关系网络的重要结构描述，它描述了企业之间的直接联系和间接联系，连锁网络中企业的中心位置对企业间的信息扩散具有重要的影响。首先，企业所处的中心地位越高，其信息优势越强（El-Khatib et al., 2015）。其次，当企业处于中心位置时，企业可以作为连接其他企业的节点发挥关键的中介作用（Freeman, 1978）。因此，处于网络中心位置的企业对其他企业甚至整个网络的信息流都有很强的影响，网络中心度更高的企业在缓解信息不对称方面具有优势，能够以更高的质量、更快的速度、更广的范围将信息传递给外部人，尤其是潜在的债权人。总的来说，社会关系网络可以帮助投资人收集所需的信息，以减少信用关系中固有的不确定性，社会关系网络是反映资产价格信息的关键机制（Cohen et al., 2008; Ferris et al., 2017）。

第二种机制是社会关系网络中获取关键资源的便利性。具有良好社会关系网络的高管可能拥有更多的社会资本、专业知识和经验，这有助于企业获得更高的声誉和社会资本。连锁网络是企业获取外部资源的一种策略（Horton et al., 2012; Singh & Delios, 2017）。根据资源依赖理论，连锁成员有助于建立企业之间的协调关系，促进关键资源的共享，增强企业获取更多资源的确定性。正如资源依赖理论所说，广泛联系的社会关系网络的作用是消除企业的市场约束。资本或财务状况是制约企业发展的关键因素，持续的资本供给比任何其他资源都更为重要（Eisenbeis & Mccall, 1978）。社会关系网络中的成员可能是 CEO、董事、政府官员和银行家，他们有不同的重要背景和社会资本，包括商业、法律和政治经验，这可能对公司获取不同的关键资源大有裨益。在金融资源方面，具有财务背景的社会关系网络成员可以为企业提供专业的建议、信用评估、融资策略及融资渠道等。Booth & Deli（1999）研究表明银行背景的董事与银行借贷正相关。Engelberg et al.（2012）研究发现，由于社会关系网络可以更好地推动信息流和监督贷款契约，通过密切的个人关系联系在一起的银行和公司显著降低了借贷利率。在政治资源方面，政治关系可以通过市场来影响资源的配置，可以为有政治关联的企业提供隐性的担保，具有政治关联的企业在债券市场上融资具有便利性。Claessens et al.（2008）发现企业政治联系显著增加了银行贷款，获得银行贷款是政治联系运作的一个重要渠道。Houston et al.（2014）发现，政治联系有助于降低企业的银行贷款成本。这些结果表明，具有政治关联的企业可以通过降低债权人面临的监督成本和信用风险来获得银行优惠贷款，从而降低债权人的预期收益。最重要的是，环环相扣的网络有助于获得外部资源，是成功融资的必要条件。

第三种机制是信任环境。债务契约的使用和可用性取决于合同关系中的信任。无论是债券契约还是银行贷款合同无一例外地需要信任，因为债权人承担着借款公司未来可能不履行还本付息承诺的风险。信任是促进合作的一个基本因素，信任对银行贷款融资有多方面的促进作用。首先，借款人的信誉反映了他们还贷的意愿。如果社会关系网络在一定程度上反映了借款公司的可信度，而值得信任的借款人违约的可能性较低，银行更愿意把钱借给信任水平较高的公司。其次，社会信任度较高的公司不太可能操纵财务结果，因此贷方认为具有良好社会关系的企业的会计数字更可信。最后，信任作为个体被欺骗的主观概率指标，也反映了借款人倾向于从事可能增加贷款风险的机会主义行为和道德风险行为。因此，银行在向信任度较低的企业贷款时，可能不得不承担更高的监督成本。总之，信任水平较高的企业比信任水平较低的企业更容易获得银行贷款。此前的研究表明，董事会社会关系越密切，信用评级越高，这是因为有良好关系的董事被认为声誉更好，而且通过这种广泛的关系可以建立起良好的社会信任（Khatami et al.，2016）。经济活动需要一定的安全环境，特别是在不发达地区，信任关系是法律制度最重要的替代机制（Lyon，2000）。

一方面，Cohen et al.（2008）认为，现有的社会关系网络是建立社会信任最简单的方法。建立信任关系需要时间，网络成员有足够的个人接触来相互了解，从而更容易建立信任关系（Lyon，2000; Nguyen et al.，2005）。先前的文献表明，在信任关系中的个人倾向于分享更多高质量的信息。信任关系减少了监督成本和代理问题，减少了使用法律手段作为补救措施的可能，在有限的信息环境中帮助投资者作出决策，并通过减少冲突和核实信息的成本来降低信息传递的成本。当信任水平较高时，信息提供者更有可能分享他们所知道的信息，这种信任会导致决策的改进，并可能带来更好的财务报告质量。许多学者认为信任增加了信息交换，信任激励个人真实地分享他们的私人信息。社会关系网络中的信任也会激励相关参与方分享有价值的信息，以预测未来的互惠性。虽然个体可能为了特定的目的而构建社会关系，但是同时，关联方建立社会关系，自然地倾向于获得对他人利益的关注，从而让信任、忠诚和承诺得以发展，而不管建立关系的最初动机如何。一旦建立了信任，社会关系网络中的成员了解彼此的需求，社会关系网络的价值很可能会实现。社会关系网络带来的信任缓解了银行对借款人违约风险的担忧，更值得信赖的公司更愿意及时偿还其利息和本金。信任缓解了银行对企业信息质量的担忧，从某种程度上说，来自社会关系网络中声誉较高的公司不太可能操纵其财务报告，在其日常业务操作中不太可能从事机会主义行为，他们的盈余公告和财务数据被投资者认为更可信。信任缓解了银行对贷款合同中道德风险的担忧。

　　另一方面，社会关系网络就像一面镜子，可以反映企业的声誉、形象和合法性（Podolny，2001）。确保信息通过关系网络渠道正确传递，需要惩戒机制的存在。先前的文献证实了社会网络如何训练和激励管理层传递高质量的信息，一个大型的社会关系网络可以作为一个潜在的约束机制来进行诚实的交易，因为有良好社会关系的高管和董事有更大的声誉资本。社会关系联结越好的高管和董事不太可能财务报表重述，这会严重损害他们在其他高管和董事关系网络中的声誉（Bhandari et al.，2018）。为了避免声誉损失，社会关系网络中的成员倾向于选择进行公平的交易。声誉在社会关系网络中扮演着重要的作用，因为正式的商业地位和个人的社会地位几乎没有区别，来自社会关系网络的声誉资本可以有效抑制管理者的机会主义行为。先前的研究也证实了涉及会计违规行为的管理者所遭受的重大名誉损失和劳动力市场惩罚。Hennes et al.（2008）提供证据表明，在严重的财务重述后，CEO/CFO 的流动率明显更高。同样，Desai et al.（2006）也提供了证据支持这一观点，即高层管理者更有可能在与 GAAP 违规的财务报表重述后被解雇，这些被解雇的管理者随后的就业前景更差。高管团队不进行虚假陈述的激励也源于建立声誉获得的潜在收益，而传递准确的信息和遵守契约有助于建立声誉。因此，可以认为，潜在的声誉成本进一步激励关系良好的高管和董事进行更高质量的披露，这最终提高公司的信息质量。社会关系网络通过声誉成本机制，为侵害投资者利益提供了惩罚机制，从而减少了内部人和投资者之间的代理问题。例如，与银行有关联的董事的存在可以看作一个公司已经被认可的融资，而知名风险投资公司的关联董事表明该公司受到市场的青睐和认可（Kono et al.，1998）。因此，相互关联的成员——作为一个可见和可靠的信号——可以使外部人对公司产生积极的看法，并可以增强对公司的信任，而信任是获取外部资源的先决条件。如果潜在的债券投资人相信公司是值得信赖的，他们就不会要求更高的风险溢价。总体而言，社会关系网络可以促进信息流动，建立信任，并可以促进关键资源的获取。因此，我们预计，社会关系良好的企业将面临更低的债务资本成本。

以上所讨论的社会关系网络的信息优势都参考了社会关系网络的社会资本理论。与社会资本理论相反，之前的研究认为，高管和董事之间的关联关系会产生代理问题。高管的网络规模衡量的是通过社会联系获得的权力，而不是通过个人属性获得的权力。从管理权力的角度来看，网络规模指的是获得的权力，而管理者的权力随着个人获得更多的联系而增长。社会关系良好的高管和董事代表了商业精英的特殊群体，他们与大公司有关联关系而拥有巨大的权力（Useem, 1979）。

基于代理理论的管理权力观（Bebchuk et al., 2002），最近的实证研究表明，高管和董事利用关系来最大化他们的个人财富，从而损害股东的利益（El-khatib et al., 2015）。Brown et al.（2012）发现，CEO 在其职业生涯中形成的社会关系与薪酬水平正相关，与薪酬绩效敏感性负相关，高管利用社会关系网络获得的管理权力攫取私人利益。人脉广泛的高管通过社会关系网络获得的权力损害了股东的利益。同样，Faleye et al.（2014）发现人际关系为 CEO 提供了劳动力市场保险，通过减轻与投资相关的职业担忧，激励他们投资高风险项目。El-Khatib et al.（2015）的结果显示，人脉关系良好的 CEO 利用自己的关系网络规避公司控制和市场约束，内部治理对 CEO 行为的约束作用有限，有着良好社会关系网络的 CEO 利用自己的权力和影响力来巩固自己的地位，攫取私人利益。此外，Cai et al.（2014）研究发现，企业与投资公司的社会联系显著增加股东的交易成本。Hwang & Kim（2009）发现公司内部 CEO 和董事之间的社会关系显著影响董事监督和约束 CEO 的方式，与审计委员会成员有社会关系的CEO 获得的奖金更多，社会关系损害了董事的独立性。类似地，Fracassi & Tate（2012）的证据表明，公司内部CEO和董事之间的社会关系削弱了董事会监督的力度。

基于以上分析，我们认为社会关系网络对债务资本成本的影响是一个悬而未决的问题，一方面社会网络关系可以促进信息流动，建立信任，并可以促进关键资源的获取，我们预计社会关系良好的企业将面临更低的债务成本。另一方面，由于社会关系也可能带来新的代理冲突，增加债权人的代理成本，导致债权人要求更高的资本回报，也就是债务资本成本更高。因此，社会关系网络与债务资本成本之间的关系问题，很大程度上，这是一个有待进一步检验的实证问题。

5.3　公司治理对债务资本成本的影响

公司治理是金融经济学的一个重要研究课题。这一领域的研究探讨了企业存在哪些代理问题，以及如何减轻这些代理问题以使企业及其投资者受益。所有权和控制权的分离在公司中很常见（Berle & Means, 1932），这种分离可以导致次优的股东价值（Jensen & Meckling, 1976）。Jensen & Meckling（1976）利用企业价值和管理者利益之间的关系引入了代理成本模型。他们的理论推演表明，控股股东有追求他/她的私人利益的动机，而不是帮助公司实现价值最大化。特别地，对于公司的控股股东来说，从市场上筹集资金是一个更合理的选择，外部投资人从公司获得的回报只占公司总价值的一小部分。同时，没有所有权或所有权比例很小的管理者更有可能最大化其私人利益。

Fama & Jensen（1983）认为所有权和控制权分离是公司治理的关键要素，并且强调董事会治理是企业决策过程的一个重要部分。基于这一管理模式的研究，学者们更多地强调了外部董事的顾问角色，而不是监督角色。外部董事建议管理者在一组可能的选项中选择最优的项目，因此他们可能会在企业决策中与 CEO 产生分歧，因为外部董事具有不同于 CEO 和管理者的效用函数（Adams & Ferreira, 2007; Harris & Raviv, 2008; Baranchuk & Dybvig, 2009）。当外部董事在拓展新业务或选择运营地点等特定领域拥有比经理更好的专业知识时，与 CEO 的分歧更有可能出现。另外，认为董事扮演监督角色的研究者认为，外部董事的主要作用是监督管理者，使他们不会追求自己的效用最大化而损害股东的利益。与那些担任顾问角色的董事不同，这些外部董事通常不参与选择项目等管理决策。相反，他们监督 CEO，评估 CEO 的表现并决定其是否留任 CEO。他们不参与日常的决策，他们主要的甚至有时是唯一的行动，是作出反对 CEO 的意见（Hermalin & Weisbach, 1998）。

除了董事会的作用外，董事会的独立性也是公司治理的重要因素。学者们普遍认为，增加独立董事的数量将缓解代理问题（Brickley & James, 1987）。一般来说，独立董事与经理人有不同的激励机制，这使得独立董事能够很好地监督管理者并增加股东的财富。然而，由于董事是由公司任命的，且与公司特征具有共性，所以先前文献中使用的董事会组成衡量标准普遍存在偏差（Hermalin & Weisbach, 1998; Harris & Raviv, 2008）。因此，最优治理取决于公司特征，董事会组成也取决于公司的具体情况，这是一个合理的论点（Agrawal & Knoeber, 2001; Coles et al., 2008）。公司在业绩下滑后，倾向于通过增加独立董事数量来改变董事会组成，这是反向因果关系的支持证据（Bhagat & Black, 2001），因为股东认为独立董事可以增加股东财富。

公司治理已成为学术界、投资者和政策制定者当前关注的重要课题之一。高质量的公司治理和投资者保护对公司绩效至关重要，学术界对公司治理与股票收益关系给予了大量的关注。先前的研究表明，股东收益的提高与高质量的公司治理有关，从而降低股权融资成本，并且这些实证结果对于衡量公司治理质量的各种指标来说都是稳健的。

公司治理对公司价值和权益资本成本的影响已经受到广泛的关注。最近，人们还探讨了公司治理影响债务成本的方式。但是，考虑到2007—2009 年的金融危机，目前对公司治理质量和违约风险之间关系的研究主要集中在金融机构。从理论上讲，公司治理和债务违约风险之间，应该通过公司价值进行关联。当公司治理作为一个整体或各种治理机制中的任何一种导致公司价值的增加（减少）时，债券息差也会因公司违约风险的减少（增加）而减少（增加），显然这与公司价值的变化有关。①

导致较高息差的渠道，与公司的股东权利显著正相关。更强大的股东更有能力要求管理层采纳风险更大的项目。虽然这些风险较高的项目可能带来较高的资本回报率，但风险水平的增加将反映在公司的违约风险指标上，并导致债券息差的增加和公司信用质量的恶化。Schauten & Blom（2006）提供了一些实证支持的假设，债权人基于公司治理质量对公司的违约风险进行估计。他们的研究表明，良好的公司治理质量与较低的违约风险概率和较低的信用利差相关。高质量的公司治理被认为可以更好地预警并管理风险，从而保持较低的违约风险概率和较低的信用利差，而糟糕的公司治理与更高的违约风险概率和更高的债券息差显著正相关。另外，先前的研究也表明，良好的公司治理与较低的现金流波动性有关，这反过来又降低了违约的概率（Bhojraj & Sengupta, 2003; Ashbaugh-Skaife et al., 2006）。公司治理和违约风险之间关系的研究还有很多悬而未决的问题，公司治理如何影响债券的息差和公司信用评级。先前文献中报告的实证结

---

① 这一解释基于 Merton（1974）的模型，该模型将杠杆企业的权益视为该企业资产的看涨期权，其执行价格等于该企业负债的账面价值。

果是不确定的，而且常常是矛盾的。本书通过研究公司治理对债务资本成本的影响，进一步加深了对公司治理与债务市场之间联系的理解。

在金融研究文献中，使用最广泛的公司治理综合指标是由 Gompers et al.（2003）开发的治理指数（G-index）。G 指数是股东权利强度的量化表征，与更强的股东权利（更好的公司治理）相关的指数值越低，与广泛的管理者权力（糟糕的公司治理）相关的指数值越高。Chen et al.（2011）报告了 G 指数与企业隐含权益成本之间在统计和经济上的显著正相关关系。他们研究的结果显示，G 指数下降 10 个百分点将提升公司价值 6.8%，证实了 Gompers et al.（2003）的最初发现，即更强的股东权利（较低的 G 指数）可以提升公司价值。

Jensen & Meckling（1976）代理成本理论认为，治理机制控制代理成本，缓解管理者与股东、股东和债权人之间的代理冲突。这些机制是否提供管理监督，以促进有效的决策和企业价值的提高，或限制管理者机会主义的私人利益攫取（例如，额外的津贴、过度的在职消费、过高的薪酬、非效率的投资）破坏企业价值。公司治理研究与违约风险研究有一个共同的因子——公司价值。一方面，公司治理的质量、公司治理的各种机制已经被证明会影响公司的价值。另一方面，企业的价值已被证明是决定企业违约概率的重要因素，因此也决定了与该企业相关的违约风险。因此，我们有理由认为，公司治理可以通过价值渠道影响公司的违约风险。如果公司治理或其他公司治理机制有助于确定公司价值，那么公司价值的任何波动都应引起市场反应。基于特定类型的证券，这种反应可能以股票价格调整、债券收益率调整的形式出现。治理较好的公司采用降低公司违约风险的公司治理机制，治理机制与更好的风险管理、有效的管理决策、旨在限制机会主义行为的制度安排，被认为是价值提升，并应反映在较低的利差和较高的信用评级上。Black et al.（2006）研究发现，治理更好的企业与更高的企业价值之间的联系。虽然他们没有找到证据证明治理更好的公司利润更高或支付更高的股息（对于给定的利润水平），但他们得出的结论是，同样的收益（或相同的当前股息）投资者似乎更重视治理更好的公司。

公司治理对信用评级的影响，也可以得出类似的论点。企业信用评级的目的是评估被评级企业的相对长期信誉，它反映出企业未来现金流足以支付债务利息和本金的可能性。薄弱的公司治理不太可能有能力作出可靠的现金流量估计和控制未来现金流量的波动性。如果预计的未来现金流量减少或变得不确定，那么违约的可能性就会增加，企业的信用等级也会下降。抑或股东可以利用他们的权力促使管理层实施高风险的投资项目，或参与可能增加违约可能性的所有权变更，从而降低信用评级。

在最近 20 年，公司治理学者已经对中国市场给予了很大的关注（Allen et al., 2005; Kato & Long, 2006; Habib & Jiang, 2015; Jiang & Kim, 2015）。关于中国公司所有权与公司治理关系的研究多集中在控股股东、机构投资者和国家所有权的影响上。对于单一大股东的存在是否有利于我国公司治理，目前尚无定论。在机构投资者方面，现有研究表明，共同基金和外国机构投资者有助于提高中国上市公司的治理质量。对于国有控股股东，文献表明国有股东对公司治理质量和股东价值的影响既有积极的一面，也有消极的一面。

在公司董事会方面，中国与美国或英国等其他主要经济体的一个显著区别是，中国采用了双层董事会制度，上市公司还必须有一个至少由三名成员组成的监事会。但早期针对中国市场的实证研究表明，监事会可能无法有效发挥作用。除了董事会结构，外部董事是中国公司董事会中另一个最常被调查的组成部分，这与关注发达经济体的研究一致。然而，在我国的实证研究中，很少有实证结果能够证实外部董事的有效性。除了部分研究发现外部董事的存在与欺诈行为存在负相关关系外，其他研究普遍没有发现支持外部董事在中国市场有效性的证据。此外，最近的研究表明，公司董事会成员的其他一些特征对中国公司治理至关重要。例如，拥有更多外籍董事的 A 股上市公司可以降低盈余管理的概率。偶数董事的公司董事会由于易出现平票，公司决策不易达成一致，效率较低，还会出现更多的董事会缺席和隧道行为。董事关系对于公司获取商业信用非常重要，特别是对于财务约束较严重的公司。具有相关专业技术背景的董事可以促进中国企业的创新。另外，有政治关系的外部董事对中国公司至关重要。

关于高管团队对公司治理的影响，与其他国家的研究类似，学者们在中国市场上对薪酬—绩效和绩效—离职关系的不同方面进行了研究。中国资本市场，CEO 现金薪酬与公司业绩之间存在正相关关系。有研究认为经济效率和企业利润是政府的次要目标，实证研究很少发现国有企业的公司绩效与管理层薪酬之间的关系。关于绩效与 CEO 更替的关系，研究表明，在中国企业中，业绩不佳与 CEO 自愿离职和非自愿离职都有关系。同时，违约风险较高的公司更可能更换管理团队。此外，最近的文献也为研究管理团队对公司治理质量的影响开辟了新的维度。例如，CEO 的媒体曝光可以提高将公司特定新闻纳入股票定价的效率，政治关系可以提高公司绩效和 CEO 薪酬，CEO 的个人捐赠可能会影响消费者对公司的态度，CEO 和董事长之间的年龄差距可以缓和银行的代理风险。

　　许多公司治理的文献集中在管理层和股东之间、大股东和小股东之间的代理冲突问题（Shleifer & Vishny, 1997）。人们通常认为，如果任由经理/董事们自己做主，他们会以牺牲股东利益为代价，从事有利于自己的活动。终极控制股东利用控制权和现金流量权的分离，通过隧道挖掘行为攫取私人利益，侵害中小股东的利益。虽然利己行为可能会减少股东的财富，但不清楚所有这些行为是否也会对公司的债券持有人产生不利影响。例如，管理层懈怠对债券持有人和股东都有害，然而承担低风险的项目，可能有利于债券持有人。尽管文献中关于经理/董事的冒险偏好存在争议（Holmstrom & Costa, 1986; Adams & Ferreira, 2007），证据在很大程度上支持了经理/董事倾向于保守投资策略的主张，从股东的角度来看这是次优的，然而巧合的是，低风险经营战略可能导致债务代理成本的降低（Jensen & Meckling, 1976），这最终将有利于股东的利益。事实上，在公司治理薄弱的情况下，债务成本的降低很可能等于或超过公司行为欠佳和经理/董事逃避责任懈怠的成本，可以解释为什么一些公司会容忍管理层/董事的利己行为。公司治理的基本原理和影响与债券契约的基本原理和影响相似，股东限制自己的行为，以换取较低的债务成本。

　　研究最多的代理冲突是管理者和股东之间的冲突，所有权与控制权的分离导致了管理者特定的私人目标所引发的代理成本。套现、转移定价、帝国建造（Empire Building）、财务欺诈都是经理人侵占投资者利益的方式。学者们还注意到债权持有人与股东之间的冲突，这通常对公司的债务成本有重大影响。资产出售、投资风险过高的项目、增加股息支付以及其他股东自利行为对债权人产生了不利影响，增加了投资风险和债务成本。

　　有许多明显的非财务机制影响着债务成本。第一种机制是对公司债务成本产生直接影响的信用评级。由标准普尔或穆迪等主要评级机构发布的信用评级决定了债券的收益率。主权债务评级通常会限制潜在的最高企业信用评级，主权评级的突然下降往往会导致一些公司信用评级的相应下降。企业将不得不努力避免评级下调，而良好的公司治理可能在这种情况下发挥重要作用。同样的情况在公司层面也很典型，即公司利益相关者之间的代理冲突可能会导致债务成本的增加。第二个明显的机制是根据贷款协议强加给公司的契约。这些契约导致经理和董事会作出次优的投资和融资决策，而不是那些最大化股东价值的决策。契约的选择取决于股东和债权人的谈判能力。股东和债权人之间代理冲突的核心是完全不同的风险偏好。

股权结构和董事会构成都可能对公司的债务成本产生影响。有许多实证研究探讨了发达市场的公司治理机制与债务成本之间的关系（Bhojraj & Sengupta, 2003; Anderson et al., 2004; Klock et al., 2005; Ashbaugh-Skaife et al., 2006; Bradley & Chen, 2011）。虽然经验证据没有取得一致的结论，但是他们的一个核心观点是，公司治理是一个重要的工具，可以减少管理层和股东的机会主义，并提高信息披露的质量。另外，国家特征因素在非财务因素驱动债务成本中也发挥着重要作用。

5.3.1 所有权结构与债务资本成本

学者们特别关注股权结构影响债务资本成本的渠道。股权结构能够协调不同利益相关者的利益，增加管理者高效治理的激励，改善监督水平，降低投资者潜在的投资风险，降低债务成本。

第一，所有权集中与债务成本。我们要考虑的所有权结构的第一个方面是所有权集中。最大股东或若干大股东的持股情况通常反映了股权集中度的高低。最流行的观点是，代理冲突是所有权集中影响债权人的基本渠道。代理冲突既表现在管理者与股东之间，也表现在股东与债权人之间。Shleifer & Vishny（1997）认为，大股东对利润最大化和对资产的充分控制有普遍的兴趣，使他们的利益得到保护。当控制权集中在投资者之间时，投资者可以更容易地合作、控制和实现相同的目标。"共享利益假说"（shared benefits hypothesis）表明，管理者和股东之间降低代理风险的收益将由所有投资者共享。因此，所有权集中会减少经理的机会主义行为，降低投资风险，并有助于降低债务成本。竞争性的"私人利益假说"（private benefits hypothesis）[1]，暗示了集中持股加剧了大股东与包括债权人在内的其他利益相关者之间的冲突。大股东的利益可能不同于其他投资者的利益，他们可以以牺牲其他利益相关者为代价攫取私人利益。对其他利益相关者有不利影响的行为包括给自己支付特别红利、获取私人信息、追求个人目标等。当我们面临不同类型的投资者（如股东和债权人）之间的冲突时，这个问题可能会变得更加严重。对债权人的财富产生负面影响的股东活动包括资产出售、在债权人承担所有失败成本的情况下投资风险太大的项目、增加股息支付、发行新债务和其他可能减少预期可用于债务支付的活动，这些给债权人带来了更大的风险，并导致了更高的债务

---

[1] 参见 Barclay and Holderness (1989) 讨论的私人利益和共享利益假说。

成本。

第二，所有权和控制权分离与债务资本成本。股权结构另一个有趣的方面是股东的控制权（表决权）和现金流所有权之间的分离度。控制权—所有权分离表明，最终所有者和其他投资者之间潜在的代理冲突。终极控制股东可以使用具有优先投票权的股份、以金字塔形式组织所有权结构，以及使用交叉持股方式对现金流量权中直接持股相对较少的公司实施有效控制。控制权—所有权分离对债权人产生负面影响的渠道与所有权集中的渠道相似。控股股东参与"隧道挖掘"和其他道德风险活动的动机随着控制权—所有权分离度的增加而增加，他们有更大的能力为私人利益转移公司资源，同时承担较小的此类活动的财务后果。

第三，机构持股与债务资本成本。机构持股是影响经理人与股东之间代理风险的股权结构类型之一。根据"积极监督假说"，机构股东有动机监督公司绩效，因为通过这种监督他们能获得更大的利益。根据"共享利益假说"，所有利益相关者将从这种控制中共享利益，机构持股越多，投资者的潜在风险就越低，这反映在较低的资金成本上。相反，"被动监督假说"认为，机构投资者监督管理行为的动机有限。在这种情况下，机构持股对债务成本没有显著影响。先前的文献广泛探讨了机构股东对债务成本的影响，Bhojraj & Sengupta（2003）证明了债券持有人偏好更大的机构所有权。他们发现，在美国，新发行债券的收益率与机构持股比例呈负相关。类似地，Klock et al.（2005）也证实了机构持股比例对债券持有人有利。

第四，董事会和管理层持股与债务资本成本。董事会是一种公司治理机制，其目的是保护股东利益，减轻管理者与股东之间的代理风险。经理人由股东雇用来管理股东的资金，以帮助股东获得投资回报。我们认为，更大的管理层所有权及非执行董事所有权可以缓解经理与股东之间的冲突。实际上，当高管的利益与所有者的利益相一致时，他们对有效治理和公司绩效的贡献更大。非执行董事所有权通过更大的激励机制来监督和控制公司管理层，解决了管理者和股东之间的代理风险。因此，如果债权人的利益与股东的利益不一致（私人利益假说），这种股东壕沟可能不利于债权人从而增加代理风险。由于债权人知道他们的利益可能与股东的利益发生冲突，他们将要求更高的债务收益率，以补偿增加的风险。反之，如果股东壕沟减少了管理层的机会主义行为，增加了控制权，改善了治理或绩效（共享利益假说），债权人可能会积极看待它并要求较低的收益率。

第五，国有股比例与债务资本成本。国有股比例可以通过两个潜在渠道影响债权人的风险。一是涉及对公司业绩的影响，二是政府对国有企业的一些额外保障和机会。Shleifer & Vishny（1997）认为，控制国有企业的政府官员最多只是间接地关心利润，因为现金流量权不属于他们，他们对有效治理的激励很少。政府官员们对这些公司施加影响，以追求私人目标。这种情况显然对债务持有人有负面影响，并与较高的债务成本有关。另外，国家持股往往与公司违约时对债权人的隐性担保联系在一起。显然，政府有动机支持和保护对该地区具有重要经济意义的大型国有企业，政府部门可以帮助企业克服一些商业上的官僚主义障碍，增加资源的可用性，以补贴、政府订单和优惠的贷款条件等形式支持辖区内的国有企业，这将导致这些政府持股的公司可以享受较低的债务资本成本。

第六，家族持股与债务资本成本。另一种可以影响债权人的所有权结构是家族持股。有两种观点认为直接家族所有权对债权人具有积极的影响。首先，创始人家族对公司的长期发展更感兴趣，因为他们计划将公司传给继承人。他们有很强烈的动机将公司作为持续经营的企业传递给他们的继承人，而不仅仅是传递他们的财富（Anderson et al., 2003）。其次，家族比其他投资者更加看重公司的声誉。事实上，家族企业的声誉具有更持久的经济后果，因为这些公司的管理层较少更替，而大债权人往往与管理层建立个人关系，与他们长期打交道，并且预期未来会采取类似的行动。因此，家族所有权与公司更好的信誉有关，并导致较低的债务成本。另一种理论认为，家族会强化代理冲突，因为他们掌握着所有内幕信息和从债权人手中重新分配财富的投票权，从而增加了债务成本。

5.3.2　董事会等公司治理与债务资本成本

影响债务成本的公司治理机制还包括董事会规模、独立董事、董事会下设委员会特征、董事个体特征、CEO 权力、股东权利保护等，特别是董事会组成和收购防御方面的股东权利保护对债务成本有深刻的影响。

第一，董事会规模与债务资本成本。董事会是公司治理的基本机制，处于内部控制的顶层，对公司的运作负有最终责任。尽管不同的理论表明，董事会规模对内部控制机制的运作有重大影响，但关于这种关系的方向，先前的文献还没有达成一致的共识。根据"资源依赖理论"，规模较大的董事会效率更高，因为每个新成员都能带来专业知识和资源。这些资源包括新的市场、原材料和更好的技术。此外，董事会监督和控制经理的能力直接取决于董事的数量。因此，更大规模的董事会既有助于公司业绩，也有助于控制管理层，从而降低债务成本。Anderson et al.（2004）证明债务成本与董事会规模成反比，从而证实了较大的董事会有助于更好地监督财务会计过程的理论。另外，一些因素使得较大规模的董事会难以履行监督职能。董事会成员越多，就越没有机会在有限的时间内表达自己的想法和意见，彼此之间缺乏有效的对话和清晰的沟通，从而导致董事会脱节，降低了董事们朝着一个共同的目标工作的可能性。更大的董事会不太可能有效运作，更容易被 CEO 控制。因此，大董事会的无效可能会危及公司绩效，增加代理风险，导致更高的债务成本。

第二，独立董事与债务资本成本。Fama & Jensen（1983）认为，董事会成员是创建一个有效监督管理层行为的董事会的一个重要因素。董事会应该包括内部人员（经理）和外部人员（非员工），但外部董事的加入增强了董事会作为内部控制机制的可行性。外部董事有强烈的动机在内部经理的分歧中充当仲裁者，并执行涉及内部经理和股东之间严重代理问题的任务。这种激励源于外部董事希望树立决策控制专家的声誉，因为他们的人力资本价值主要取决于他们内部决策的表现。一些公司治理研究者建议将外部董事分为"独立董事"和"关联董事"，因为传统的区分可能无法解释外部董事与其所服务的公司之间实际和潜在的利益冲突。关联董事的独立性会因管理层亲属、顾问、供应商等身份而降低。较高的外部董事和独立董事比例会提高董事会的有效性，更多的外部董事通过对管理者的更大控制来降低代理风险，并有助于降低债务成本。许多关于公司治理和债务成本之间关系的文献都证明了董事会具有独立性可以降低债务成本，从而证实了独立性提供更大的管理监督的假设。然而，也有一些研究发现，在发达市场，董事会独立性与债务成本之间的关系并不显著。

第三，董事会下设委员会特征与债务资本成本。董事会运作的另一种潜在机制包括董事会下设的委员会。董事会经常将关键职能或决策的监督委托给常设委员会，如审计、薪酬、提名、战略、风险管理委员会等。董事会委员会的特点决定了实现目标的能力和投资者的潜在风险。审计委员会是最相关和最重要的委员会之一，它主要监督公司的财务报告过程，并定期与公司的外部审计师和内部财务经理会面，审查公司的财务报表、审计过程和内部控制。与董事会的整体结构相似，独立董事对审计委员会的有效性起着关键作用。审计委员会的独立性可以提高财务报告的质量和可信度，从而解决债权人对公司不正确评估的风险，而更大的独立性有助于降低债务成本。财务委员会负责审查公司的年度融资政策和程序，对股利政策和公司融资提出建议，有时还与资金的投资有关。战略发展委员会的主要职责是审查和批准长期投资战略和项目。这些委员会中的内部董事对公司绩效有积极的影响，因为他们比外部董事对公司的投资活动有更专业的信息，以评估和批准公司的长期战略。先前的文献证明了财务和投资委员会内部董事的比例与会计和股市绩效指标正相关。这一结果暗示了对债券持有人的有利影响，因为公司业绩有望提高公司的信用度。薪酬委员会的主要作用是作为独立的监督者负责公司高管的所有薪酬。当经理的激励和奖金方案与所有者的目标相协调时，可以缓解经理与投资者之间的利益冲突。因此，薪酬委员会的独立性可以降低代理风险，从而降低债务成本。

第四，董事个体特征与债务成本。Fama & Jensen（1983）认为外部董事是有效的监督者，因为他们有动机发展作为决策控制专家的声誉，他们的人力资本主要取决于他们的业绩。这一理论暗示了董事声誉与业绩之间的直接联系。对董事会成员的资格和专门知识进行分析有助于评估潜在监督和控制的有效性及决策质量。因此，更高的监督专业知识与更少的管理机会主义和债券持有人的投资风险负相关。Anderson et al.（2004）根据独立董事的职业对其进行分类，研究发现所有职业特征都与债务成本呈负相关，这意味着债权人更欣赏独立董事的监督，而不是董事的某些专业知识。拥有其他公司董事会席位的独立董事（director interlock）数量越多，信用评级就越高，更强的董事能力及更强的外部管理专业知识与较低的债务成本有关。此外，董事会任期对监督功能的发挥也有深刻的影响。一方面，更长的任期与有效的监督有关，因为这可能是一种后天获得的技能，从而减轻管理者和投资者之间的代理冲突。另一方面，随着董事会任期的增加，经理可能会更好地影响董事的意见，从而增加潜在的代理风险。Anderson et al.（2004）研究表明，随着董事任期的增加，经理可能更有能力影响董事会的意见进而影响债务成本。

有效发挥董事会的监督职能，加强独立董事之间的凝聚力，需要更长的会议时间和更多的会议次数。缺乏时间对董事有许多负面影响，例如董事之间或与管理层之间的沟通较差，以及难以理解从管理层收到的大量和复杂的数据。因此，增加董事会的有效性和减轻代理冲突，较高的董事会活动有助于降低债务成本。Anderson et al.（2004）研究发现，审计委员会会议次数越多，债务成本越低，从而表明债权人将会议频率与财务会计过程质量的特征之一联系起来。

在世界各地的大多数公司中，女性通常只在董事会中占据一到两个席位，这通常被视为象征性的证据。然而，许多学者认为，多元化可以提高董事会效率，为监督分配更多精力，并带来新的想法和观念。先前的文献表明，女性董事有更好的出勤记录，更有可能加入监督委员会，女性董事越多，对 CEO 的监督就越严格，对员工离职表现的敏感度也越高。因此，女性董事可以解决债务持有人的代理风险，并有助于降低债务成本。另一方面，公司也会经历董事会多元化的负面影响。女性和男性之间的利益冲突可能导致董事之间的沟通较差，从而对董事会的工作产生不利影响。这降低了公司业绩，增加了债券持有人的风险。Adams & Ferreira（2009）证明了性别多样性对收购防御较少的公司绩效的负面影响，在这些公司中，更大的性别多样性可能会导致过度监督的不利影响。

对公司经理和董事产生强烈影响的公司治理机制还有董事有限责任条款。董事的个人财富会因股东诉讼而遭受巨大损失，因此，董事有限责任导致的司法干预压力的降低可能会对董事的行为产生强烈的影响。董事有限责任有助于公司吸引或留住有才华的董事。因此，这些规定可能间接改善业绩，并有助于降低资金成本。另外，免受股东诉讼的保护可能会促使董事采取更多的冒险行为，或增加董事追求自己目标的动机，从而加剧代理问题，增加资金成本。Bradley & Chen（2011）研究了有限责任条款和公司董事赔偿条款对债务融资成本的影响，结果表明，更大的责任与更低的收益率差和更高的信用评级有关。董事的自利行为是董事有限责任影响债权人的关键机制，而不是吸引有才华的董事。这些规定对债券持有人无害，因为董事关注控制权带来的利益，并有动机采取低风险的经营策略，这降低了投资风险。有趣的是，新兴市场的实证研究结果却恰恰相反。有董事责任保险的公司有更高的债务成本。显然，在新兴市场，有限责任的威胁超过了任何潜在的好处。

第五，CEO 权力与债务资本成本。根据公司治理的基本原则，将公司 CEO 和董事长的角色分离，是缓解管理者与投资者之间代理冲突的重要机制。董事长的职能是主持董事会会议，监督聘用、解雇、评估 CEO 的过程。CEO 在履行这一职能时，不能偏离其个人利益，从而导致内部控制失效，董事会对高层管理人员的监督效率降低。Fama & Jensen（1983）认为 CEO 和董事长职位的分离对于董事会的选择很重要。当一个人同时担任 CEO 和董事长职务时，CEO 权力对公司信用评级有负面影响，CEO 离职对公司绩效的敏感性显著降低。董事长和 CEO 职位的分离减少了代理冲突，有助于降低资金成本。但是双重领导既有潜在的收益，也有潜在的成本。任命外部董事担任董事会主席引入了一种与监督其行为相关的代理成本，因为在解雇 CEO 等方面授予了更多的决策权，赋予了个人从公司攫取私人利益的巨大权力。另一个成本与信息流有关。双重领导需要在 CEO 和董事长之间进行昂贵且通常不完整的关键信息传递。改变继任程序的成本、为提供有效领导而稀释权力、CEO 和董事长之间潜在的竞争、局外人的机会主义行为、董事长的额外薪酬等，这些都表明，当权力被多人分割时，董事会运作中会出现严重的不一致。对大多数大公司来说，离职的成本大于收益。因此，两职分离可以改善董事会的运作，避免额外的利益冲突，从而提高公司的信誉，并有助于降低债务成本。但是也存在另外一种可能性，在两职分离过程中，沟通失败和信息不对称造成的损失超过了缓解代理冲突带来的好处。

第六，股东权力保护与债务资本成本。对所有利益相关者来说，另一个潜在的风险来自恶意收购。为了保护经理的利益，他们制定了收购防御措施来抵制收购。这一机制限制了股东向恶意竞购者出售股份的能力，并改变了股东与经理人之间的权力平衡。关于此类行为对债权人的影响有两种竞争性的理论。管理人员的自利行为和企业陷入财务困境可能性的增加是收购防御对债权人负面影响的重要渠道。另一种理论认为，由于共保效应，收购可以对债权人产生积极影响，由于现金流不是完全正相关的，两个有风险的现金流合并后会产生一个风险较低的现金流。关于接管条款对债权人的影响，文献提供了不同的结果。发现具有反收购治理条款的公司债务成本较低。大股东的存在（加强股东控制）并不能使所有债券持有人受益，尤其是那些更容易被收购公司的债券持有人。拥有更大股东保护（被收购的可能性更低）的借款人为银行贷款支付的费用更少。

5.4 社会关系网络和公司治理对债务成本的交互影响

一般来说，基于替代假设，社会关系网络中心度更高的公司价值更高、资本成本更低，尤其是在较弱的制度环境和较差的公司治理质量的新兴市场国家。良好的社会资本是由私人激励所驱动的，这种激励可以减轻法律制度较弱时无效法律框架和较差的公司治理质量的不利影响。在法律制度薄弱、市场不发达及治理质量较差的国家，良好的社会资本相对稀缺，而良好的社会资本存在稀缺溢价。基于替代假设，当企业拥有良好的社会资本时，国家特征如投资者的法律保护和金融发展的重要性可能会降低，公司层面的治理机制也可能被非正式的制度安排所替代。相反，当公司的社会资本较低，企业有动机在公司层面采用良好治理机制或争取在制度良好的环境中运营。因此，国家层面的投资者保护、金融发展和公司层面的公司治理与社会资本可以相互替代。

另外，互补性假说支持社会关系网络中心度带来的社会资本优势与制度发展和公司治理的平衡效应。相应地，在经济发展较差、投资者保护薄弱的国家，公司层面的治理效率较低，社会资本在其中扮演了"润滑剂"的作用，可以帮助企业获得发展所需的关键资源，比如更多的政府合同、更便利的融资、更优惠的税收、更多的补贴等，这意味着社会资本与公司层面的治理与投资者的法律保护是互补的。企业选择在多大程度上争取更大的社会资本，取决于这样做的成本和收益，在发展较弱的国家，由于缺乏制度基础设施，改善投资者保护的成本更高，良好的治理也有政治成本，在欠发达市场，由于资本市场缺乏深度，改善治理的好处较低，缺乏投资者保护，国家层面的投资者保护与公司层面的治理和企业社会资本之间存在互补性。

社会资本代表的是一种非正式的制度安排，而良好的制度环境和较高质量的公司治理非常重要，因为制度框架质量和公司治理质量会影响企业的非正式机制发挥作用的成本和由此产生的收益。当且仅当投资者期望一家公司在筹集资金后得到良好的治理时，更好的治理与公司资金成本的降低有关。因此，公司必须令人信服地向潜在投资者承诺，它将在未来追求良好的治理。然而，投资者保护不力或金融发展水平较低的国家可能缺乏足够的机制来保证公司未来的治理。因此，在金融发展较差的国家，良好治理的好处对公司的价值较低。因此，理论框架暗示了企业层面治理和国家层面金融发展的互补性。同时，社会资本所代表的非正式制度安排与国家层面的制度环境和公司层面的治理水平也是互补的。

5.5　本章小结

我国正式制度在契约执行和法律保护不够健全的情况下，企业往往会通过一种非正式的制度安排来弥补这方面的不足，而社会关系网络便是其中重要的替代机制之一。在缺乏正式的法律制度对企业产权进行有效保护的时候，企业的经济纠纷常常通过非正式的机制来解决。拥有更大、更有影响力关系网络的企业拥有更多的社会资本，良好的社会关系网络可以改善社会监督，减少债权人和公司之间的信息不对称，得到更高的信用评级，从而降低债务资本成本。

　　社会关系网络对债务资本成本的影响是一个悬而未决的问题。一方面，社会网络关系可以促进信息流动，建立信任，并可以促进关键资源的获取，社会关系良好的企业也可能面临更低的债务成本。另一方面，由于社会关系也可能带来新的代理冲突，增加债权人的代理成本，导致债权人要求更高的资本回报，也就是债务资本成本更高。因此，社会关系网络与债务资本成本之间的关系问题，很大程度上，这是一个有待进一步检验的实证问题。

　　在考察公司治理与债务成本之间关系的研究中，特别关注该领域的理论框架。我们发现，这种联系主要涉及代理问题及由此带来的信息不对称风险。本书主要涉及两种代理冲突：一是管理者与股东之间的代理冲突，二是股东与债权人之间的代理冲突。这些代理冲突可能是深层次的，与所有权结构变化相一致的公司治理机制可以缓解这些冲突。董事会的主要职责之一是监督和检查财务报告，以及约束公司管理层。董事会在很大程度上减少代理冲突，并有助于提供可靠的信息。另外，国家特定制度环境在公司治理和债务成本之间的联系中起着实质性的作用。这意味着公司治理与债务成本之间的关系取决于债券持有人对特定市场和特定时间内主导作用的估计。首先，国有股可能会扭曲标准治理机制对代理冲突缓解的影响，国有企业更有可能为债权人带来一些利益和担保，政府帮助国有企业克服一些商业上的官僚主义障碍，为国有企业提供更多的资源，在经济衰退期间以补贴和优惠贷款条件的形式支持国有企业，但证据是复杂的，国家所有权如何影响债务成本的问题仍然悬而未决。其次，目前尚不清楚投资者保护机制究竟如何影响债务成本，研究投资者保护水平和公司治理质量对债务成本的共同影响引起了广泛的关注。最后，股权集中对利益相关者财富的正面和负面影响，但对高股权集中度的影响效应研究表明，股权集中度的负面效应在发达国家更为典型，而在新兴市场，股权的激励方面占主导地位。因此，国家制度环境是否在债务成本的非财务驱动因素中发挥主导作用仍是一个悬而未决的问题。

　　国家层面的股东保护和公司层面的公司治理在降低资本成本方面可能存在的相互作用。尽管更好的法律保护有助于一些公司层面的公司治理机制发挥作用（但并非所有公司层面的公司治理机制），如所有权结构、董事会独立性、选择声誉良好的审计师，都是完全通过法律保护来实现的。例如，当法律保护薄弱时，几个大的少数投资者之间的控制权制衡可能是限制掠夺的可靠方法。因此，在对小股东法律保护薄弱的国家，更好的公司治理应该更有价值，因为投资者不能仅依靠法律制度来防止公司内部人的剥夺。因此，在投资者法律保护薄弱的国家，公司层面的公司治理在降低权益资本成本方面的有效性可能更大。

第6章 社会关系网络、公司治理与债务成本的实证研究

6.1 引言

债权人和股东作为两种不同性质的投资者，其保护自身利益的能力不同，防范风险的手段不一，对社会关系网络的依赖程度和关注程度也不同。债权人主要通过债务契约来确定债权债务关系，很少参与企业的管理，因此债权人为了保护自身利益，减少违约风险，除了在契约中加入限制性条款之外，往往比较关注公司的声誉。社会关系网络作为一种重要的声誉机制，能够为债权人利益提供保障，并且提升债权人的信心，使得债权人降低对收益率的要求，从而有效降低债务资本成本。另外，社会关系也可能带来新的代理冲突，增加债权人的代理成本，导致债权人要求更高的资本回报，也就是债务资本成本更高。因此，社会关系网络与债务资本成本之间的关系问题，很大程度上，是一个有待进一步检验的实证问题。

从社会资本的角度来看，经济活动通常嵌入在社会关系网络中（Freeman, 1978; Palmer, 1983; Kim, 2005; Engelberg et al., 2012; Larcker et al., 2013; Fracassi, 2017）。社会关系被认为是一种战略资源，可以帮助创造与改善企业绩效相关的竞争利益。然而，最近关于社会关系网络影响效应的研究还没有取得一致的结论。一些研究表明，企业可以通过社会关系网络获得更高的信用评级（Khatami et al., 2016; Skousen et al., 2018; Benson et al., 2018）、便利的融资来源（Booth & Deli, 1999; Güner et al., 2008; Yen et al., 2014; Braun et al., 2019; Fogel et al., 2018）、增加创新（Helmers et al., 2017）、减少盈余管理（Shu et al., 2015）、改善公司治理（Chen et al., 2014a; Pascual-Fuster & Crespí-Cladera, 2018）、提高公司绩效（Kim, 2005;

Cohen et al., 2008; Cai & Sevilir, 2012; Larcker et al., 2013; Rossi et al., 2018）。另外一些研究则认为，社会关系可能会导致不良后果。例如，一些公司可能会增加盈余管理（Chiu et al., 2013）、支付高管显著更高的薪酬（Andres et al., 2013）、财务欺诈可能在网络中传播（Fich & Shivdasani, 2007）、降低公司价值（Fracassi & Tate, 2012）、弱化公司治理机制（Falato et al., 2014）。鉴于社会网络对企业影响的结果不一致，有必要对这个问题进行更多的研究，本研究正是通过关注债务资本成本来检验社会关系网络的影响效应。

以往关于社会关系的文献指出，社会资本主要集中在 CEO、CFO 或部分董事会成员（Cai & Sevilir, 2012; Chuluun et al., 2014; El-Khatib et al., 2015; Khatami et al., 2016; Helmers et al., 2017; Skousen et al., 2018; Benson et al., 2018; Fogel et al., 2018）。Bian（2002）指出，社会资本不仅局限于 CEO、CFO 或部分董事会成员，还包括生产经营活动中的其他高管团队，他们在社会资本的开发利用中可能发挥重要作用。Bian（2002）还呼吁对如何充分获取企业的社会资本进行更多的研究。为了解决这个问题，我们根据资源依赖理论，考察所有高管团队（包括 CEO、CFO、董事会成员和其他高管在内的所有高级管理人员）以及大股东的网络中心度来研究社会网络如何降低债务资本成本，从而减少潜在的选择偏差。

先前关于社会关系的文献主要关注直接社会关系对企业层面各种经济行为的影响（Claessens et al., 2008; Güner et al., 2008; Engelberg et al., 2012; Khatami et al., 2016）。之后，越来越多的文献研究整个网络直接和间接的社会联系（Chuluun et al., 2014; El-Khatib et al., 2015; Skousen et al., 2018; Benson et al., 2018）。网络中心度的研究强调了网络结构的重要性，并试图更全面地评估社会关系。中国可以作为一个典型样本来检验企业社会关系网络对债务资本成本的影响。在过去的 40 年里，中国经济增长的速度令世界瞩目。然而，我们的金融市场和法律制度都不健全。Allen et al.（2005）推测，中国一定存在某种替代的治理机制和非正式的制度安排，如基于声誉和"关系"的机制，支持经济的快速增长。中国是一个典型的"以关系为基础"的社会，基于社会关系的金融交易有着深厚的文化基础。中国传统文化的基础是儒家思想，儒家强调社会关系的重要性。Talavera et al.（2012）认为，尽管中国的市场经济取得了显著的进展，但还是非常注重社会关系网络的作用。此外，中国上市公司的代理问题和信息不对称严重，可能会阻碍债券市场的发展。为了缓解融资困境，企业需要依靠社会关系网络传播信息，建立信任关系，获得更多的融资（Lyon,

2000; El-Khatib et al., 2015)。因此，分析我国社会关系网络与债务资本成本的关系具有重要的理论和现实意义。

在本研究中，我们扩展了网络中心度的研究，并使用 2007—2016 年中国上市公司的数据，重点研究了整个高层管理团队（包括大股东）的网络中心度对公司债券收益率的影响。在控制了企业和债券的特征变量之后，我们研究了企业间的直接连接度和间接连接度，发现具有高网络中心度的企业与较低的债券成本显著相关。这些结果表明，由于声誉和形象的改善，较高的网络中心度可以帮助企业获得更多的资源。此外，我们的研究结果表明，社会互动和信息溢出在基于关系的市场中具有积极的意义。本研究还考虑了不同的社会关系网络（包括高管的政治关系网络和金融机构关系网络），考虑了内生问题和不同的回归技术，结果依然是稳健的。

本研究的创新性体现在以下几个方面。首先，有大量的文献对 CEO 的网络中心度或董事会连锁的价值进行了研究（Cohen et al., 2008; Cai & Sevilir, 2012; Chiu et al., 2013; Larcker et al., 2013; Chuluun et al., 2014; El-Khatib et al., 2015; Helmers et al., 2017; Skousen et al., 2018; Rossi et al., 2018）。在本研究中，考虑了所有的高管成员及大股东，而不是单纯考察 CEO 或者董事会成员。利用中国上市公司的数据，我们首次提供了所有高管成员（包括 CEO、CFO、董事）及大股东的网络中心度与公司债券收益率之间关系的证据。我们还研究了管理层（CEO、CFO、董事）中的哪些层级导致了债券收益率息差的缩小。我们的研究结果表明，企业可以从所有高管成员和股东的社会资本中受益。我们对现有的关于债务资本成本的文献进行了补充，表明除了企业层面的决定因素外，社会关系网络也是一个重要的决定因素。

其次，本研究试图进一步阐明社会关系与债务成本之间的关系。在以前的社会网络文献中，缺乏社会关系网络影响效应的渠道机制检验。我们实证研究了媒体报道和债券评级在网络中心度和公司债券收益率差之间的渠道机制作用。回归结果表明，较高的网络中心度改善了企业的信息流和信任环境，有助于降低债券收益率差。

再次，我们的工作拓展了社会关系网络的研究，表明社会关系网络对债务成本的影响是由市场化程度和信息环境决定的。我们的研究结果表明，社会关系网络作为一种基于声誉和关系的补充机制，证实制度和社会关系网络对资本成本的影响是相互的。

然后，我们的研究结果表明，由政治关系和金融关系产生的公司间社会关系网络与由公司高管和政客之间的直接关系产生的政治关联同样重要，之前的文献强调了公司和政府官员直接构建的政治关联非常重要（Faccio et al., 2006; Claessens et al., 2008; Infante & Piazza, 2014; Houston et al., 2014; Zhang, 2015; Skousen et al., 2018）。

最后，之前的研究主要集中在二值网络（Stuart & Yim, 2010; Chuluun et al., 2014; El-Khatib et al., 2015; Skousen et al., 2018）。本研究针对网络中心度指标，分别构造了二值网络和加权关系网络中心度，丰富了社会网络相关研究。

6.2　理论分析与研究假设

当代企业构筑于广泛的合约框架之上，合约设计的核心原则在于，在既定条件下，力求合约成本达到最优化水平。特别是在涉及债务合约时，债权人所面临的风险，其核心在于贷出的本金及合约所规定的利息能否依据预先设定的条款得到偿付，这一风险水平主要受债务人偿债能力及其所处制度环境的制约。因此，要深入理解债务合约的本质，必须着眼于债务人的偿债能力及其所处的制度性限制因素。

首先，就债务清偿能力来看，那些在社会关系网络中占据有利位置的企业展现出更强的偿债实力。依据资源依赖理论，企业的竞争优势根植于其所掌控的、难以被其他企业轻易获取或需付出高昂代价才能获得的有形及无形资源之中。社会关系网络作为一种宝贵的资源，能够助力企业获取对提升竞争地位至关重要的资源。企业在社会关系网络中的中心位置不仅使其更易于被市场发掘，也增加了被投资者注意到的机会。对于这类处于网络核心的企业，媒体报道往往更为频繁，这样的曝光有助于增强投资者对企业的好感与信任。同时，拥有良好声誉的高级管理人员能为企业带来合法性与声望，进而提升企业的公众形象。此外，高管的社会资本为企业与外部机构之间搭建起获取资源与信息的桥梁。因此，社会关系网络优势明显的企业在运营上承担的风险相对较低，债权人在进行企业风险评估时，会将社会关系资源视为一个重要的考量因素。

其次，就相关制度约束而言，社会关系网络的优越地位有助于减轻这些约束的影响。债权人在评估贷款风险时，企业的信息透明度是一个关键考量因素，因为信息不对称的程度与债务资本成本呈正相关。信息的清晰、及时披露能够准确反映企业的财务健康状况及经营成果，对于评判债务人的偿债能力至关重要。社会关系网络作为信息流通的润滑剂，有助于减少信息不对称现象，使得拥有丰富社会关系资源的企业在进行并购等决策时能够降低不确定性。债权人在确定贷款利率时，会充分考虑这一因素，往往为那些在社会关系网络中占据优势地位的企业提供更加优惠的利率条件。

在我国，鉴于金融市场的发展尚不充分及法律体系的有待完善，企业常采取非正式的制度性安排以填补这些领域的空白，其中，社会关系网络构成了一个重要的替代性机制。当正式的法律框架无法充分保障企业产权时，企业间的经济争议往往依赖于非正式途径来解决。换言之，在司法系统不能确保债务契约得到有效履行的情境下，借款人的社会关系网络对债务契约的效力具有显著影响。那些在社会关系网络中占据有利位置的企业，更有可能获取对发展至关重要的关键资源，减少企业经营中的不确定性，从而更容易获得低成本资金的支持。具体而言，我们认为社会关系网络的中心性对债券成本的影响主要体现在三个方面：信息流通渠道、资源获取收益以及信任氛围的构建。

第一种运行机制涉及信息流通渠道。环境的不确定性导致潜在投资者难以作出精确预测。故而，在信息严重不对称及代理成本高昂的情况下，债权人会要求更高的债务成本作为补偿。信息的有效流通能够减轻这种不对称性（Rauch & Casella, 2003）。社会关系网络不仅促进了企业进入外部资本市场，还为投资者开辟了潜在的信息流通渠道，并带来了其他诸多益处。高管社会资本的增加可能与投资者认知度的提升、金融机构联系的增多、信息环境的优化以及企业质量和声誉的提高紧密相关，这使得投资者能更精确地评估违约风险，并感知到企业更高的品质。因此，社会关系网络中处于有利位置的企业能够享受更低的债务融资成本。先前的研究探讨了社会关系网络如何加速企业间的信息传递（Burt, 1980; Bizjak et al., 2009）。若投资者与潜在目标公司高管团队成员之间存在某种社会联系（如校友、前同事、同乡等），投资者将能更深入地了解目标公司的私有信息，从而减轻因目标公司机会主义行为引发的逆向选择问题，降低投资者的过度支付风险。这种社会联系的存在改变了信息交流的机制，使投资者能以较低的成本获取目标公司的私有信息，节省了信息搜寻的开支。高管成员与外部的直接和间接联系是连接不同公司的自然桥梁。Haunschild（1993）指出，关系良好的公司更容易获得私密信息。作为低成本的信息来源，社会关系网络为企业间提供了稳定的信息交流和联络（Allen, 1974）。由于它们促进了更多的信息流动并加强了企业间的沟通，我们相信，处于关系网络中心的企业有更多机会赢得潜在投资者和债权人的青昧。此外，社会关系网络也影响着信息的质量。Granovetter（2005）认为，由于许多公众可获得的信息都是微妙且难以验证的，人们更倾向于信任来自社会关系网络的信息，而非其他来源的信息。因为它是一种相对直接的认知方式，社会关系网络提供的信息比其他来源更为可靠且具有更大的影响力（Haunschild & Beckman, 1998）。社会关系网络中心度是描述企业间相互联系网络结构的重要特征，它反映了企业之间的直接和间接联系。企业在关系网络中的位置至关重要，社会关系网络中企业的中心位置对信息的传播具有重大影响。首先，企业在网络中的中心度越高，其信息优势越明显（El-Khatib et al., 2015）。其次，当企业处于中心位置时，它可能作为连接其他企业的关键节点发挥作用（Freeman, 1978）。中心度高的企业对其他企业乃至整个网络的信息流动都有很强的影响力。因此，我们预期中心度高的企业在缓解信息不对称方面具有优势，能够以更高的质量、更快的速度和更广的范围将信息传递给外部投资者，尤其是潜在的债权人。综上所述，社会关系网络中处于优势地位的企业能够降低融资的不确定性，使信息传递更为顺畅，减少信息不对称，社会关系网络是传递资产价格信息的重要机制（Cohen et al., 2008; Ferris et al., 2017）。

尽管中国上市公司在强制性信息披露与自愿性信息披露方面均取得了持续进步，但管理层与投资者之间的信息不对称问题依旧存在。社会关系资本通过提升市场信息流通的可获得性和可信度，能够增强投资者的信任与信心，从而有助于解决因信息不对称导致的逆向选择难题。企业在社会关系网络中的核心位置往往意味着更高的知名度和声誉，而高关联度企业往往能吸引更多媒体的关注与报道，这进一步增强了投资者对这些企业的认可。投资者认同度的提升，有可能带来债务成本的降低。社会关系网络的优越地位，彰显了公司更高的合法性与声望。公司通过任命与外部重要组织有紧密联系的个人，向潜在投资者传递出积极信号，表明自身是一个值得信赖且合法的投资对象。高管的社会影响力是组织合法性的重要标志，投资者会根据高管团队的人力资本与社会资本来评判公司的整体质量，这有助于缓解信息不对称现象。

第二种运作机制涉及在社会关系网络中便捷地获取关键性资源。依据资源依赖理论，那些在社会关系网络中占据有利位置的高级管理人员，能为企业带来诸如合法性认证、专业技能、信息情报等资源，同时他们作为桥梁，联结着资本提供者、客户群体及其他利益相关方。高级管理人员向企业输送资源的前提，是他们要具备充足的社会资本，这既包括与个体经验、专业能力及声望紧密相关的人力资本要素（Coleman,1988），也涵盖了通过与其他企业高管建立的社会联系而形成的关系资本（Jacobs, 1965）。这些资源的获取，通过减少不确定性、降低交易成本，以及增强企业长期存续的可能性，从而对企业绩效产生直接的正面影响。享有高度声誉的企业能从中获得无形的优势，因为投资者会根据高级管理人员的人力与社会资本状况，来评判企业的整体质量。

社会关系网络作为企业获取外部资源的策略，已得到众多研究的验证（Horton et al., 2012; Singh & Delios, 2017）。依据资源依赖理论，网络成员能够促进企业间的协调，推动关键资源共享，从而加强企业获取更多资源的可靠性，并使其更易获得对公司发展有利的战略资源。该理论强调，广泛的社会关系网络有助于企业突破市场限制。在制约企业发展的诸多因素中，资本或财务状况占据核心地位，持续的资本注入相较于其他资源显得尤为重要（Eisenbeis & Mccall, 1978）。网络成员可能包括首席执行官、董事会成员、政府官员及银行家，他们各自拥有独特的背景和社会资本，如商业、法律及政治经验，这对企业获取各类关键资源极为有利。

在财务资源层面，具备财务背景的网络成员能为企业提供专业咨询、信用评估、投融资策略及渠道等支持。Booth & Deli（1999）的研究表明，银行董事与银行借贷之间存在正相关关系。Engelberg et al.（2012）则证实，通过紧密的私人关系相连的银行与企业能显著降低贷款利率，这显示了社会关系网络在促进信息流动和监督机制方面的积极作用。

就政治资源而言，政治关系能影响市场资源配置，为企业提供隐形保障。具有政治背景的网络成员有助于企业在债券市场上获得融资便利。Claessens et al.（2008）的研究发现，巴西企业的政治联系显著增加了其银行贷款，这表明银行贷款是政治联系发挥作用的重要途径。Houston et al.（2014）的研究则表明，政治联系有助于降低企业的银行贷款成本。这些发现说明，具有政治关联的企业能通过降低债权人的监督成本和信用风险，从而获得银行的优惠贷款，进而减少债权人的预期回报。此外，值得注意的是，这种紧密相连的关系网络是企业获取外部资源并取得融资成功的关键要素。

第三种运作机制涉及信任氛围的构建。信任作为推动合作的基础要素，对于经济活动而言，尤其是在正式制度尚不完善的地区，一个安全的环境显得尤为重要。在此背景下，信任关系被视为法律框架内的一种核心替代机制（Lyon, 2000）。一方面，Cohen et al.（2008）指出，现有的社会关系网络为建立信任提供了最为直接的途径。鉴于信任的建立是一个长期过程，而社会关系网络中的成员通过频繁的个人交往加深了相互了解，这为信任关系的形成创造了有利条件（Lyon, 2000; Nguyen et al., 2005）。因此，社会关系网络不仅促进了企业间信任关系的建立，还优化了风险共担机制，进而降低了企业间的交易成本。

　　另一方面，连锁网络如同一面反映企业状况的镜子（Podolny, 2001），能够展示企业的声誉、形象及合法性。例如，与银行相关联的董事存在，可被视为公司已获得融资认可的一种标志；而与知名风险投资公司相关联的董事，则表明该公司在市场上享有较高的声誉和接受度（Kono et al., 1998）。因此，这些相互关联的成员作为一种可见且可靠的信号，有助于外部投资者对公司形成积极评价，并增强对公司的信任感。信任是获取外部资源的基石，当潜在的债券持有人认为公司值得信赖时，他们便不会要求额外的风险补偿。综上所述，社会网络关系通过促进信息流通、建立信任，以及提供关键资源的获取途径，发挥了重要作用。因此，我们预期，那些关系网络稳固的企业将面临更低的债务融资成本。

　　与之相反，社会联系紧密的董事或高管也有可能带来负面的后果。已有研究表明，企业间的网络关系具有蕴含和培育机会主义的可能性，高管和大股东等内部人对资源和资源流动的控制导致了基于社会关系网络的机会主义行为，公司治理的有效性受到危害，代理问题恶化。社会关系网络对公司治理的负面影响，包括较低的薪酬绩效敏感性、较高的 CEO 薪酬和激进盈余管理。El-Khatib et al.（2015）研究表明，网络中心度高的 CEO 发起的并购遭受了更大的价值损失，他们受到公司内部控制和经理人市场的约束较小，往往会利用他们社会关系的权力和影响来增加"壕沟"效应以获取私人利益。类似地，Ishii and Xuan（2014）研究发现，并购公司与目标公司的高管和董事的社会关系对并购绩效有显著的负面影响。Chikh and Filbien（2011）考察校友关系及董事连锁产生的社会网络对公司并购的影响，结果发现，拥有较强网络关系的 CEO 更可能不顾市场的负面影响去完成并购决策。由此可见，拥有较强社会关系网络的内部人可能产生较强的掠夺动机，并且因为社会关系网络而拥有更强的"掏空"能力。例如，Bizjak et al.（2009）研究指出，公司的董事网络（连锁董事）可能会以期权回溯的形式导致企业价值下降。Hwang & Kim（2009）发现董事与其 CEO 之间的社会关系显著削弱了董事的监督职能。Fracassi & Tate（2012）研究表明，CEO 更有可能任命与自己有关系的董事，这削弱了董事会的监督，破坏了公司价值。这些研究证明了社会关系网络会造成企业监督和信息传递方面的不良后果。

　　首先，代理理论认为，管理者的激励与资本提供者的激励不完全一致，如企业高管由于资本市场压力、声誉担忧和股权激励有进行"财务粉饰"的动机。然而，拥有良好社会关系的经理可能比关系不佳的经理有更大的动机去从事"财务粉饰"的工作。Malmendier & Tate（2009）发现，明星 CEO 花了更多时间在分散注意力的活动上，并发现越来越难以达到市场的期望，这些 CEO 更有可能操纵盈余，以保持他们业绩好的形象。同样，拥有良好社会关系的经理把更多的时间花在公司以外的公共和私人活动上，并有更多的动机参与操纵业务，以保持其有影响力的地位。

其次，处于社会关系网络中心位置的经理更有能力进行"财务粉饰"。网络中心度被视为一种权力和地位的来源，在网络中处于中心地位的个体具有更高的社会地位，受到的约束更少（Mizruchi & Potts, 1998）。因此，内部治理机制对处于社会关系网络中心位置的经理的治理效果可能较低，因为董事会和其他执行团队的监督作用随着高管权力的增强而减弱（Adams & Ferreira, 2007）。

最后，管理者的个人关系可能会降低他们从事财务误报的风险。经理们在作出财务粉饰决策时会权衡预期的成本和收益。经验证据与劳动力市场对管理者的惩罚是一致的。例如，Desai et al.（2006）发现，财务重述的公司经历更多的高管离职，这些离职的经理随后的就业前景更差。同样，Karpoff et al.（2008）研究表明，在被认定为执法行为责任当事人的个体中，93%的个人在监管执行期结束时失去了工作。从理论上讲，一个关系良好的经理可以利用他的个人网络作为传播工作相关信息的关键渠道或获得有利的就业机会。Lin et al.（1981）表明，如果一个人能够获得和使用其社会关系中的资源，那么他的职业生涯就具有实质性的优势。最近的研究表明，人际关系密切的人不太可能受到劳动力市场的约束。Cingano & Rosolia（2012）发现，随着他们保持与前同事的个人网络联系，失业工人的失业持续时间显著减少。因此，对于一个关系良好的经理来说，他从不当行为中获得的收益可能会超过预期的劳动力市场惩罚，因为他可以利用从个人网络中获得的影响力来减轻事后对劳动力市场的惩罚。

概括说来，社会关系网络影响下的融资行为具有"效率促进"和"掏空"两种效应。因此，社会关系网络会对公司债务资本成本产生怎样的影响，需要进一步的实证检验。本研究提出如下两个相互竞争的备择假设：

H1a 其他条件相同，社会关系网络中心度与债务资本成本负相关。

H1b 其他条件相同，社会关系网络中心度与债务资本成本正相关。

6.3　样本选择与研究变量

6.3.1　数据来源与样本选择

本章中使用的样本数据包括社会关系网络、公司债券和公司特征数据。本书利用中国 A 股上市公司建立企业之间的社会关系网络。笔者从 Wind 经济数据库中获取了 3513 家公司的所有高管成员、自然人股东的信息，包括姓名、性别、职位、学历等信息。为了建立关系网络，为十几万名高管团队及自然人股东成员创建了唯一的 ID。接下来，利用 MATLAB 编程，根据企业之间的关联关系，建立每年的相邻矩阵（N×N）。最后，使用 UCINET 和 MATLAB 基于相邻矩阵计算每个公司的网络中心度。最终获得了 34794 个社会关系网络中心度的观测值。

债券数据来源于 Wind 数据库，财务信息来源于 CSMAR 数据库。然后，将这些数据与社会网络中心度观测数据合并。本研究剔除以下样本：（1）无法获得对应的中国国债收益率数据的观测值；（2）无法获得公司特征数据的观测值；（3）金融公司（金融业有其特殊性）。为了控制离群值的影响，所有的连续变量，包括因变量、自变量和控制变量，对其进行上下 1% 的 Winsorize 处理。我们最后的样本是对 688 家独特的公司 2007—2016 年的 857 个债券年观测值。表 6-1 的 Panel A 描述了样本选择过程。

表 6-1 的 Panel B 列出了 2007—2016 年样本观测值分布。2016 年是样本观测值最多的一年，2007 年是样本观测值最少的一年。2016 年有 229 个观测值（154 家公司），2007 年有 3 个观测值（1 家公司）。从 2007 年到 2016 年，观测值和公司数量有明显的上升趋势。表 6-1 的 Panel C 列出了各个行业的样本分布情况。根据《上市公司行业分类指南》，本书将企业分为 19 个行业类别，制造业具体到行业大类，其他行业具体到行业门类。金属、非金属、机械等行业有 181 家（占样本的 26.31%）、房地产行业有 103 家（占样本的 14.97%）发行过公司债。同时，样本中有 219 个观测值（25.55%）属于金属、非金属、机械等行业，有 131 个观测值（15.29%）属于房地产行业。

表 6-1　样本选择和样本分布

Panel A: 样本选择过程

初始样本观测值	No. of obs.
计算社会关系网络中心度指标（network centrality）（firm-years）	34,794
A 股上市公司债券发行可得数据（bond-years）	876
剔除的样本观测值	
由于中国国债收益率数据无法获得	（4）
控制变量缺失的样本观测值	（13）
金融企业发行的债券	（2）
最终合并样本观测值（bond-years）	857

Panel B: 按年划分的样本分布

Year	No. of obs.	Percent	unique firms	Percent
2007	3	0.35%	1	0.15%
2008	15	1.75%	14	2.03%
2009	40	4.67%	39	5.67%
2010	19	2.22%	13	1.89%
2011	77	8.98%	66	9.59%
2012	174	20.30%	142	20.64%
2013	91	10.62%	80	11.63%
2014	72	8.40%	69	10.03%
2015	137	15.99%	110	15.99%
2016	229	26.72%	154	22.38%
Total	857	100.00%	688	100.00%

Panel C: 按行业划分的样本分布

行业	No. of obs.	Percent	unique firms	Percent
农、林、牧、渔业	5	0.58%	5	0.73%
采矿业	69	8.05%	41	5.96%
食品、饮料、纺织品和服装	40	4.67%	34	4.94%
木材、家具、造纸等	116	13.54%	107	15.55%
金属、非金属、机械等	219	25.55%	181	26.31%
其他制造业	9	1.05%	8	1.16%
电力、热力、燃气及水生产和供应业	68	7.93%	55	7.99%
建筑业	45	5.25%	27	3.92%
批发和零售业	37	4.32%	31	4.51%
交通运输、仓储和邮政业	72	8.40%	54	7.85%
住宿和餐饮业	1	0.12%	1	0.15%
信息传输、软件和信息技术服务业	16	1.87%	15	2.18%
房地产业	131	15.29%	103	14.97%

Panel C：按行业划分的样本分布

行业	No. of obs.	Percent	unique firms	Percent
租赁和商务服务业	10	1.17%	8	1.16%
科学研究和技术服务业	1	0.12%	1	0.15%
公用事业	4	0.47%	4	0.58%
卫生和社会工作	1	0.12%	1	0.15%
文化、体育和娱乐业	4	0.47%	4	0.58%
综合	9	1.05%	8	1.16%
Total	857	100.00%	688	100.00%

6.3.2　研究变量的度量

（1）债务资本成本的度量。考虑到公司债券的违约风险，债券投资者会在无风险利率的基础上要求额外的风险溢价来补偿违约风险。在本研究中，无风险利率是用中国同期限国债在债券发行日的收益率来衡量的。参考 Chuluun et al.（2014）等学者的研究，本研究用公司债券收益率减去匹配期限的中国国债收益率，得到债券收益率差（Spread）作为债务资本成本的度量。由于样本中有几家公司在一年内发行了多个公司债券，因此本研究计算了一个会计年度的加权平均利差，以进行稳健性检验。

（2）社会关系网络中心度的度量。基于图论，笔者构建了所有 A 股上市公司每年的整个网络，这些网络被认为是无向的。为了更全面、准确地研究关系网络的作用，本研究分别计算了未加权关系网络和加权关系网络。使用样本期的所有高管团队成员及自然人大股东的数据，每年使用关联公司构建一个相邻矩阵 **A**=（a_{ij}）。对于未加权关系网络，如果企业 i 和企业 j 之间有共享成员，则 $a_{ij}=1$，否则为 0。对于加权关系网络，如果企业 i 和企业 j 之间拥有共享成员，则 $a_{ij}=x_{ij}$；如果两家企业没有共享成员，则 $a_{ij}=0$。

作为社会网络分析技术的一部分，网络中心度可以描述网络中节点的重要性。通过对每个相邻矩阵的计算，得到了每个企业的中心度测度。根据 Freeman（1978）和 Bonacich（1987）的研究，本研究主要关注三个中心测度：程度中心度（Degree centrality）、中介中心度（Betweenness centrality）和特征向量中心度（Eigenvector centrality）。

对于未加权关系网络，程度中心度（Degree centrality）度量为：

$Degree_i = \sum_{j \neq i} D_{ji} / (n-1)$，其中 D_{ji} 当企业 i 与企业 j 共享成员时为 1；否则为 0。程度中心度较高的公司在社会关系网络中有更多的机会来交换资源和信息，有更大的知名度。为了比较不同网络的中心度，将程度中心度除以 $n-1$，其中 n 是网络的大小。企业的中介中心度（Betweenness centrality）定义为：$Betweenness_i = \dfrac{\sum_{j<k} g_{jk}(n_i) / g_{jk}}{(n-1)(n-2)/2}$，其中 g_{jk} 连接企业 i 与企业 j 之间的最短路径的数量，$g_{jk}(n_i)$ 为通过企业 i 的连接企业 j 与企业 k 的最短路径。笔者用 $(n-1)(n-2)/2$ 来消除不同年份网络规模的差异。中介中心度高的企业被认为通过在关系网络中扮演重要的中介角色而拥有控制权（Freeman，1978），能够控制他人意味着能够获得更多的信息和资源。Bonacich（1987）提出了特征向量中心度（Eigenvector centrality）：

$Eigenvector_i = \dfrac{1}{\lambda} \sum_j A_{ij} e_j$，其中 A_{ij} 为相邻矩阵。当企业 i 与企业 j 相关联时为 1，否则为 0；e_j 是相邻矩阵的一个特征向量，λ 是关联的最大特征值，最大特征值通常是邻接矩阵的最大特征值。特征向量中心度度量了企业网络关系的质量。也就是说，当企业与其他有良好关系的企业直接联系时，它们被认为是中心企业。由于程度中心度、中介中心度和特征向量中心度可能存在多重共线性问题，要建立了一个综合的中心度测度指标来研究关系网络中心度对债务成本的影响。与 El-Khatib et al.（2015）的做法一致，本研究采用主成分分析，将第一主成分作为社会关系网络复合中心度的综合指标（Composite）。

对于加权关系网络，由于其邻接矩阵较大，UCINET 软件中的算法不能收敛得到有效的结果。笔者使用 MATLAB 的中心度算法来计算加权中心度变量：加权的程度中心度（Degree_w），加权的中介中心度（Betweenness_w），加权的特征向量中心度（Eigenvector_w）。同样，由于共线性问题，本书还建立了复合的加权中心度作为三种加权中心度的综合测度（Composite_w）。由于加权关系网络的理论最大值不像未加权关系网络那样容易确定，故未加权关系网络的归一化方法不适用于加权关系网络。为了使不同网络规模的中心度具有可比性，笔者还参考了 Fogel et al.（2018）的研究，将每年的中心度数据除以最大值，得到百分比数据。

6.3.3　回归模型设计

本书使用以下回归模型检验提出的假设：

$$\text{Spread}_{it} = \beta_0 + \beta_1 TMT\ Network\ centrality_{it} + \beta_2 Bond\ Rating_{it}$$
$$+ \beta_3 Log\left(maturity\right)_{it} + \beta_4 Log\left(amount\right)_{it} + \beta_5 Putable_{it} + \beta_6 ROA_{it}$$
$$+ \beta_7 Market\_book\ ratio_{it} + \beta_8 SOE_{it} + \beta_9 Analysts_{it} + FirmDummies$$
$$+ YearDummies + \varepsilon_{it}$$

$$(6\text{-}1)$$

因变量债券收益率息差（Spread）衡量的是债务成本。对于每一种债券，我们通过从公司债券票面利率中减去匹配的国库券票面利率来计算债券收益率差（Elton et al., 2002）。

主要自变量是关系网络中心度，由未加权的网络度量（程度中心度、中介中心度和特征向量中心度），以及加权的关系网络中心度指标（加权的程度中心度、加权的中介中心度和加权的特征向量中心度）。笔者预期具有高中心度的企业将会有较低的债务成本。

参考 Elton et al.（2002）、Yu（2005）和 Ge & Kim（2014）的研究，模型中控制了债券特征和公司特征变量。由于评级机构可以获得更多关于公司的信息，信用评级一直被认为是信用风险的一个代理变量（Jiang, 2008; Mansi et al., 2011）。我们按照利率水平对债券评级进行赋值（*Bond rating*）：AAA 级债券赋值 5，AA+级债券赋值 4，AA 级债券赋值 3，AA-级债券赋值 2，A+级债券赋值 1。债务期限（Maturity）是影响债务风险的重要因素（Wang et al., 2020），在本研究中，期限以债券月数的对数来度量。债券规模（Amount）影响债券的违约风险（Xu et al., 2017），本研究用债券发行金额的自然对数来衡量，更大规模的发行与更高的流动性有关，而发行更多债券的发行人往往在财务上更健康。对于可回售的债券（Putable），持有人可以选择在触发回售条件时，以预定的价格出售债券，可回售是对债券持有人的一种保护，可回售的债券实际上相当于在普通债券的基础上附加了一份看跌期权，因此它与较低的债务成本相关。我们用资产回报率（ROA）来衡量公司的盈利能力，一个公司的盈利能力越强，它偿还债务的能力就越强。账面市值比（MB）反映了公司的增长机会，从而增加了风险溢价，笔者预测它与债券收益率差（Spread）呈正相关（Ortizi-molina, 2006）。政府可以为债务提供隐性担保，这有助于增强债券持有人的信心，从而降低债务成本，笔者预计国有企业（SOE）与债券收益率差（Spread）呈负相关。分析师（Analysts）可以带来一些额外的信息渠道，这对债券持有人为证券定价是有用的。因此，本书认为分析师跟踪与债券利差之间存在负相关关系，拥有多少个分析师跟踪这家公司作为外部信息质量的度量。

本书回归分析还加入了年份（Year）和行业（Industry）固定效应来控制宏观经济和行业影响。使用 OLS 估计来检验本书模型。考虑到潜在的异方差，参考 Petersen（2009）基于双向聚类（行业和年份）计算 p 值。

6.4 实证结果与分析

6.4.1 单变量分析

描述性统计如表 6-2 所示。债券收益率差（Spread）的平均值（中位数）为 2.354%（2.194%），从第 1 个四分位数的 1.455%到第 3 个四分位数的 3.125%不等。对于未加权关系网络，程度中心度（Degree centrality）、中介中心度（Betweenness centrality）、特征向量中心度（Eigenvector centrality）和中心度综合指标（Composite）的均值分别为 0.162、0.124、1.146 和 0.820。加权关系网络中心度（Degree_w、Betweenness_w、Eigenvector_w、Composite_w）的均值分别为 0.191、0.076、0.003 和 0.866。样本公司债券的期限以 5 年为主，1/4 分位、中位数和 3/4 分位都是 5 年。平均而言，债券发行总额 13.85 亿元。样本债券评级较高，均值为 3.789，表明平均债券评级在 AA 和 AA+之间。债券评级中值为 4，相当于 AA+评级。857 个债券中大约 66%是可回售债券。ROA 和账面市值比的均值分别为 0.036 和 0.582。国有企业的均值为 0.525，表明约 53%的企业为国有企业。市场化指数得分（MktIndex）的平均值是 7.723，中位数是 8.070。平均分析师人数（Analysts）为 65.670 人，这意味着平均每家上市公司大约有 66 名分析师跟踪调查。政治关系（Political ties）的平均值是 3.824，这表明，企业平均有 4 名曾在政府或人大政协工作的高管成员。与金融机构关系（Financial ties）的平均值为 2.889，表明平均大概有 3 名高管成员有过金融机构工作经历。

表 6-2 描述性统计

Variable	N	Mean	S.D.	1st quartile	Median	3rd quartile
Spread (%)	857	2.354	1.239	1.455	2.194	3.125
Degree	857	0.162	0.104	0.085	0.142	0.228
Betweenness	857	0.124	0.144	0.017	0.075	0.178
Eigenvector	857	1.146	2.184	0.093	0.369	1.062
Log (Eigenvector)	857	0.521	0.592	0.089	0.314	0.724
Composite	857	0.820	1.625	−0.367	0.427	1.542
Degree_w	857	0.191	0.127	0.094	0.175	0.265
Betweenness_w	857	0.076	0.091	0.010	0.044	0.110
Eigenvector_w	857	0.003	0.011	0.000	0.000	0.001
Composite_w	857	0.866	1.600	−0.318	0.468	1.642
Bond rating	857	3.789	0.881	3.000	4.000	5.000
Maturity	857	5.287	1.775	5.000	5.000	5.000
Log (maturity)	857	1.611	0.334	1.609	1.609	1.609
Amount	857	13.850	16.310	5.000	10.000	15.000
Log (amount)	857	2.238	0.871	1.609	2.303	2.708
Putable	857	0.657	0.475	0.000	1.000	1.000
ROA	857	0.036	0.038	0.016	0.030	0.056
MB	857	0.582	0.144	0.477	0.581	0.685
SOE	857	0.525	0.500	0.000	1.000	1.000
MktIndex	857	7.723	1.758	6.510	8.070	9.170
Analysts	857	65.670	62.620	22.000	49.000	88.000
Political ties	857	3.824	3.393	2.000	3.000	5.000
Log (political ties)	857	1.359	0.666	1.099	1.386	1.792
Financial ties	857	2.889	2.694	1.000	2.000	4.000
Log (financial ties)	857	1.172	0.607	0.693	1.099	1.609

　　表6-3中报告了主要变量之间的相关性。Panel A 为未加权关系网络，右上为 Spearman 相关系数，左下为 Pearson 相关系数。如我们所预期，程度中心度（Degree centrality）、中介中心度（Betweenness centrality）、特征向量中心度（Eigenvector centrality）和中心度综合指标（Composite）都与债券收益率差（Spread）显著负相关。这些变量的 Pearson 相关系数分别为−0.170、−0.241、−0.180、−0.198。Spearman 相关系数分别为−0.158、−0.183、−0.218、−0.198。所有的系数在1%的水平上都是显著的。

表 6-3 的 Panel B 报告了加权关系网络的相关结果并发现，Degree_w、Betweenness_w、Eigenvector_w 与债券收益率差（Spread）均显著负相关。变量的相关系数检验结果表明，社会关系网络中心度与公司债券收益率差负相关，与研究假设 H1a 一致。

表 6-3　相关系数矩阵

Panel A：未加权中心度指标与债券收益率差（Spread）的相关系数

	Spread	Degree	Betweenness	Log (Eigenvector)	Composite
Spread		−0.158***	−0.183***	−0.218***	−0.198***
Degree	−0.170***		0.905***	0.689***	0.968***
Betweenness	−0.204***	0.866***		0.610***	0.940***
Log (Eigenvector)	−0.180***	0.606***	0.517***		0.771***
Composite	−0.198***	0.933***	0.924***	0.752***	

Panel B：加权中心度指标与债券收益率差（Spread）的相关系数

	Spread	Degree_w	Betweenness_w	Eigenvector_w	Composite_w
Spread		−0.171***	−0.174***	−0.143***	−0.184***
Degree_w	−0.186***		0.858***	0.602***	0.967***
Betweenness_w	−0.190***	0.785***		0.518***	0.952***
Eigenvector_w	−0.134***	0.277***	0.204***		0.604***
Composite_w	−0.199***	0.923***	0.934***	0.320***	

6.4.2　多变量分析

本书将纳入控制变量做进一步回归分析。表 6-4 给出了未加权关系网络中心度指标（Degree centrality、Betweenness centrality、Eigenvector centrality、Composite）、加权关系网络中心度指标（Degree_w、Betweenness_w、Eigenvector_w、Composite_w）、债券特征和公司层面特征对收益率差（Spread）回归的结果。由于各个关系网络中心度测度变量之间的高度相关性，将它们分别放入不同的模型中。未加权关系网络中心度的结果在第 1 至第 4 栏中进行报告，在第 1 栏中报告了对程度中心度（Degree centrality）的回归估计。Degree 的系数为−0.447，在 10% 的显著性水平下显著。中介中心度（Betweenness）的回归估计在第 2 栏中呈现，Betweenness 系数为 −0.300，p 值 <0.01，在 1% 水平下显著。Log

（Eigenvector）在第 3 列中报告，显著性水平为 5%，系数为-0.158。从经济意义上来说，在未加权关系网络中，在 1%的显著性水平下，中心度的综合指标（Composite）的系数为-0.033，说明其一个标准差的增加将使债券收益率差（Spread）减少 5.363%（= 0.033×1.625）。对于加权后的网络，Composite_w 的系数为负，具有统计学意义（系数=-0.029），表明 Composite_w 的一个标准差的增加会使 Spread 减少 4.640%（=0.029×1.600）。其他加权关系网络变量的结果列在第 5 至 8 列中，各加权关系网络中心度与债务资本成本（Spread）呈显著负相关关系。总体而言，研究结果与提出的假设 H1a 一致，预示着社会关系网络中心度在降低债务成本中的作用。结果表明，社会网络关系可以促进信息流动，建立信任，并提供关键资源的获取。债权人感知公司质量较高，信息风险和代理风险较低，因此要求较低的债券回报率，对发债公司而言，债务资本成本较低。

至于控制变量，对于第 1 列到第 8 列的所有模型，债券收益率差（Spread）与债券评级（Bond rating）、Log（maturity）、Log（amount）、Putable、ROA、SOE 和 Analysts 之间存在显著的负相关关系。账面市值比与利差呈正相关关系。所有控制变量结果与预期基本一致，与先前文献的结果基本一致。例如，债券评级与利差之间的负相关关系表明，评级较高的债券债务成本较低。Putable 的系数与 Chuluun et al.（2014）研究结果一致。ROA 系数为负，具有统计学意义，与 Skousen et al.（2018）的研究结果一致。

表 6-4　社会关系网络中心度与债务资本成本之间关系的回归结果

Panel A：未加权关系网络

	Spread	Spread	Spread	Spread
	（1）	（2）	（3）	（4）
Degree	−0.447*			
	（−1.916）			
Betweenness		−0.300***		
		（−3.527）		
Log（Eigenvector）			−0.158**	
			（−2.333）	
Composite				−0.033***
				（−2.717）
Bond rating	−0.245***	−0.243***	−0.240***	−0.243***

续表

Panel A: 未加权关系网络

	Spread	Spread	Spread	Spread
	(1)	(2)	(3)	(4)
	(−6.524)	(−6.531)	(−7.093)	(−6.657)
Log (maturity)	−0.576***	−0.571***	−0.577***	−0.574***
	(−4.692)	(−4.715)	(−4.631)	(−4.742)
Log (amount)	−0.314***	−0.313***	−0.304***	−0.311***
	(−11.187)	(−11.385)	(−11.028)	(−11.285)
Putable	−0.133**	−0.131**	−0.137***	−0.133**
	(−2.515)	(−2.538)	(−2.778)	(−2.559)
ROA	−2.885***	−2.913***	−2.873***	−2.882***
	(−3.092)	(−3.181)	(−3.567)	(−3.164)
MB	1.044*	1.054*	1.055*	1.047*
	(1.875)	(1.870)	(1.911)	(1.879)
SOE	−0.856***	−0.861***	−0.861***	−0.859***
	(−6.535)	(−6.462)	(−6.622)	(−6.479)
Analysts	−0.002***	−0.002***	−0.002***	−0.002***
	(−3.784)	(−3.674)	(−4.022)	(−3.861)
Intercept	5.551***	5.456***	5.623***	5.480***
	(19.652)	(18.233)	(19.026)	(18.372)
Year	Yes	Yes	Yes	Yes
Industry	Yes	Yes	Yes	Yes
No. of obs.	857	857	857	857
Adj. R^2	0.627	0.627	0.631	0.627

Panel B: 加权的关系网络

	Spread	Spread	Spread	Spread
	(5)	(6)	(7)	(8)
Degree_w	−0.348**			
	(−2.188)			
Betweenness_w		−0.496***		
		(−4.968)		
Eigenvector_w			−3.140**	
			(−1.982)	
Composite_w				−0.029***
				(−3.489)
Bond rating	−0.244***	−0.243***	−0.242***	−0.243***
	(−6.489)	(−6.519)	(−6.491)	(−6.535)

Panel B：加权的关系网络

	Spread	Spread	Spread	Spread
	（5）	（6）	（7）	（8）
Log	−0.574***	−0.569***	−0.579***	−0.571***
（maturity）	（−4.698）	（−4.692）	（−4.731）	（−4.724）
Amount	−0.315***	−0.313***	−0.317***	−0.314***
	（−11.130）	（−11.411）	（−11.711）	（−11.276）
Putable	−0.134***	−0.133**	−0.119**	−0.133**
	（−2.591）	（−2.560）	（−2.348）	（−2.580）
ROA	−2.913***	−2.910***	−2.884***	−2.903***
	（−3.131）	（−3.172）	（−3.109）	（−3.134）
MB	1.049*	1.049*	1.067*	1.045*
	（1.861）	（1.860）	（1.890）	（1.852）
SOE	−0.856***	−0.863***	−0.858***	−0.859***
	（−6.492）	（−6.496）	（−6.574）	（−6.436）
Analysts	−0.002***	−0.002***	−0.002***	−0.002***
	（−3.704）	（−3.658）	（−3.552）	（−3.629）
Intercept	5.549***	5.449***	5.434***	5.467***
	（19.028）	（18.020）	（17.987）	（18.103）
Year	Yes	Yes	Yes	Yes
Industry	Yes	Yes	Yes	Yes
No. of obs.	857	857	857	857
Adj. R^2	0.627	0.627	0.627	0.627

注：*、**、***分别表示在 10%、5%、1%水平下显著。标准误差经过公司个体和时间维度聚类调整（Petersen, 2009）。下同。

6.5　稳健性检验

为了确保表 6-4 的回归结果是可靠的，我们进行了一系列的稳健性检验，包括两阶段 OLS 回归（2SLS）、倾向匹配得分法（PSM）、解释变量的滞后测度，以及债券收益率差和网络关系中心度的替代测度。

6.5.1　两阶段回归分析（2SLS）

我们关注的是关系网络程度中心度（Degree centrality）、中介中心度（Betweenness centrality）和特征向量中心度（Eigenvector centrality），以及

加权的关系网络中心度（Degree_w、Betweenness_w、Eigenvector_w），与债券收益率差（Spread）之间可能存在内生性问题的影响。为了减少反向因果关系和遗漏变量的偏差，本书使用工具变量，运用 2SLS 回归重新检验了主要结果。2SLS 模型中使用的工具变量（Instrumental variables，IVs）应该是外生的，这意味着 IVs 与自变量有很强的相关性，但与因变量不相关（Guan et al., 2015）。本研究参考 Field et al.（2013）和 Fogel et al.（2018）的研究来构建工具变量。第一个 IV 是距离（Distance），定义为公司和大城市之间最小的地理距离。大城市被定义为中国上市公司数量最多的 10 个城市。据统计，全国共有 367 个城市有上市公司，而前十大城市拥有上市公司的数量占所有上市公司的 40.9%。上市公司之间的距离越远，可能发生的连锁关系数量越少。因此，距离应与关系网络的中心度负相关。然而，距离与债券收益率差之间没有直接的相关性。本研究将目标公司所处城市的关系网络规模作为第二个 IV，用目标公司以外的同一城市的平均网络规模来衡量（Local network size），本地网络规模与公司关系网络正相关，但与债券收益率差没有直接关系。

在 2SLS 回归中，首先采用距离（Distance）和所在地关系网络规模（Local network size）两个工具变量来预测关系网络中心度。在 2SLS 回归的第二阶段，因变量是债券收益率差（Spread），自变量是第一阶段回归得到的工具值（Instrumented Degree）。在 2SLS 回归的两个阶段中，包含的控制变量与表 6-4 中的回归相同。

表 6-5 的 Panel A 报告了第一阶段的结果，除了加权特征向量中心度外，每个中心度测度的变量都与距离（Distance）显著为负，也就是，与上市公司密集的城市之间相距的距离越近，则中心度越大。本地关系网络规模大小（Local network size）与中心度正相关，在表 6-5 全部 8 列中有 7 列具有统计学意义。因此，这两个工具变量是网络中心度测度的有效工具变量。为简洁起见，第一阶段的控制变量系数不包括在表内。表 6-5 的 Panel B 报告了第二阶段的回归结果。大多数中心度变量（Instrumented Degree）与债券收益率差（Spread）显著负相关。Instrumented Degree 系数为-3.163（p-value < 0.05），Instrumented Degree_w 系数为-2.580（p-value < 0.1）。

此外，本研究还应用了一些测试来检查 IVs 是否合适。首先，进行识别检验，研究发现第一阶段回归中的 Kleibergen-Paap rk LM 统计量在 1%的水平上拒绝了原假设，表明所提出的 IVs 与关系网络中心度相关。其次，Kleibergen-Paap rk F-statistics 也在第一阶段回归中报告，可以用来识别弱工具变量。可以看出，大部分 F 统计量都大于 10，说明研究没有受到弱工具变量问题的困扰。最后，从第二阶段回归中报告的 Hansen J 统计结果可以看出，在 8 个回归模型中，有 7 个在 10% 的水平上没有拒绝过度识别检验，这说明本研究使用的 IVs 没有被过度识别。总体而言，这些结果支持了 IVs 是有效的，2SLS 结果与表 6-4 的主要结果一致，表明关系网络中心度与债券成本负相关。

表 6-5　两阶段回归结果

Panel A: 未加权关系网络

第 1 阶段回归结果

	Degree	Betweenness	Log（Eigenvector）	Composite
	（1）	（2）	（3）	（4）
Distance	−0.045**	−0.058**	−0.241**	−0.714***
	（−2.559）	（−2.560）	（−2.312）	（−2.595）
Local network size	0.017***	0.009*	0.097***	0.230***
	（5.235）	（1.899）	（4.784）	（4.401）
Intercept	0.154***	0.075	0.522**	0.299
	（3.688）	（1.282）	（2.013）	（0.444）
Year	Yes	Yes	Yes	Yes
Industry	Yes	Yes	Yes	Yes
Kleibergen-Paap statistics	33.179	11.571	26.883	26.636
p-value	0.000	0.003	0.000	0.000
Kleibergen-Paap F-statistic	18.161	5.855	12.786	13.283
No. of obs.	857	857	857	857
Adj. R^2	0.144	0.132	0.179	0.162

第 2 阶段回归结果

	Spread	Spread	Spread	Spread
	（1）	（2）	（3）	（4）
Instrumented Degree	−3.163**			
	（−2.031）			
Betweenness		−4.929**		
		（−2.123）		
Log（Eigenvector）			−0.548**	

续表

第 2 阶段回归结果

	Spread (1)	Spread (2)	Spread (3)	Spread (4)
			(−1.997)	
Composite				−0.233**
				(−2.098)
Bond rating	−0.236***	−0.193***	−0.222***	−0.219***
	(−7.807)	(−4.538)	(−6.867)	(−6.614)
Log（maturity）	−0.595***	−0.538***	−0.586***	−0.582***
	(−5.800)	(−4.058)	(−5.921)	(−5.532)
Log（amount）	−0.309***	−0.283***	−0.277***	−0.291***
	(−6.348)	(−4.905)	(−5.678)	(−5.900)
Putable	−0.156**	−0.166*	−0.155**	−0.157**
	(−2.155)	(−1.821)	(−2.212)	(−2.130)
ROA	−2.634***	−2.708***	−2.742***	−2.616***
	(−3.032)	(−2.754)	(−3.320)	(−2.990)
MB	0.868***	0.766**	1.011***	0.891***
	(3.361)	(2.383)	(4.128)	(3.454)
SOE	−0.805***	−0.815***	−0.854***	−0.828***
	(−10.871)	(−9.537)	(−12.161)	(−11.393)
Analysts	−0.001**	−0.001	−0.002***	−0.001**
	(−2.486)	(−0.714)	(−3.215)	(−2.285)
Intercept	5.363***	5.482***	4.831***	4.933***
	(12.255)	(10.750)	(17.686)	(16.707)
Year	Yes	Yes	Yes	Yes
Industry	Yes	Yes	Yes	Yes
Hansen J statistic	2.468	0.294	2.820	2.054
p−value	0.116	0.588	0.093	0.152
No. of obs.	857	857	857	857
Adj. R^2	0.581	0.372	0.601	0.568

Panel B: 加权关系网络

第 1 阶段回归结果

	Degree_w (5)	Betweenness_w (6)	Eigenvector_w (7)	Composite_w (8)
Distance	−0.049**	−0.039***	−0.001	−0.689***
	(−2.221)	(−2.899)	(−0.598)	(−2.756)

续表

第 1 阶段回归结果			
Degree_w	Betweenness_w	Eigenvector_w	Composite_w
（5）	（6）	（7）	（8）
Local	0.020***	0.005*	0.000	0.170***
network size	（5.369）	（1.889）	（0.458）	（3.473）
Intercept	0.115**	0.065*	−0.003	0.290
	（2.320）	（1.668）	（−0.795）	（0.429）
Year	Yes	Yes	Yes	Yes
Industry	Yes	Yes	Yes	Yes
Kleibergen−Paap statistics	32.159	14.093	0.601	22.200
p−value	0.000	0.000	0.741	0.000
Kleibergen−Paap F−statistic	17.351	7.464	0.282	11.662
No. of obs.	857	857	857	857
Adj. R^2	0.135	0.105	0.135	0.123

第 2 阶段回归结果			
Spread	Spread	Spread	Spread
（5）	（6）	（7）	（8）
Instrumented Degree_w	−2.580*			
	（−1.942）			
Betweenness_w		−7.673**		
		（−2.272）		
Eigenvector_w			−294.952	
			（−0.736）	
Composite_w				−0.308**
				（−2.192）
Bond rating	−0.231***	−0.194***	0.192	−0.209***
	（−7.455）	（−4.705）	（0.323）	（−5.855）
Log（maturity）	−0.580***	−0.517***	−1.144	−0.556***
	（−5.713）	（−3.882）	（−1.420）	（−4.933）
Log（amount）	−0.318***	−0.282***	−0.558	−0.310***
	（−6.542）	（−4.826）	（−1.439）	（−5.945）
Putable	−0.163**	−0.190**	0.843	−0.168**

	第 2 阶段回归结果			
	Spread	Spread	Spread	Spread
	（5）	（6）	（7）	（8）
	（−2.228）	（−2.006）	（0.636）	（−2.099）
ROA	−2.832***	−2.671***	1.002	−2.680***
	（−3.382）	（−2.682）	（0.175）	（−2.960）
MB	0.900***	0.712**	0.540	0.786***
	（3.523）	（2.166）	（0.494）	（2.781）
SOE	−0.802***	−0.845***	−0.256	−0.809***
	（−10.629）	（−10.185）	（−0.297）	（−10.206）
Analysts	−0.001**	−0.000	0.004	−0.001
	（−2.277）	（−0.568）	（0.454）	（−0.949）
Intercept	5.293***	5.456***	6.083**	5.083***
	（12.506）	（11.414）	（2.316）	（15.109）
Year	Yes	Yes	Yes	Yes
Industry	Yes	Yes	Yes	Yes
Hansen J statistic	2.637	0.185	0.028	1.234
p-value	0.104	0.667	0.868	0.267
No. of obs.	857	857	857	857
Adj. R^2	0.580	0.375	−5.497	0.511

6.5.2 倾向得分匹配分析（PSM）

内生性的另一个重要问题是，样本选择偏差可能会影响网络中心度对债券收益率差（Spread）的影响。本研究采用倾向得分匹配法（Propensity Score Matching，PSM）来解决这一问题。选择偏差是一个指标变量，这里添加一个变量 Link_executive 来度量社会关系网络。Link_executive 是一个指标，当公司中至少有一个连锁成员时（TMT_executive），该指标等于 1，其中 TMT_executive 被定义为除公司监事和独立董事外的所有高管成员。这里，将网络成员限制为 TMT_executive，因为他们比非高管成员对公司有更大的影响力。我们通过最近邻匹配（nearest neighbor matching）将每个处理组（Link_executive = 1）与对照组（Link_executive = 0）匹配。然后我们通过几个测试来评估 PSM 匹配的成功程度。最后一步是配对样本中关系网络中心度对公司债券收益率差（Spread）的 OLS 回归。

　　表 6-6 报告了 PSM 结果。Panel A 中提供了匹配前和匹配后样本的 Logit 回归，被解释的变量是 Link_executive。第 2 列显示，匹配后观察中的控制变量不能解释公司是否拥有 Link_executive 的任何变化。在表 6-6 的 Panel B 中，第 2 至 4 列报告了有和没有 Link_executive 的公司之间的匹配前观察的 t 检验结果，第 5 至 7 列报告了匹配后观察的 t 检验结果。本研究发现，在匹配之前有和没有 Link_executive 的公司之间的两组在 Bond rating、Log（amount）、SOE 和 Analysts 方面存在显著差异。然而，在匹配之后，两组观察结果在每个控制变量上没有显著差异。根据 Fang et al.（2014），这些结果表明本研究的 PSM 程序是成功的。表 6-6 的 Panel C 使用匹配后的观察值重新进行回归。除 Eigenvector_w 外，其余中心度变量均显著与债券利率差（Spread）负相关。因此，PSM 的结果支持表 6-4 中的发现。

表 6-6　PSM 方法回归结果

Panel A: 匹配前和匹配后样本的 Logit 回归

	Dependent Variable=Link_executive	
	匹配前	匹配后
Bond rating	0.034***	0.009
	（2.643）	（0.393）
Log（maturity）	0.008	−0.111
	（0.161）	（−1.020）
Log（amount）	0.023*	−0.074
	（1.751）	（−1.605）
Putable	−0.006	0.031
	（−0.161）	（0.450）
ROA	0.204	−0.812
	（0.638）	（−1.254）
MB	−0.063	−0.031
	（−0.611）	（−0.118）
SOE	0.049	0.010
	（1.075）	（0.139）
Analysts	0.000	0.000
	（0.824）	（0.527）
Intercept	0.058	2.441**
	（0.151）	（2.164）
Year and Industry FE	Yes	Yes
No. of obs.	857	338
Pseudo R^2	0.064	0.024

续表

Panel B: 匹配前后观察值的 t 检验结果

	匹配前			匹配后		
	Link_executive=1	Link_executive=0	Difference	Link_executive=1	Link_executive=0	Difference
Spread	2.262	2.724	−0.462***	2.467	2.724	−0.258*
Bond rating	3.483	2.976	0.506***	2.970	2.976	−0.006
Log（maturity）	4.103	4.068	0.035	4.023	4.068	−0.045
Log（amount）	20.701	20.483	0.218***	20.392	20.483	−0.091
Putable	0.644	0.710	−0.066	0.675	0.710	−0.036
ROA	0.037	0.036	0.000	0.037	0.036	0.001
MB	0.580	0.587	−0.007	0.577	0.587	−0.010
SOE	0.557	0.396	0.160***	0.396	0.396	−0.000
Analysts	68.553	53.947	14.606***	52.207	53.947	−1.740

Panel C: 匹配后样本回归结果

	Spread（1）	Spread（2）	Spread（3）	Spread（4）
Degree	−1.562***			
	(−3.236)			
Betweenness		−1.060***		
		(−4.145)		
Log（Eigenvector）			−0.201*	
			(−1.905)	
Composite				−0.090**
				(−2.453)
Intercept	16.001***	15.882***	15.410***	16.227***
	(16.631)	(16.212)	(15.912)	(20.929)
Control variables	Yes	Yes	Yes	Yes
Year	Yes	Yes	Yes	Yes
Industry	Yes	Yes	Yes	Yes
No. of obs.	338	338	338	338
Adj. R^2	0.595	0.592	0.587	0.591

续表

加权关系网络	Spread（5）	Spread（6）	Spread（7）	Spread（8）
Degree_w	−1.510***			
	（−4.562）			
Betweenness_w		−1.706***		
		（−4.730）		
Eigenvector_w			7.284	
			（0.832）	
Composite_w				−0.114***
				（−4.833）
Intercept	16.075***	15.945***	15.478***	16.563***
	（16.070）	（16.650）	（13.474）	（21.719）
Control variables	Yes	Yes	Yes	Yes
Year	Yes	Yes	Yes	Yes
Industry	Yes	Yes	Yes	Yes
No. of obs.	338	338	338	338
Adj. R^2	0.599	0.591	0.582	0.595

6.5.3　解释变量滞后一期

另一种可能缓解由互为因果或反向因果关系（reverse causality）引起的潜在内生性问题的方法是把解释变量滞后一期。如表 6-7 所示，除 Log（Eigenvector）_w 外，其余网络中心度变量均与债券收益率差（Spread）负相关，且具有统计学意义。因此，解释变量滞后一期的结果基本与之前的发现是一致的。

表 6-7　解释变量滞后一期的回归结果

Panel A　未加权关系网络

	Spread（1）	Spread（2）	Spread（3）	Spread（4）
Lag Degree	−0.597*			
	（−1.797）			
Lag betweenness		−0.582***		
		（−3.531）		
Lag Log（Eigenvector）			−0.184***	

续表

Panel A　未加权关系网络

	Spread	Spread	Spread	Spread
	（1）	（2）	（3）	（4）
			（−2.743）	
Lag Composite				−0.048**
				（−2.461）
Bond rating	−0.245***	−0.239***	−0.234***	−0.240***
	（−6.601）	（−6.861）	（−7.083）	（−6.831）
Log（maturity）	−0.584***	−0.571***	−0.588***	−0.581***
	（−4.911）	（−4.879）	（−4.984）	（−5.010）
Log（amount）	−0.312***	−0.310***	−0.302***	−0.308***
	（−10.953）	（−11.142）	（−10.090）	（−10.765）
Putable	−0.133***	−0.131***	−0.140***	−0.134***
	（−2.602）	（−2.678）	（−2.954）	（−2.679）
ROA	−2.901***	−2.866***	−2.921***	−2.877***
	（−3.172）	（−3.052）	（−3.494）	（−3.122）
MB	1.039*	1.059*	1.051*	1.043*
	（1.874）	（1.871）	（1.936）	（1.874）
SOE	−0.851***	−0.864***	−0.856***	−0.857***
	（−6.508）	（−6.335）	（−6.573）	（−6.392）
Analysts	−0.002***	−0.002***	−0.002***	−0.002***
	（−3.593）	（−3.520）	（−4.073）	（−3.678）
Intercept	3.963***	3.825***	4.046***	3.861***
	（16.215）	（13.363）	（17.022）	（13.906）
Year	Yes	Yes	Yes	Yes
Industry	Yes	Yes	Yes	Yes
No. of obs.	857	857	857	857
Adj. R^2	0.628	0.630	0.632	0.629

Panel B　加权关系网络

	Spread	Spread	Spread	Spread
	（5）	（6）	（7）	（8）
Lag Degree_w	−0.561**			
	（−2.288）			
Lag Betweenness_w		−0.743***		
		（−3.992）		
Lag Eigenvector_w			0.130	
			（0.141）	

续表

Panel B 加权关系网络

	Spread	Spread	Spread	Spread
	（5）	（6）	（7）	（8）
Lag Composite_w				-0.046***
				(-2.937)
Bond rating	-0.243***	-0.240***	-0.246***	-0.241***
	(-6.593)	(-6.643)	(-6.276)	(-6.718)
Log（maturity）	-0.587***	-0.572***	-0.576***	-0.579***
	(-4.922)	(-4.824)	(-4.713)	(-4.921)
Log（amount）	-0.313***	-0.311***	-0.316***	-0.312***
	(-10.977)	(-11.171)	(-11.279)	(-11.011)
Putable	-0.132***	-0.128**	-0.128**	-0.129***
	(-2.648)	(-2.532)	(-2.455)	(-2.588)
ROA	-2.926***	-2.850***	-2.931***	-2.864***
	(-3.136)	(-3.039)	(-3.206)	(-3.040)
MB	1.041*	1.057*	1.074*	1.046*
	(1.852)	(1.863)	(1.876)	(1.851)
SOE	-0.847***	-0.863***	-0.864***	-0.854***
	(-6.402)	(-6.365)	(-6.546)	(-6.343)
Analysts	-0.002***	-0.002***	-0.002***	-0.002***
	(-3.523)	(-3.552)	(-3.530)	(-3.469)
Intercept	5.547***	5.462***	5.435***	5.426***
	(18.864)	(18.166)	(18.143)	(17.205)
Year	Yes	Yes	Yes	Yes
Industry	Yes	Yes	Yes	Yes
No. of obs.	857	857	857	857
Adj. R^2	0.629	0.628	0.626	0.628

6.5.4 替代变量的稳健性检验

（1）因变量的替代变量

对于在一年内发行多个公司债券的公司，本研究使用加权观察值而不是整体观察值作为稳健性检验。参考 Anderson et al.（2004），以债券发行为权重，计算一个会计年度的加权平均利差。经过加权计算后，观测值从原来的 857 下降到 688。表 6-8 为加权样本回归结果。①如表所示，所有的中心度变量都与加权收益率差负相关，与前面主回归的结果一致。

表 6-8　因变量替换为加权的债权收益率差的回归结果

	Spread (1)	Spread (2)	Spread (3)	Spread (4)
Degree	-0.442*			
	(-1.855)			
Betweenness		-0.309**		
		(-2.152)		
Log（Eigenvector）			-0.117**	
			(-2.348)	
Composite				-0.031**
				(-2.240)
Bond rating	-0.223***	-0.220***	-0.219***	-0.220***
	(-5.874)	(-5.862)	(-5.983)	(-5.891)
Log（maturity）	-0.534***	-0.531***	-0.530***	-0.533***
	(-3.689)	(-3.730)	(-3.652)	(-3.730)
Log（amount）	-0.352***	-0.351***	-0.346***	-0.350***
	(-8.533)	(-8.928)	(-8.131)	(-8.668)
Putable	-0.100**	-0.096*	-0.105**	-0.100**
	(-1.973)	(-1.918)	(-2.137)	(-1.986)
ROA	-3.098***	-3.115***	-3.062***	-3.096***
	(-3.694)	(-3.695)	(-3.950)	(-3.739)
MB	0.984**	0.994**	0.998**	0.988**
	(2.133)	(2.126)	(2.175)	(2.140)
SOE	-0.797***	-0.803***	-0.801***	-0.800***
	(-5.860)	(-5.829)	(-5.999)	(-5.860)
Analysts	-0.002***	-0.002***	-0.002***	-0.002***
	(-2.731)	(-2.704)	(-2.835)	(-2.759)
Intercept	11.583***	11.511***	11.476***	11.483***
	(15.221)	(15.740)	(14.941)	(15.495)
Year	Yes	Yes	Yes	Yes
Industry	Yes	Yes	Yes	Yes
No. of obs.	688	688	688	688
Adj. R^2	0.599	0.599	0.601	0.599

① 为了节约篇幅，本书只呈现未加权的关系网络中心度回归结果，下同。

（2）解释变量的替换

解释变量的替换，本书主要考虑了三种不同类型的关系网络，分别是政治关系网络、金融关系网络，以及不同高管团队成员构成的关系网络。

首先，为了解决资金有限的问题，企业需要获得外部资源。政府在经济资源配置中占有重要地位，具有政治背景的成员比没有政治背景的成员具有更大的资源优势和信息优势。因此，企业建立政治关系是很有价值的。以前的文献中，企业的政治关系是直接的政治关系，经常被定义为是否有高管曾经在政府部门工作，或定义为公司拥有的政治背景高管的数量。实际上，企业也从间接的社会关系中受益（Horton et al., 2012）。所以，本书在以往文献直接的政治关系度量基础上，采用社会网络分析的方法，以具有县处级以上任职经历的高管为节点，构建政治关系网络，进一步考察政治关系网络的中心度对企业债务资本成本的影响。①

表 6-9 报告了政治关系网络中心度与债务资本成本的回归结果。结果表明，政治关系中心度越高企业债务资本成本越低，与之前政治关联影响效应的文献一致。

表 6-9　政治关系网络中心度与债务资本成本回归结果

	Spread （1）	Spread （2）	Spread （3）	Spread （4）
Degree	-0.706^{***}			
	(-3.310)			
Betweenness		-0.627^{*}		
		(-1.734)		
Log（Eigenvector）			-0.022	
			(-0.286)	
Composite				-0.031^{**}
				(-2.068)
Bond rating	-0.245^{***}	-0.239^{***}	-0.246^{***}	-0.241^{***}
	(-6.556)	(-6.454)	(-6.446)	(-6.461)
Log（maturity）	-0.577^{***}	-0.580^{***}	-0.574^{***}	-0.582^{***}
	(-4.726)	(-5.031)	(-4.680)	(-4.823)
Log（amount）	-0.315^{***}	-0.312^{***}	-0.314^{***}	-0.313^{***}
	(-11.006)	(-10.863)	(-11.502)	(-11.033)

---

① 考虑到只有一定的行政级别才有掌握和分配资源的权力，根据 Qi et al.（2010）的做法，本书将在政府部门任县处级以上职位定义为有政治关联。

	Spread （1）	Spread （2）	Spread （3）	Spread （4）
Putable	−0.128**	−0.121**	−0.129**	−0.121**
	(−2.447)	(−2.306)	(−2.481)	(−2.399)
ROA	−2.879***	−2.918***	−2.910***	−2.892***
	(−3.115)	(−3.112)	(−3.082)	(−3.121)
Market−book ratio	1.073*	1.066*	1.072*	1.068*
	(1.900)	(1.904)	(1.903)	(1.920)
SOE	−0.858***	−0.857***	−0.864***	−0.856***
	(−6.287)	(−6.402)	(−6.596)	(−6.570)
Analysts	−0.002***	−0.002***	−0.002***	−0.002***
	(−3.590)	(−3.522)	(−3.467)	(−3.632)
Intercept	12.810***	12.658***	12.640***	12.686***
	(15.195)	(15.336)	(15.175)	(15.256)
Year	Yes	Yes	Yes	Yes
Industry	Yes	Yes	Yes	Yes
Observations	857	857	857	857
Adjusted R^2	0.627	0.628	0.626	0.628

其次，除了政治关系外，金融关系也有助于缓解企业的融资约束，增加融资便利，降低资金成本。先前的文献表明，与银行的关系可以降低企业的债务成本（Engelberg et al., 2012）。本书将金融联系定义为目前或以前在金融机构（例如，银行、证券、信托或共同基金）工作的高管成员建立的联系。与上述政治关系类似，以具有金融机构任职经历的高管为节点，构建金融关系网络，进一步考察金融关系网络的中心度对企业债务资本成本的影响。

表 6-10 报告了金融关系网络中心度与债务资本成本的回归结果。结果表明，金融关系网络中心度越高，企业债务资本成本越低，研究结果与 Engelberg et al.（2012）一致，与金融机构的关系可以降低企业的债务成本。

表 6-10 金融关系网络中心度与债务资本成本回归结果

	Spread (1)	Spread (2)	Spread (3)	Spread (4)
Degree	−0.675			
	(−1.527)			
Betweenness		−0.757**		
		(−2.404)		
Log（Eigenvector）			−0.119**	
			(−2.292)	
Composite				−0.035*
				(−1.901)
Bond rating	−0.243***	−0.241***	−0.242***	−0.242***
	(−6.884)	(−6.647)	(−6.817)	(−6.859)
Log（maturity）	−0.578***	−0.579***	−0.574***	−0.580***
	(−4.602)	(−4.770)	(−4.754)	(−4.689)
Log（amount）	−0.312***	−0.311***	−0.303***	−0.309***
	(−10.910)	(−11.273)	(−10.720)	(−10.835)
Putable	−0.133**	−0.120**	−0.129***	−0.128**
	(−2.532)	(−2.411)	(−2.595)	(−2.514)
ROA	−2.914***	−2.862***	−2.849***	−2.875***
	(−3.106)	(−2.963)	(−3.213)	(−3.065)
Market−book ratio	1.063*	1.072*	1.094*	1.074*
	(1.849)	(1.887)	(1.900)	(1.873)
SOE	−0.870***	−0.867***	−0.868***	−0.869***
	(−6.426)	(−6.441)	(−6.534)	(−6.426)
Analysts	−0.002***	−0.002***	−0.002***	−0.002***
	(−3.609)	(−3.590)	(−3.656)	(−3.681)
Intercept	12.686***	12.604***	12.450***	12.589***
	(16.012)	(16.075)	(15.913)	(15.896)
Year	Yes	Yes	Yes	Yes
Industry	Yes	Yes	Yes	Yes
Observations	857	857	857	857
Adjusted R^2	0.627	0.627	0.629	0.627

最后，我们考察了不同类型高管成员关系网络中心度对债务资本成本的影响。Chuuluun et al.（2014）发现董事成员连锁（board interlock）与债券收益率差负相关。El-Khatib et al.（2015）发现，社会关系网络中

心度高的 CEO 对并购结果有显著影响。Fogel et al.（2018）发现，当 CFO 拥有较高的社会资本时，企业的贷款利差较低，贷款契约较宽松。为了研究不同高管关系网络中心度的哪一部分导致了债券收益率息差的缩小，我们分别考察了董事网络中心度、CEO 网络中心度和 CFO 网络中心度，并进行了一系列回归分析。①

表 6-11 报告了不同高管成员关系网络中心度与债务资本成本回归结果。表 6-11 的 Panel A 中，董事关系网络中心度对债券利差有显著的负向影响。在 Panel B 中，除了程度中心度（Degree centrality），CEO 关系网络中心度对债务资本成本的影响不显著。在 Panel C 中，除了中介中心度，CFO 关系网络的中心度与债券利差显著负相关。这些结果表明，董事会和 CFO 关系网络中心度显著地缩小了债券收益率差，CEO 关系网络中心度的贡献相对较小。同样，Fogel et al.（2018）发现 CEO 中心性对降低贷款利差没有显著影响。一个可能的原因是，处于社会关系网络优势地位的 CEO 可能会削弱公司治理（El-Khatib et al., 2015），这是债券利差的一个负面关键决定因素。总的来说，不同高管成员关系网络中心度与债务资本成本负相关的结果大多是成立的（12 列中有 8 列是显著负相关的）。

表 6-11　不同高管成员关系网络中心度与债务资本成本回归结果

Panel A: Board members' network

	Spread （1）	Spread （2）	Spread （3）	Spread （4）
Degree	−0.013*			
	(−1.752)			
Betweenness		−0.000***		
		(−4.077)		
Log（Eigenvector）			−0.081*	
			(−1.677)	
Composite				−0.032***
				(−2.912)
Control variables	Yes	Yes	Yes	Yes
Observations	857	857	857	857
Adjusted R^2	0.627	0.627	0.627	0.628

① 本书在回归中添加了所有控制变量，但为了简洁起见，有时候会省略这些结果。下同。

续表

Panel B: CEOs' network

	Spread （1）	Spread （2）	Spread （3）	Spread （4）
Degree	−0.062** （−2.022）			
Betweenness		−0.002 （−0.295）		
Log（Eigenvector）			0.142 （0.168）	
Composite				−0.021 （−1.173）
Control variables	Yes	Yes	Yes	Yes
Observations	857	857	857	857
Adjusted R^2	0.627	0.626	0.626	0.626

Panel C: CFOs' networks

	Spread （1）	Spread （2）	Spread （3）	Spread （4）
Degree	−0.186*** （−7.865）			
Betweenness		−0.201 （−0.899）		
Log（Eigenvector）			−5.059*** （−6.806）	
Composite				−0.034*** （−2.984）
Control variables	Yes	Yes	Yes	Yes
Observations	857	857	857	857
Adjusted R^2	0.629	0.626	0.627	0.628

6.6　进一步分析

6.6.1　调节效应分析

在市场化水平较高的地区，关系网络的中心度可以使企业获得更多的优惠信贷准入。社会网络的建立是市场的主动行为，债务成本也是市场交易的结果。市场化程度越高，社会关系网络对债务成本的影响越大。关系网络的规范和处罚制度的建立，应当以合同是否存在可靠的市场环境为依据。当企业所在地区的市场化程度越高，利益相关者之间就会有一个可信的签订和执行合同的环境。在这种情况下，基于社会关系网络的定价行为具有更高的市场化程度，这有利于充分发挥关系网络的优势。

此外，本研究的主要结果表明，社会网络关系可以促进信息流动，建立信任，并可以促进关键资源的获取，关系网络中心度与债券收益率差（Spread）负相关，对此最直观的解释是社会关系网络改善了信息流。笔者预期关系网络中心度对债券利差的影响在透明度较高的公司中更为明显。本书以分析师跟踪人数作为外部信息环境的代理变量，探讨关系网络中心度与债券收益率差之间的关系是否受信息环境的影响。

为此，在回归分析中加入了社会网络中心度变量与市场化指标（MktIndex）的交互项，以及社会网络中心度变量与分析师跟踪（Analysts）的交互项。为了减少变量之间的多重共线性，参考 Guler & Guillen（2010），本书使用均值调整的 MktIndex 和 Analysts。从表 6-12 第 1-8 列可以看出，市场化指数的交互项系数和分析师跟踪的交互项系数大部分显著为负，说明公司外部市场化指数越高，信息透明度越高分析师跟随越多，债券利差越低，越能享受关系网络优势地位带来的好处。这一结果表明，社会资本所代表的非正式制度安排与国家层面的制度环境是互补的。

表 6-12　社会关系网络中心度与外部治理环境对债务资本成本的交互影响

Panel A：社会关系网络中心度与外部市场环境的交互影响

	Spread （1）	Spread （2）	Spread （3）	Spread （4）
Degree	−0.374*			
	(−1.749)			
Degree×MktIndex	−0.294***			
	(−3.526)			
Betweenness		−0.197**		
		(−2.125)		
Betweenness×MktIndex		−0.201**		
		(−1.975)		
Log（Eigenvector）			−0.144*	
			(−1.834)	
Log（Eigenvector） ×MktIndex			−0.008	

续表

Panel A：社会关系网络中心度与外部市场环境的交互影响

	Spread (1)	Spread (2)	Spread (3)	Spread (4)
			(−0.248)	
Composite				−0.027*
				(−1.960)
Composite×MktIndex				−0.015*
				(−1.692)
MktIndex	−0.056*	−0.058*	−0.049*	−0.056*
	(−1.846)	(−1.857)	(−1.697)	(−1.862)
Control variables	Yes	Yes	Yes	Yes
No. of obs.	857	857	857	857
Adj. R^2	0.627	0.627	0.629	0.627

Panel B：社会关系网络中心度与外部信息环境质量的交互影响

	Spread (1)	Spread (2)	Spread (3)	Spread (4)
Degree	−0.464**			
	(−2.074)			
Degree×Analysts	−0.006***			
	(−3.010)			
Betweenness		−0.268***		
		(−2.748)		
Betweenness×Analysts		−0.006***		
		(−5.403)		
Log（Eigenvector）			−0.157**	
			(−2.386)	
Log（Eigenvecto）×Analysts			−0.000	
			(−0.236)	
Composite				−0.032***
				(−2.832)
Composite×Analysts				−0.000***
				(−3.237)
Analysts	−0.002***	−0.002***	−0.002***	−0.002***
	(−2.622)	(−2.712)	(−2.766)	(−2.745)
Control variables	Yes	Yes	Yes	Yes
No. of obs.	857	857	857	857
Adj. R^2	0.628	0.628	0.630	0.628

6.6.2　渠道机制分析

前文实证结果支持社会关系网络中心度与债券收益率差（Spread）负相关的假设。在本节中，将检验社会关系网络中心度通过什么渠道机制发挥作用。

首先，信息的渠道机制。Chuuluun et al.（2014）认为董事关系资本包括声誉、合法性和认可度。连锁董事可能会引起更多的媒体关注，从而使公司受益。媒体报道作为信息中介，加速了信息在市场参与者之间的传播，减少了信息摩擦，从而影响了公司债券的发行定价。媒体关注数据来自百度新闻指数，本书使用百度搜索查找标题中包含该公司股票名称的新闻，然后计算每年相应的新闻报道数量。

其次，信任的渠道机制。社会关系网络提高了公司的业绩，这有利于他们的债券评级。Engelberg et al.（2012）实证结果表明，关系网络可以改善企业未来的信用评级。Skousen et al.（2018）发现 CEO 网络中心度有助于获得更高的债券评级。在本研究中，假设社会网络中心度与债券信用评级正相关。由于评级机构可以确定更多关于公司的信息，信用评级总被认为是信用风险的代理，债券评级越高，债券持有人要求的收益率越低。

表 6-13 报告了社会关系网络影响债券息差的渠道机制。为了简洁起见，只报告主要变量的结果。结果表明，社会关系网络中心度与媒体报道和债券信用评级正相关，并且在回归模型中加入中介因子后，社会关系网络中心度综合指标（Composite）的系数变小。以 Panel B 为例，第 1 列的被解释变量为债券评级（Bond rating），第 2 至 3 列的被解释变量为债券息差（Spread）。如第 1 列所示，社会关系网络中心度综合指标（Composite）与债券信用评级（Bond rating）正相关。第 2 列显示，社会关系网络中心度综合指标（Composite）系数为-0.044（p 值<0.05）。第 3 列，Composite 的系数为-0.033（p 值<0.01）比第 2 列小，说明满足渠道检验的条件。总体而言，研究结果表明，媒体报道和债券信用评级确实在社会关系网络中心度对债务成本的影响中发挥了渠道机制的作用。社会关系网络中心度高的企业吸引了更多的媒体关注，增加了信息流动，同时也赢得了信用评级机构的更多信任，债权人感受到社会关系网络中心度高的企业信息风险较低、更加值得信赖，因此要求较低的债券收益率，也就是公司享受到了更低的债务资本成本。

表 6-13　社会关系网络影响债券息差的渠道机制

Panel A: 信息渠道

	Coverage	Spread	Spread
	（1）	（2）	（3）
Composite	0.032*	−0.033***	−0.032***
	（1.857）	（−2.717）	（−3.140）
Coverage			−0.011
			（−0.710）
Control variables	Yes	Yes	Yes
Observations	838	857	838
Adj. R²	0.431	0.627	0.634

Panel B: 信任渠道

	Bond rating	Spread	Spread
	（1）	（2）	（3）
Composite	0.099***	−0.044**	−0.033***
	（3.333）	（−2.169）	（−2.717）
Bond rating			−0.243***
			（−6.657）
Control variables	Yes	Yes	Yes
Observations	857	875	857
PseudoR²/Adj.R²	0.196	0.596	0.627

6.7　本章小结

　　债券投资者在将借款人风险计入债券定价方面比银行更敏感，因为债券投资者在债券发行后重新谈判合同的灵活性降低了。相应地，如果债券投资者认为社会关系资本约束了债务契约中的道德风险，或者他们更加信任高社会资本的公司，那么他们在向位于社会关系网络中心度较高的公司提供资金时，就会要求相对较低的报酬率。

　　在公司治理机制较差并且投资者保护水平较低的国家中，企业倾向于依靠个人关系履行合同（Allen et al., 2005），银行在进行贷款决策时更看重关系而不是企业绩效水平（Malesky & Taussig, 2009）。在中国的制度背景下，社会关系网络是企业声誉的一种替代机制。本研究结合中国制度背景，理论推演社会关系网络、外部治理环境与公司债务资本成本之间的关系，提出相关的研究假设。接着，在控制相关变量下，采用中国非金融上市公司数据，实证检验社会关系网络如何影响公司债务资本成本，以及这种关系是否受外部治理水平的影响。研究发现，社会关系网络确实影响公司债务资本成本，并且这种关系受外部治理水平的影响。具体而言：（1）社会关系网络与债务资本成本显著负相关，社会关系网络中心度高的公司债务资本成本更低，说明债权人认为社会关系网络中处于优势位置的公司其偿债能力更好，更能克服制度的约束，可以降低债务的风险，所以要求了较低的风险溢价。（2）社会关系网络的这种效应受公司外部治理环境的影响，公司外部市场化指数越高，信息透明度越高（分析师跟随越多），债券利差越低，越能享受关系网络带来的好处。社会资本所代表的非正式制度安排与国家层面的制度环境是互补的。

虽然本研究的结论倾向于支持社会关系网络是有价值的，债权人给在社会关系网络中处于优势地位的企业以优惠的借款利率。但是，权力的有序开放、经济资源的公平竞争对于一个国家经济社会的长远发展是非常重要的。在目前中国的市场化进程中，权力的寻租效应存在，而且这种效应会影响信贷资源的分配效率。我们需要再进一步进行改革以面对和解决这样的问题，规范市场经济的运行机制，优化竞争机制，完善约束机制，降低非正式制度大行其道，使市场机制更好地引导资源配置，为市场主体在更加市场化的条件下获得金融资源提供有利的环境。

第7章 关系网络、公司治理与契约条款

7.1 引言

大多数债务合同除了价格条款（债务资本成本）之外，还会施加限制性契约条款（非价格条款）。例如，如果净营运资本低于指定水平或利息覆盖率过低，公司可能不被允许发行新债。通用契约条件基于公司净值、营运资本、杠杆、利息覆盖和现金流，限制发行债券和支付股息，或在特定条件具有约束力的情况下施加条件加快债务偿还。契约条款在缓解债务契约中的信息不对称和代理问题方面发挥着重要作用。然而，更多和更严格的契约条款对于借款公司来说，代价可能是高昂的，因为违反这些契约会引发负面的股票市场反应，以及重大的再融资和重组成本。

债务契约是强加给借款人的条件，当贷款人面临高水平的信息不对称风险和代理成本时，它们可以充当保护债权人利益的重要手段和机制。人们普遍认为，这样的契约是为了保护债券持有人，以免财富从债券持有人转移到股东手上。以往的实证研究普遍表明，限制性契约条款的强度和密度与信息或代理风险水平呈正相关。更好的信息披露和更高的信任水平可以减轻信息风险并缓解潜在的代理冲突，导致债务契约的限制性条款减少。此外，之前的研究发现，公司层面的治理机制、董事会监督、政府监管、分析师覆盖率与契约强度或紧密性呈负相关。

类似于公司治理机制可以降低限制性契约条款强度和密度，社会关系资本可能具有同样的效果。事实上，社会关系网络可以降低信息不对称程度、提高信任水平，当债务合同双方的信任程度较高时，合同契约条款的细节就会较少。因此，在第6章分析社会关系网络与债务资本成本之间关系的基础上，本章将从债权人的角度进一步探究社会关系网络对契约条款的影响。

　　具体来说，社会关系网络对企业来说是一项重要的无形资产。许多研究表明，社会关系网络为公司带来各种好处，可以促进互相学习，增进协调效应，促进信息交流，以及最小化代理成本。根据资源依赖理论，公司可以从连锁董事的任命中受益，可以帮助他们改善所任职的董事会之间的信息流动。外部资源是决定企业绩效的关键因素，连锁董事为公司提供了与外部世界沟通的渠道。社会关系网络创造社会资本，嵌入在社会关系网络中的个体可以利用他们的个人联系，以信息、信任和社会关系网络中固有的互惠规范获取嵌入在关系网络中的资源（Woolcock，1998）。这一观点也与 Burt（1992）和 Lin（1999）提出的社会资本理论相一致，认为社会互动可以为企业带来有价值的资源。在这些社会资本理论的基础上，出现了社会资本影响信息环境质量的三种不同渠道，包括信息流、信任和声誉资本。

　　人们普遍认为社会关系对经济增长和契约执行至关重要。然而，社会关系是否会影响实际的债务契约，仍然是一个开放的实证问题。一方面，社会关系有利于信息流动，可以增加互信，可以便利企业获得发展所需的关键资源。El-Khatib et al.（2015）研究了 CEO 关系网络中心度对企业并购绩效的影响。研究表明，较高的关系网络中心度可以让 CEO 有效地收集和控制私人信息，促进价值创造的收购决策。Gaspar & Massa（2011）研究发现，若企业集团的部门经理与 CEO 有其他社会关联，那么该部门将会获得更多投资，并对现金流短缺表现出较低的敏感性。同时在公司层面上，让更多拥有这种关联的经理人来管理，可以改善资源配置，提高公司价值，CEO 和部门经理的相互信任能提高企业集团跨部门资源重新配置的效率。类似地，Duchin & Sosyura（2013）研究表明，与 CEO 有社会关系的部门经理会得到更多的资源，在信息不对称的情况下，这种关联能促进信息传递从而提高投资效率和企业价值。Faleye et al.（2014）研究表明，CEO 的人脉广，社会关系联系性强，那么该公司会在研发方面投入更多，并获得更多和更高质量的专利。首先，人际关系增加了 CEO 获取相关信息的机会，这有助于识别、评估和开发创新想法，从而鼓励创新。其次，人际关系为 CEO 提供了劳动力市场保险，通过减少投资中固有的职业顾虑，促进对风险创新的投资。总之，社会关系联系性强的 CEO 能促使企业加大对创新的投资。

　　另一方面，社会关系也有可能增加代理成本，抑制治理效应的发挥。El-Khatib et al.（2015）研究发现，处于社会关系网络优势地位的CEO 能够避开公司控制和高管劳动力市场的约束，而内部治理对 CEO 行为的约束作用十分有限。企业的决策可能会受到 CEO 社会地位的影响，社会关系网络中心度高的 CEO 会利用他们的权力和影响力来加强在企业的地位并获得私人利益。Cheung et al.（2013）研究表明，董事会和控股股东的密切关联会对公司治理实践产生负面影响，并使得市场低估公司的价值。

对于社会关系网络如何影响上市公司债务契约的非价格条款，我们仍然知之甚少。在本章中，通过考察社会关系网络对债务契约非价格条款的影响，来探讨社会关系网络对债务契约的影响。更具体地说，本章考察了社会关系网络中心度和结构洞对债务契约是否要求抵押，以及限制性条款密度的影响。

7.2　理论分析与研究假设

契约理论认为，债务契约在降低企业利益相关者之间的代理成本方面发挥着至关重要的作用。一方面，纳入契约可能会减少经理人投资、派息或发行额外债务的机会主义行为。另一方面，它可以通过提高债务能力或降低债务成本来增加企业价值。因此，公司不同利益相关者的成本和收益会影响限制性契约条款的数量。投资者保护或更广泛的法律执行，可能是契约可信度的主要来源之一（Guiso et al., 2009）。而当发行人所在地的法律执行薄弱时，债券发行人和投资者可以使用复杂的合同来替代债权人保护。机会主义和自私自利的公司决策，有可能以牺牲债权人的利益为代价使股东受益，这些交易包括过度投资、债权稀释，以及为避免违反契约而操纵会计。由于交易是由个人进行的，人们必须将道德风险的根源追溯到个人决策者，社会关系可能会通过改变决策者对债务人实施机会主义行为的感知成本和收益来影响债务契约。社会关系网络促进了信息的获取，构成了奖励和惩罚的来源，促进了个人之间的信任，并努力维护在社会关系网络中的声誉资本。我们认为，社会关系网络影响债券契约限制性条款主要有三种渠道，包括信息流、信任和声誉资本。

第一，社会关系网络带来的信息优势。社会关系互动成为信息流动的重要润滑剂，减轻信息或代理风险，可以作为债务契约限制性条款的替代品。信息可以在社会关系网络中更好地流动，减少债权人面临的信息不对称风险和代理成本，从而降低对更多严格的限制性条款的依赖。有证据表明，银行同时使用贷款利率和非价格条款来降低借款人风险。Hasan et al.（2014）发现了确凿的证据，证明银行在向风险敞口更大的公司放贷时，会施加更严格的抵押品和契约要求。由于分散的债券持有人面临比银行更高昂的重新谈判成本，因此，债券持有人有更大的动机使用更严格的合同条款。

基于图论（graph theory, Proctor & Loomis, 1951; Sabidussi, 1966），网络是由一组单元（节点）和它们之间的连接（关系）建立起来的。单元通常是不平等的，因此它在社会关系中制造了网络等级社会。连接关系是信息和知识交换的渠道，在社会关系网络中，现存的关系会加强，新的关系会诞生。早期的研究认为，在社会网络中心地位更高的个人，能够更好地获得并且加工重要信息，能够用较低的成本并更容易获得私人信息，从而产生积极的结果。举例而言，Engelberg et al.（2012）发现，CEO 与银行高管有非正式的社会关系，那么该公司的贷款利率会比较低，而且限制条款会较少。Cohen et al.（2010）发现，当卖方分析师与高管或董事会成员有更好的关系，可以获得更多更准确的信息，那么他提出的股票建议就更为准确。社会资本的价值特别集中于社会关系网络中获得关键信息交换的机会。因此，网络关系中心度更高的企业比拥有网络中心度较低的企业具有更大的信息优势。在网络中的相对位置对企业获得更准确和及时的信息的能力起着至关重要的作用。自社会关系网络分析发展以来，社会关系网络一直以公司间社会资本的差异来衡量。因此，本研究使用了网络研究中广泛使用的两种衡量标准，包括反映信息量的中心性（Centrality）和信息多样性的结构洞（structural holes）。

第二，社会关系网络带来的信任机制。经济学家早就认识到，社会资本的一个关键组成部分，即信任水平，是社会经济成功的关键。社会关系网络增进了信任，而信任水平与契约复杂程度之间存在替代效应。也就是说，信任水平越高，契约的限制性条款就会越少。社会关系网络由两个要素组成，即行动者和关系，预示着合作规范的强度和关联网络密度所产生的效应。创造行动者之间关系的社会背景是信任。信任是一种嵌入的二元关系，镶嵌其中的两个人之间的关系，其周围都是各种相互关联的关系，两个人之间的关系是他们互动交流的集体结果。社会互动关系中两个人之间的信任往往涉及第三方，调节了两个人之间的信任关系，间接联系也存在信任的第三方效应。这一直观的理念可用于连锁董事促进其所在董事会之间的互动和信任感的产生。更具体地说，作为第三方的连锁董事扮演联结者的角色，将公司连接在一起，并为相关双方创造信任关系和竞争优势。

信任作为契约双方之间的一种更便宜且有效的方法，可以防止契约双方投机取巧。由于合作产生可信度，可信度产生信任，债权人可以认为企业更值得信赖，并对那些位于社会关系网络中心度较高的企业给予更大的信任。通过这种方式，社会关系资本可以产生伴随的信赖关系，即债权人在向位于社会关系网络中心度较高的公司提供资金时，要求较低的利差和较少的限制性条款。当合同的可执行性既耗时又昂贵时，信任水平显得尤为重要，因为通过法律系统执行契约成本太高。因此，人们会认为，当信任水平较高时，债务契约的限制性条款就会较少。反之，当契约双方之间的信任水平较低时，就会要求更多的契约限制性条款，尤其是法律制度质量较差的地区。

第三，社会关系网络带来的声誉机制。拥有良好关系的公司也有更高的社会资本和声誉资本，有更强的动机来保护其社会和声誉资本。一方面，拥有较高的关系网络中心度可以提高公司在社会上的声誉，因为其与关键利益相关者（如投资者、监管机构等）有着密切的网络关系。另一方面，中心度较高的企业在关系网络中相对于其他人的中心地位，提高了公司适应和回应利益相关者需求的能力和有效性。社会关系网络居于中心位置的个体不太可能轻易作出机会主义的、有损社会资本和社会声誉的行为。这是因为机会主义行为与合作规范相关的价值观相矛盾，而社会关系网络加强了外部社会制裁，如社会网络排斥和污名化，并加剧了机会主义行为的消极影响，如内疚和羞耻。此外，在社会资本水平较高的关系网络中，机会主义行为的实施者可能会遭受严重的先天不适，即使实际的行为未被观察到。这是因为个人非常需要在社会关系网络中保持一个道德的自我，而机会主义行为突出了一个人的道德自我和实际行为之间的差异。如果债权人认为社会关系网络提供了环境压力，限制了债务契约中的道德风险，笔者预计债权人在向位于社会关系网络中心度高的公司提供债务资本时，要求较低的贷款利差，也会减少债务契约的限制性条款。在某种意义上，社会关系互动规范的道德约束机制与债务契约的限制性条款具有替代作用。因此，本研究推测，社会资本通过增加决策者对债券持有人实施机会主义行为的感知边际成本来影响债务契约，这反过来又激励决策者以合作的方式行事，从而减少债券持有人面临的道德风险，特别是债券持有人在契约执行中面临的道德风险。也就是说，社会关系网络中心度越高越有可能在社会互动的规范中约束自己，以保护自己的声誉资本，并保持其在网络中的中心地位。那么，债权人就可以较少依赖债券契约设置过多的限制性条款。

　　基于先前的研究，社会关系网络中心度高的公司相比中心度较低的公司而言，其在社会关系网络中有更多的益处。特别是，社会关系网络中心度较高的公司拥有更多的途径来获取公司与同行的珍贵信息。这些宝贵的信息能帮助公司作出更好的决策，从而提高股东价值和公司业绩。Larcker et al.（2013）发现，公司的董事会成员社交能力越好，未来会获得更高的股票回报，其经营业绩会更好。El-Khatib et al.（2017）发现，当人脉广泛的高管购买（出售）公司的股票时，能获得显著为正的异常回报。从社会资本的角度来看，Tsai & Ghoshal（1998）发现，高水平的社会关系（纽带）会产生更多的社会资本，这会带来更多的利益，促进公司绩效的提高。

　　一方面，早期的研究（e.g., Larcker et al., 2013）实证分析了债券评级的一个重要决定因素，即高管关系网络中心度与公司价值、经营业绩之间的积极关系。此外，Tsai & Ghoshal（1998）根据调查的数据，认为社会资本（主要来源于社会关系）能够增加公司创造价值的能力。另外，关系网络中心度越高的公司，其声誉成本越高，进行造假和债务违约的可能是比较小的（Burt, 1997）。一般来说，如果关系网络中心度较高的公司对他们的公司经营产生积极的影响，那么拥有较高社会关系网络中心度的公司就会得到债券评级机构更高的评级。总之，如果债权人认为社会关系资本约束了债务契约中的道德风险，或者债权人认为位于社会关系网络中心度较高的公司更值得信赖，给予这些公司更大的信任，那么人们就会期望债权人在向位于社会关系网络中心度较高的公司提供资本时，较少施加严格的非价格条款。

　　另一方面，先前的研究认为人脉广泛的管理层和董事会成员，也有可能会对公司产生消极的结果，比如干涉和削弱公司治理效率，产生财务不当行为，甚至滥用他们的社会影响力。Hwang & Kim（2009）发现，CEO 与董事会成员有社会关系，CEO 就会获得更高的薪酬，并且业绩敏感性更低。Fracassi & Tate（2012）发现，CEO 与董事的关系越多，就会有更多的低价值收购，这表明人脉宽广的 CEO 会削弱董事会监督机制和公司内部控制。同样，El-Khatib et al.（2015）发现，人脉宽广的 CEO 会进行更多的低价值收购活动，这些 CEO 滥用了他们的社会影响力。Cai et al.（2014）和 Chiu et al.（2013）认为，社会关系网络还有传染效应，不道德的会计操作（比如更多的盈余管理和避税活动）会在关系网络中扩散开来。

　　概括说来，债券持有人认为社会关系资本提供了环境压力，限制了债务契约中的机会主义行为，增加了信息透明度，增加了信任水平，对债务契约的限制性条款具有"替代效应"。与此同时，社会关系网络也有可能增加代理成本，债权人感受到可能存在潜在的风险，因此会对债券契约增加限制性条款。通过增加这些限制性条款，债券持有人可以更好地控制债务人的行为，降低债券违约的风险。因此，关于社会关系网络中心度会对债务契约的限制性条款产生怎样的影响，需要进一步的实证检验。我们提出如下两个相互竞争的备择假设：

H1a　其他条件相同，社会关系网络中心度（结构洞）与债务契约的限制性条款负相关。

H1b　其他条件相同，社会关系网络中心度（结构洞）与债务契约的限制性条款正相关。

7.3　样本选择与研究变量

7.3.1　数据来源与样本选择

鉴于关系网络的递延性与连通性，本章追溯了 1990 年以来，A 股所有上市公司高管建立的社会关系网络。上市公司高管任职信息、工作经历及教育背景来源于中诚信与 CSMAR 的人物数据库①。为对上述纯文本数据进行清洗，借鉴网络爬虫中文本相似度、关键词词库与结巴分词等思想，将高管任职信息等质性的文字描述转化为量化的数值。针对高管重名情况，借鉴情报学中的内容分析法（Content Analysis），翻阅对应上市公司年度财务报告中的高管个人简介核实高管性别、年龄、经历等信息，区分是否为同一人，并对所有高管重新编码。同时借助新浪财经、雪球网、天眼查等网站以及公司财务报告进行交叉比对，最终得到沪深交易所 A 股上市的 3123 家公司，合计 7 万多名高管的 10.9 万条上市公司任职经历、4.9 万条毕业院校信息与 3000 多条政府机构工作履历。

由于本章聚焦于社会关系网络对公司债券契约的影响，以在沪深证交所债券市场有发行公司债行为的上市公司为样本，公司债券数据来源于 Wind 金融数据库，并对初始样本做如下处理：（1）由于私募债的发行条

---

① 考虑到我国高校由于国家战略政策演变等历史原因，合并、更名现象普遍，本书将高管简历中的毕业院校一律替换为现在的名称。

件宽松，信息披露要求较低，仅保留公开发行公司债券数据；（2）由于境外证券交易所（如 H 股等）上市公司与境内公司的会计制度存在差异，仅保留发债前一年已经在沪深两市上市的公司债样本；（3）剔除发债前后三年 ST、*ST、PT 上市公司、金融类上市公司、主要财务数据缺失的上市公司样本；(4) 公司债发行时的票面利率为固定利率；（5）在一个年度内，若同一债券发行主体公司有多只不同公司债上市，并且符合上述所有条件，按照多个样本观测值处理。最终得到 581 家上市公司合计 1009 个观测值。数据分布情况即样本筛选过程如表 7-1 所示。

发债主体的其他财务数据来源于 CSMAR 数据库。针对可能的内生性问题，上市公司财务数据以及社会关系网络指标采用公司债券发行时间滞后一期的数据。除公司债券的发行期限外，对所有连续变量进行上下 1% 的 Winsorize 处理。

表 7-1 样本选择过程及分布情况

Panel A 样本选择

	观测数
原始样本	5641
减：（1）非公开发行公司债观测数	3379
（2）发债前一年非沪深两市上市公司发行的公司债	1248
（3）采用浮动利率计息的公司债	2
（4）金融类上市公司；ST、*ST、PT上市公司；主要财务数据缺失	3
公司债最终观测值	1009

Panel B 样本观测值的年度分布

年份	公司数	样本数	年份	公司数	样本数
2007	3	5	2013	76	87
2008	14	15	2014	66	70
2009	39	40	2015	115	140
2010	13	19	2016	167	256
2011	65	75	2017	104	139
2012	135	163	合计	797	1009

Panel C 样本观测的行业分布

行业	公司数	样本数	行业	公司数	样本数
A. 农、林、牧、渔业	7	8	K. 房地产业	66	134
B. 采矿业	35	85	L. 租赁和商务服务业	7	10
C. 制造业	288	451	M. 科学研究和技术服务业	0	0

续表

Panel C 样本观测的行业分布

行业	公司数	样本数	行业	公司数	样本数
D. 电力、热力、燃气及水生产和供应业	37	76	N. 水利、环境和公共设施管理业	5	6
E. 建筑业	30	62	P. 教育	0	0
F. 批发和零售业	36	54	Q. 卫生和社会工作	2	2
G. 交通运输、仓储和邮政业	40	84	R. 文化、体育和娱乐业	2	2
H. 住宿和餐饮业	1	1	S. 综合	6	11
I. 信息传输、软件和信息技术服务业	19	23	合计	581	1009

注：行业分类根据证监会《上市公司行业分类指引》（2012 年修订）。

7.3.2 变量的测度

本章主要考察的是社会关系网络对债券契约限制性条款的影响，因此因变量是债券契约限制性条款。参考 Hasan et al.（2017）等的研究，包括是否要求抵押（Collateral）、债券契约中包含限制性条款的数目（Covenant_Intensity）。债权人在向信息不对称、风险更大的公司提供资本时，会施加更严格的抵押品要求。本研究预期，社会关系资本降低了要求抵押的可能性，并减少了契约中使用的限制性条款总数。

社会网络理论在社会科学中越来越重要，而中心度测度是这一新兴理论的基础。从社会网络的角度来看，个人、组织、公司就像网络中的节点，中心度被用来衡量这些节点的强度、活跃度、沟通便利性等。程度中心度、中介中心度、接近中心度和特征向量中心度是目前比较常用的中心度度量方法。中心度是一个非常重要的指标，它表明了哪个节点在整个网络中处于关键的位置。核心地位往往意味着在网络中卓越的号召、良好的知名度或在网络中的良好声誉。社会行动者的中心度越高，就意味着越接近网络的中心，就可能从网络中获得更高的影响力和便利。实证中，提取中介中心度、接近中心度、程度中心度、特征向量中心度的第一主成分，作为代表网络中心度的综合指数（Composite_Centrality）。

Burt（1992）提出了社会资本理论的另一种选择，他强调了开放网络而非封闭网络的重要性，认为与最高经济回报相关的网络位置存在于关系密集的区域之间，称这些稀疏区域为结构洞。结构洞为企业之间的信息流动提供了中介机会。本书依据 Burt（1992）计算结构洞的丰富程度（structural hole），具体参见 4.2.3 节。

其他控制变量的选取，本书参考了 Armstrong et al.（2010）、Hasan et al.（2017）、Demerjian（2017）等的研究，包括了规模（Size）、资产负债率（Leverage）、速动比率（Quick Ratio）、资产有形性（Tangible）、盈利能力（ROE）、成长性（Tobin's Q）、第一大股东持股比例（TOP 1）、公司年份（Firm Age）、债券期限（Maturity）等。

具体研究变量定义如表 7-2 所示。

表 7-2　研究变量定义

变量符号	度量
Collateral	如果公司在第 t 年发行的债券包含抵押要求，则为 1，否则为 0
Covenant_Intensity	债券契约中包含限制性条款的数目
Composite_Centrality	提取中介中心度、接近中心度、程度中心度、特征向量中心度（详见 4.2.3）的第一主成分代表网络中心度综合指数
structural hole	结构洞丰富度，具体参见 4.2.3 节
Size	总资产的自然对数
Leverage	总负债/总资产
Quick Ratio	（流动资产−存货）/流动负债
Tangible	（固定资产+存货）/总资产
ROE	净利润/总资产平均余额
Tobin's Q	资产的市场价值/账面价值
TOP 1	第一大股东持股比例
Firm Age	公司成立年份
Maturity	公司债券期限
Credit	债券发行人信用评级，A、A+、AA−、AA、AA+、AAA−、AAA 分别对应 1-7 分
SOE	SOE=1 表示国有企业，SOE=0 表示非国有企业
MarketIndex	公司所在地的市场化指数；中国市场化指数根据樊纲《中国分省份市场化指数报告》。若公司所在地的市场化指数大于平均值，则 MarketIndex=1,否则 MarketIndex=0
Audit	审计信息质量；Audit=1 表示四大审计机构；否则为 0

变量符号	度量
Analyst	根据 Barron et.al.（1998）提出的模型，分析师预测的分歧度反映了分析师所依赖的私有信息导致的特质误差，即 $private_{it}=\dfrac{D_{it}}{\left[\left(1-1/N_{it}\right)D_{it}+SE_{it}\right]^{2}}$ ，而分析师预测的偏差则反映了分析师所依赖的公共信息导致的共同性误差，即 $public_{it}=\dfrac{SE_{it}-D_{it}/N_{it}}{\left[\left(1-1/N_{it}\right)D_{it}+SE_{it}\right]^{2}}$ ，分析师信息质量可以表示为 $Analyst_{it}=public_{it}+private_{it}$ 。其中，D 为分析师预测分歧度 ， 为 $D_{it}=\dfrac{1}{N_{it}-1}\sum\limits_{j=1}^{N_{it}}\left(F_{ijt}-\bar{F}_{it}\right)^{2}$ ，SE 为预测偏差 $\widehat{SE}_{it}=\left(A_{it}-\bar{F}_{it}\right)^{2}$ ，A 为真实值

7.3.3　回归模型设计

为了检验提出的研究假设，我们使用以下模型：

$$Collateral\,/\,Covenant\_Intensity_{it}=\alpha+\beta Centrality\,/\,Structure\,Hole_{it}$$
$$+\gamma Control\,variables_{it}+\varepsilon_{it} \qquad (7-1)$$

其中，因变量包括是否要求抵押（Collateral）、债券契约中包含限制性条款的数目（Covenant_Intensity）、解释变量包括社会关系网络的中心度（Composite_Centrality）和结构洞（structural hole），具体参见 7.3.2 节。笔者预期 β 系数显著为负。

Control variables$_{it}$ 是控制变量的一个集合，包括了规模（Size）、资产负债率（Leverage）、速动比率（Quick Ratio）、资产有形性（Tangible）、盈利能力（ROE）、成长性（Tobin's Q）、第一大股东持股比例（TOP 1）、公司年份（Firm Age）、债券期限（Maturity）。

7.4　实证结果与分析

7.4.1　单变量分析

限制性条款直接对借款人的融资和投资活动构成限制，例如对股息支付比率、股票和债务发行、资本支出和并购支出的限制。根据先前文献的研究，限制性条款主要可以分成期权类、资产转移类、投资类、债权人治理类、事件驱动类限制。表 7-3 的 Panel A 展示了债券非价格条款（限制性条款）的描述性统计。期权类限制性条款占比最多的是利率可调整性（66.67%），紧随其后的是回售（66.16%）。资产转移类限制占比最高的是不向股东发放红利（91.64%），其次是调减或停发董事和高级管理人员的工资和奖金（90.42%）。投资类限制占比最高的是暂缓重大对外投资（91.44%）。债权人治理类限制条款中，几乎都有聘请债券受托管理人、债券持有人会议、债券跟踪评级制度的限制性条款。事件驱动类占比最高限制性条款是加速清偿（69.62%）。

表 7-3　主要变量的描述性统计结果

Panel A　债券非价格条款的描述性统计

限制性条款		数目	占比
期权类	利率可调整	654	66.67%
	回售	649	66.16%
	提前偿还	13	1.33%
	赎回	121	12.33%
资产转移类	不向股东发放红利	899	91.64%
	调减或停发董事和高级管理人员的工资和奖金	887	90.42%
	关联交易限制	407	41.49%
投资类	暂缓重大对外投资	897	91.44%
	限制收购兼并	892	90.93%
	限制出售资产	304	30.99%
	限制质押资产	248	25.28%
债权人治理类	聘请债券受托管理人	981	100.00%
	债券持有人会议	981	100.00%
	债券跟踪评级制度	981	100.00%
	偿债工作小组	903	92.05%
	严格的信息披露	974	99.29%
	开立募集资金专项账户、资金管理计划、专款专用	755	76.96%
	主要责任人不得调离	884	90.11%
事件驱动类	逾期罚息	444	45.26%
	加速清偿	683	69.62%

Panel B　主要变量的描述性统计

	Mean	Std	Min	P$_{25}$	Median	P$_{75}$	Max
Collateral	0.354	0.478	0.000	0.000	0.000	1.000	1.000
Covenant_Intensity	13.683	2.483	5.000	12.000	14.000	15.000	18.000
Composite_Centrality	0.883	0.047	0.625	0.861	0.891	0.916	0.964
structural hole	0.541	1.563	−3.458	−0.524	0.203	1.310	6.811
Size	21.807	2.521	13.088	20.446	21.864	23.276	28.176
Leverage	0.442	0.180	0.012	0.312	0.440	0.579	0.851
Quick Ratio	1.440	1.323	0.004	0.684	1.113	1.682	24.014
Tangible	0.293	0.238	0.000	0.056	0.268	0.480	0.971
ROE	0.074	0.056	−0.074	0.031	0.066	0.112	0.341
Tobin's Q	1.221	0.988	0.193	0.511	0.875	1.625	7.011
TOP 1	40.744	17.174	4.150	27.700	41.440	51.490	89.410
Firm Age	16.181	5.629	2.000	12.000	16.000	20.000	34.000
Maturity	5.155	1.676	1.500	5.000	5.000	5.000	15.000

　　表 7-3 的 Panel B 展示了主要变量的描述性统计结果。根据样本，债券契约大约 35.4%有抵押品要求（Collateral）。平均而言，债务契约中有 13.683 条限制性条款。另外，债券期限的均值（中位数）是 5.155（5.000），最短的期限是 1.5 年，最长的是 15 年。社会关系网络中心度综合指数（Composite_Centrality）的均值（中位数）是 0.883（0.891），与 Skousen et al.（2018）社会关系网络中心度综合指数的均值（0.944）非常接近。结构洞（structural hole）的均值（中位数）是 0.541（0.203）。

表 7-4　相关系数矩阵

	Collateral	Covenant_Intensity	Composite_Centrality	structural hole
Collateral	1	−0.011	−0.135***	−0.279***
Covenant_Intensity	0.020	1	−0.089***	−0.106***
Composite_Centrality	−0.109***	−0.097***	1	0.592***
structural hole	−0.253***	−0.124***	0.510***	1

　　注：右上方为 Pearson 相关系数；左下方为 Spearman 相关系数；*、**、***分别表示在 0.01、0.05、0.1 的水平上显著相关。

　　表 7-4 报告了主要变量的相关性检验，无论是 Pearson 相关系数还是 Spearman 相关系数，中心度综合指数（Composite_Centrality）与结构洞

（structural hole）都与因变量是否要求抵押（Collateral）、债券契约中包含限制性条款的数目（Covenant_Intensity），在 1%水平上显著负相关。单变量分析初步证明了研究假设 H1a，即社会关系网络中心度（结构洞）与债务契约的限制性条款负相关。

7.4.2　多变量分析

表 7-5 报告了社会关系网络对债券非价格条款影响的回归结果。由于因变量是二值变量是否要求抵押（Collateral），表 7-5 的第 1、2 列采用 Probit 模型进行回归。中心度综合指数（Composite_Centrality）与因变量是否要求抵押（Collateral）在 1%水平上显著负相关（回归系数是 −0.101，标准误是 0.029）。结构洞（structural hole）与是否要求抵押（Collateral）在 5%水平上显著负相关（回归系数是−2.667，标准误是 1.320）。Probit 回归结果表明，社会关系网络中心度（结构洞）与债券是否要求抵押之间存在显著的负相关关系，这表明中心度高的公司发行的债券较少需要抵押品。

表 7-5　社会关系网络对债券非价格条款回归结果

	Collateral		Covenant_Intensity	
	Probit model		Tobit model	
	（1）	（2）	（3）	（4）
Composite_Centrality	−0.101***		−0.077***	
	（0.029）		（0.018）	
structural hole		−2.667**		−4.641***
		（1.320）		（1.085）
Size	0.018	0.019	−0.116***	−0.110***
	（0.026）	（0.018）	（0.012）	（0.012）
Leverage	−0.150	−0.230	−0.523	−0.587*
	（0.399）	（0.612）	（0.578）	（0.314）
Quick Ratio	−0.113*	−0.120**	0.059***	0.055***
	（0.068）	（0.055）	（0.019）	（0.018）
Tangible	0.218	0.170	0.572	0.541
	（0.227）	（0.243）	（0.360）	（0.345）
ROE	−1.195	−1.511*	−1.675	−1.698
	（1.246）	（0.832）	（3.302）	（3.072）
Tobin's Q	0.058	0.047	0.286***	0.245***

续表

	Collateral		Covenant_Intensity	
	Probit model		Tobit model	
	（1）	（2）	（3）	（4）
	（0.102）	（0.058）	（0.055）	（0.054）
	0.004	0.004	-0.016***	-0.016***
TOP 1				
	（0.005）	（0.003）	（0.005）	（0.005）
	0.0002	0.002	-0.0001	0.006
Firm Age				
	（0.013）	（0.011）	（0.009）	（0.009）
	0.043	0.042	0.221***	0.222***
Maturity				
	（0.037）	（0.045）	（0.049）	（0.049）
Year	Yes	Yes	Yes	Yes
Industry	Yes	Yes	Yes	Yes
N	1009	1009	981	981
Pseudo R^2	0.214	0.210	0.033	0.034
Log likelihood	-509.853	-512.088	-2209.025	-2207.151

注：*、**、***分别表示在 10%、5%、1%水平下显著。括号内为经过公司个体和时间维度聚类调整的标准误。Pseudo R^2 表示 Probit 与 Tobit 模型的拟合优度。

因变量债券契约限制性条款的强度（Covenant_Intensity）虽然在正值上大致连续分布，但包含一部分取值为 0 的观察值，因此，表 7-5 的第 3、4 列采用 Tobit 模型进行回归。中心度综合指数（Composite_Centrality）与债券契约中包含限制性条款的数目（Covenant_Intensity），在 1%水平上显著负相关（回归系数是-0.077，标准误为 0.018）。结构洞（structural hole）与限制性条款的数目（Covenant_Intensity）在 1%水平上显著负相关（回归系数是-4.641，标准误是 1.085）。Tobit 回归结果表明，社会关系网络中心度（结构洞）与债券契约中包含限制性条款的数目之间存在显著的负相关关系，这表明中心度高的公司发行的债券较少需要限制性条款。这些结果与假设 H1a 一致，也就是说，社会关系网络中心度与债务契约的限制性条款负相关。

总之，债务契约是当贷款人面临信息不对称风险和代理成本时，充当保护债权人利益的重要手段和机制。社会关系通过改变投资者对债务人实施机会主义行为的感知成本和收益来影响债务契约。社会关系网络中心度越高，关系网络的结构洞越丰富，通过提高信息流动、信任增加和声誉约束，可以缓解贷款人的信息不对称风险和代理成本，从而减少债券契约限制性条款的需求。也就是说，社会关系资本的提高对债券限制性条款具有替代作用。

7.5 稳健性检验

7.5.1 倾向匹配得分（PSM）

为了更好地考察社会关系网络中心度和网络关系结构洞丰富程度对债务契约限制性条款的影响，减少其他因素的干扰，本书对实验组和对照组进行倾向得分匹配，保证两组样本之间除了核心解释变量的特征之外，其他特征的可比性。本书采用前述的所有控制变量作为协变量进行回归，依据倾向得分值在组间进行近邻匹配，并将匹配后的样本重新进行回归。

表 7-6 的 Panel A 报告了 PSM 样本匹配效果。匹配前两组样本在控制变量上存在统计学意义上的差异，匹配后控制变量的组间差异得到明显缓解，分布较为均匀，不存在统计学意义上的差异。同时，表 7-6 的 Panel B 报告了 PSM 样本平均激励效果。由表可知，PSM 样本平均激励效果符合预期。

表 7-6　倾向匹配得分（PSM）分析

Panel A：PSM 样本匹配效果检验

	Unmatched（U） Matched（M）	Mean		Reduct（%）		T-test	V（T）/V（C）
		Treated	Control	Bias（%）	Bias		
Size	U	22.105	21.644	17.9	91.1	2.79***	1.39*
	M	22.163	22.204	-1.6		-0.22	1.45*
Leverage	U	0.477	0.423	30.1	68.7	4.56***	0.95
	M	0.476	0.493	-9.4		-1.33	1.16
Quick Ratio	U	1.473	1.423	3.6	-274.7	0.58	2.03*
	M	1.407	1.218	13.5		2.44**	1.28*
Tangible	U	0.288	0.295	-2.9	57.8	-0.44	1.31*
	M	0.290	0.287	1.2		0.16	1.31*
ROE	U	0.078	0.072	9.2	70.8	1.41	1.13
	M	0.076	0.078	-2.7		-0.36	1.18
Tobin's Q	U	0.984	1.350	-38.5	99.4	-5.70***	0.71*
	M	0.991	0.993	-0.2		-0.04	1.2

续表

Panel A：PSM 样本匹配效果检验

	Unmatched（U）	Mean		Reduct（%）		T-test	V（T）/V（C）
	Matched（M）	Treated	Control	Bias（%）	Bias		
TOP 1	U	40.295	40.989	−4.1	30.4	−0.61	0.9
	M	40.452	40.935	−2.8		−0.36	0.75*
Firm Age	U	17.508	15.458	37.6	95.6	5.61***	0.79*
	M	17.364	17.455	−1.7		−0.23	0.77*
Maturity	U	5.170	5.147	1.4	−302.7	0.21	1.06
	M	5.172	5.264	−5.5		−0.69	0.88

Panel B：PSM 样本平均激励效果检验表

Variable	Unmatched（U）	Treated	Control	ATT	S.E.	T-test
	Matched（M）					
Collateral	U	0.239	0.417	−0.178	0.031	−5.73***
	M	0.241	0.408	−0.167	0.047	−3.54***
Covenant_Intensity	U	13.408	13.822	−0.415	0.167	−2.49**
	M	13.429	13.823	−0.394	0.278	−1.41*

Panel C：匹配后样本回归

	Collateral		Covenant_Intensity	
	（1）	（2）	（3）	（4）
Composite_Centrality	−0.105***		−0.079***	
	（0.027）		（0.018）	
structural hole		−2.712**		−4.723***
		（1.309）		（1.106）
Size	0.018	0.019	−0.118***	−0.112***
	（0.027）	（0.018）	（0.012）	（0.012）
Leverage	−0.136	−0.223	−0.542	−0.610*
	（0.395）	（0.634）	（0.585）	（0.313）
Quick Ratio	−0.119*	−0.127**	0.061***	0.056***
	（0.069）	（0.053）	（0.019）	（0.018）
Tangible	0.210	0.160	0.573	0.541
	（0.227）	（0.242）	（0.368）	（0.348）
ROE	−1.113	−1.446*	−1.661	−1.691
	（1.229）	（0.836）	（3.325）	（3.091）
Tobin's Q	0.057	0.047	0.284***	0.243***

Panel C: 匹配后样本回归

	Collateral		Covenant_Intensity	
	（1）	（2）	（3）	（4）
	（0.101）	（0.057）	（0.055）	（0.054）
TOP 1	0.004	0.004	-0.016***	-0.016***
	（0.006）	（0.003）	（0.005）	（0.005）
Firm Age	-0.001	0.002	-0.0002	0.006
	（0.013）	（0.011）	（0.009）	（0.009）
Maturity	0.045	0.044	0.218***	0.219***
	（0.037）	（0.046）	（0.049）	（0.049）
Year	Yes	Yes	Yes	Yes
Industry	Yes	Yes	Yes	Yes
N	1002	1002	975	975
Pseudo R^2	0.214	0.210	0.033	0.034
Log likelihood	-506.070	-508.515	-2197.942	-2196.047

注：*、**、***分别表示在 10%、5%、1%水平下显著。括号内为经过公司个体和时间维度聚类调整的标准误。Pseudo R^2表示 Probit 与 Tobit 模型的拟合优度。

表 7-6 的 Panel C 报告了匹配后样本回归的结果。中心度综合指数（Composite_Centrality）与是否要求抵押（Collateral）、限制性条款的密度（Covenant_Intensity）在 1%水平上显著负相关，回归系数分别是-0.105 和-0.079，标准误分别是 0.027 和 0.018。结构洞（structural hole）与是否要求抵押（Collateral）、限制性条款的密度（Covenant_Intensity）至少在 5%水平上显著负相关，回归系数分别是-2.712和-4.723，标准误分别是1.309和 1.106。PSM 回归结果表明，社会关系网络中心度（结构洞）与债券是否要求抵押之间存在显著的负相关关系，与债券契约中包含限制性条款的数目之间存在显著的负相关关系。这一结果再次表明中心度高、结构洞丰富的公司发行的债券较少要求抵押品，也较少设置限制性条款。这些结果与主回归结果一致，并且是稳健的。

7.5.2　Heckman 两阶段回归分析

鉴于社会关系网络中只有部分公司发行公司债券，上文以发行公司债的样本为基础进行回归估计，没有考虑上市公司是否发行公司债券受到许多因素的影响，并非随机事件。因此，忽略这部分样本很有可能导致样本选择性偏误。本部分选用 Heckman 模型进一步检验社会关系网络（中心度和结构洞）对公司债券契约的影响。

根据 Heckman 两步法模型，第一阶段，建立公司债券发行选择方程，即利用 Probit 模型刻画所有上市公司是否发债（Bond_dummy）关于财务等其他控制变量进行回归。第二阶段，将第一阶段获得的上市公司发行公司债券行为的估计概率 λ，即逆米尔斯比率（inverse Mill's ratio）作为控制变量添加到前文建立的企业债券契约的模型中对样本选择偏误进行纠正，进一步对社会关系网络变量（中心度和结构洞）对债券契约限制性条款的影响进行检验，以增强结论的可信度。

表 7-7 呈现了社会关系网络与债券契约限制性条款之间关系的 Heckman 估计结果。将第一阶段获得的逆米尔斯比率（inverse Mill's ratio）加入模型中，重新估计了中心度综合指数（Composite_Centrality）和结构洞（structural hole）对是否要求抵押（Collateral）以及限制性条款的密度（Covenant_Intensity）的影响。表 7-7 的第 2 至 5 列显示，社会关系网络中心度（结构洞）与债券是否要求抵押、限制性条款的数目之间存在显著的负相关关系。这一结果再次表明中心度高、结构洞丰富的公司发行的债券较少要求抵押品和限制性条款。Heckman 两阶段回归包含了估计预期误差作为额外的自变量，去除了与解释变量相关的误差项部分，避免了样本选择偏差。结果与主回归结果一致，并且是稳健的。

表 7-7 社会网络关系与债券契约关系的 Heckman 估计结果

	Panel A: Stage1	Panel B: Stage2			
	Bond_dummy	Collateral		Covenant_Intensity	
	（1）	（2）	（3）	（4）	（5）
Composite_Centrality		-0.099***		-0.055**	
		（0.032）		（0.023）	
structural hole			-2.540**		-4.407*
			（1.119）		（2.649）
Size	-0.008	0.027	0.028	-0.081***	-0.016
	（0.012）	（0.022）	（0.022）	（0.020）	（0.049）
Leverage	-1.005***	0.831	0.760	-2.068*	-0.801
	（0.125）	（0.579）	（0.579）	（1.111）	（1.079）
Quick Ratio	-0.150***	0.026	0.020	-0.205***	-0.055
	（0.015）	（0.083）	（0.083）	（0.043）	（0.146）
Tangible	-2.990***	3.139**	3.103**	-3.225**	-0.986
	（0.104）	（1.398）	（1.397）	（1.453）	（2.305）

续表

| | Panel A: Stage1 | Panel B: Stage2 | | | |
| | Bond_dummy | Collateral | | Covenant_Intensity | |
	(1)	(2)	(3)	(4)	(5)
ROE	0.029***	-1.214	-1.531*	1.563	-0.252
	(0.005)	(0.899)	(0.887)	(2.921)	(2.012)
Tobin's Q	-0.7121***	0.827**	0.821**	-1.257***	-0.394
	(0.028)	(0.369)	(0.369)	(0.222)	(0.606)
TOP 1	0.008***	-0.003	-0.003	-0.002	-0.011
	(0.001)	(0.005)	(0.004)	(0.010)	(0.009)
Firm Age	0.013***	-0.011	-0.008	0.014	0.025
	(0.004)	(0.011)	(0.011)	(0.010)	(0.023)
Maturity		0.042	0.041	0.225***	0.185***
		(0.030)	(0.030)	(0.068)	(0.069)
IMR		-1.351**	-1.356**	1.799***	0.622
		(0.637)	(0.636)	(0.355)	(1.039)
Year	Yes	Yes	Yes	Yes	Yes
Industry	Yes	Yes	Yes	Yes	Yes
N	19908	1009	1009	981	981
Pseudo R2	0.328	0.217	0.214	0.006	0.016
Log likelihood		-507.562	-509.773	-2631.823	-2608.376

注：*、**、***分别表示在 10%、5%、1%水平下显著。括号内为经过公司个体和时间维度聚类调整的标准误。Pseudo R^2 表示 Probit 与 Tobit 模型的拟合优度。

7.5.3 替代变量的稳健性分析

（1）解释变量的替换。改变公司层面社会网络指标的度量方式。本节使用所有高管网络指标的中位数替代平均数来衡量公司层面社会网络水平，估计结果如表 7-8 所示。可以看出，社会网络变量的系数估计与检验结果没有发生显著变化，结果与前文保持一致。

表 7-8 改变公司层面社会关系网络指标的度量方式的回归结果

| | Collateral | | Covenant_Intensity | |
	(1)	(2)	(3)	(4)
Composite_Centrality	-0.091*		-0.134***	
	(0.049)		(0.028)	
structural hole		-2.122**		-3.093***
		(1.004)		(0.954)

	Collateral		Covenant_Intensity	
	（1）	（2）	（3）	（4）
Control Variables	Yes	Yes	Yes	Yes
Year	Yes	Yes	Yes	Yes
Industry	Yes	Yes	Yes	Yes
N	1009	1009	981	981
Pseudo R2	0.212	0.210	0.034	0.033
Log likelihood	−511.142	−512.401	−2207.037	−2208.214

注：*、**、***分别表示在 10%、5%、1%水平下显著。括号内为经过公司个体和时间维度聚类调整的标准误。Pseudo R^2 表示 Probit 与 Tobit 模型的拟合优度。

（2）被解释变量细分债券契约限制性条款的类别。被解释变量按照表 7-3 的 Panel A 分类的五大类债券限制性条款的数目，分别对应期权类、资产转移类、投资类、债权人治理类、事件驱动类限制性条款（Qi et al., 2011），分类计算债券募集说明书中期权类限制性条款数目、资产转移限制性条款的数目、投资限制性条款的数目、债权人治理类条款数目、事件驱动型条款数目。在此基础上，构造一个限制性条款强度，若债券含有前面每一大类条款，则记为 1，再将该债券在每一大类的得分求平均。表 7-9 报告了债券限制性条款类别以及债券条款限制性强度的回归结果。

表 7-9　债券条款类型/债券条款限制性强度回归结果

	期权类条款		资产转移限制条款		投资限制性条款	
	（1）	（2）	（3）	（4）	（5）	（6）
Composite_Centrality	−0.019***		−0.046***		−0.056***	
	（0.003）		（0.003）		（0.004）	
structural hole		−3.470***		−1.168**		−2.014**
		（0.887）		（0.506）		（0.940）
Size	−0.115***	−0.111***	−0.022*	−0.021*	−0.026	−0.024
	（0.002）	（0.013）	（0.011）	（0.011）	（0.025）	（0.025）
Leverage	−0.002	−0.011	−0.017	−0.059	−0.264	−0.313
	（0.398）	（0.276）	（0.288）	（0.101）	（0.636）	（0.472）
Quick Ratio	0.046	0.046***	0.008	0.005	−0.006	−0.010*
	（0.034）	（0.007）	（0.022）	（0.022）	（0.006）	（0.005）
Tangible	−0.204	−0.217***	0.035	0.019	0.307	0.287
	（0.195）	（0.058）	（0.122）	（0.122）	（0.271）	（0.271）
ROE	−2.367***	−2.188**	−0.147	−0.284	−0.529	−0.648

续表

	期权类条款		资产转移限制条款		投资限制性条款	
	（1）	（2）	（3）	（4）	（5）	（6）
	（0.500）	（0.895）	（0.727）	（0.921）	（1.732）	（2.389）
Tobin's Q	0.204***	0.164***	0.065***	0.061***	0.154***	0.141***
	（0.055）	（0.015）	（0.018）	（0.017）	（0.034）	（0.034）
TOP 1	−0.008***	−0.008***	−0.002	−0.002	−0.008**	−0.008**
	（0.003）	（0.003）	（0.002）	（0.002）	（0.004）	（0.004）
Firm Age	−0.003***	0.002	0.003	0.004	0.007	0.009
	（0.001）	（0.003）	（0.003）	（0.003）	（0.005）	（0.005）
Maturity	0.225***	0.225***	0.014	0.014	0.061*	0.061*
	（0.001）	（0.023）	（0.016）	（0.016）	（0.036）	（0.036）
Year	Yes	Yes	Yes	Yes	Yes	Yes
Industry	Yes	Yes	Yes	Yes	Yes	Yes
N	981	981	981	981	981	981
Pseudo R2	0.093	0.097	0.035	0.033	0.021	0.021
Log likelihood	−1315.040	−1308.935	−1130.045	−1132.206	−1876.968	−1877.049

	债权人治理类条款		事件驱动型条款		限制性强度	
	（7）	（8）	（9）	（10）	（11）	（12）
Composite_Centrality	−0.026***		0.021***		−0.003**	
	（0.007）		（0.008）		（0.002）	
structural hole		−0.985***		0.621		−0.316***
		（0.222）		（1.401）		（0.091）
Size	0.0004	0.0015	−0.017***	−0.018***	−0.012**	−0.011***
	（0.004）	（0.004）	（0.006）	（0.006）	（0.005）	（0.003）
Leverage	0.136	0.113	−0.478**	−0.460*	−0.061*	−0.062
	（0.174）	（0.193）	（0.237）	（0.253）	（0.035）	（0.050）
Quick Ratio	0.042***	0.040***	−0.006	−0.004	0.006**	0.005
	（0.003）	（0.003）	（0.008）	（0.008）	（0.003）	（0.003）
Tangible	0.146***	0.137***	0.279**	0.286***	−0.027	0.003
	（0.025）	（0.026）	（0.141）	（0.005）	（0.040）	（0.037）
ROE	0.426	0.374	0.076	0.135	−0.004	−0.014
	（0.407）	（0.416）	（0.764）	（0.646）	（0.162）	（0.167）
Tobin's Q	0.024*	0.017	−0.029**	−0.026*	0.006	0.010
	（0.013）	（0.012）	（0.012）	（0.013）	（0.007）	（0.007）

	债权人治理类条款		事件驱动型条款		限制性强度	
	（7）	（8）	（9）	（10）	（11）	（12）
TOP 1	−0.001	−0.001	−0.002	−0.002	−0.001*	−0.001***
	（0.001）	（0.001）	（0.002）	（0.002）	（0.0005）	（0.0003）
Firm Age	0.005***	0.006***	−0.011***	−0.011***	−0.001	−0.0003
	（0.002）	（0.002）	（0.003）	（0.003）	（0.001）	（0.001）
Maturity	0.003	0.003	0.019***	0.019***	0.013**	0.015***
	（0.004）	（0.004）	（0.007）	（0.007）	（0.006）	（0.003）
Year	Yes	Yes	Yes	Yes	Yes	Yes
Industry	Yes	Yes	Yes	Yes	Yes	Yes
N	981	981	981	981	981	981
Adj. R2					0.139	0.182
Pseudo R2	0.065	0.066	0.0582	0.058		
Log likelihood	−823.608	−823.554	−1098.465	−1098.772		

注：*、**、***分别表示在 10%、5%、1%水平下显著。括号内为经过公司个体和时间维度聚类调整的标准误。

按照契约限制性条款的分类回归，提供了一个关于社会关系网络如何影响契约使用的更详细的结果。表 7-9 的结果显示，除了事件驱动型限制性条款外，社会关系网络中心度（结构洞）与期权类、资产转移类、投资类、债权人治理类限制性条款的数目之间存在显著的负相关关系，与限制性强度综合指数也是显著负相关。与我们之前的结果一致，拥有较高网络中心度和更丰富结构洞的公司不太可能包括大多数类型的限制性条款。

7.5.4　Logit 模型与 Poisson 模型

进一步，使用 Logit 模型与 Poisson 模型代替上述的 Probit 模型与 Tobit 模型进行回归分析。Logit 回归预测的目标是二元变量（是否需要抵押），泊松回归的因变量是限制性契约的数目（Covenant_Intensity）。Poisson 模型适用于计数变量（count variable），而本书因变量（Covenant_Intensity）是计数范围 5 至 18 的整数，且事件发生的次数一般服从泊松分布（Cao & Xia, 2021; Lim et al., 2020）。表 7-10 的第 1、2 列报告了 Logit 回归的结果，中心度综合指数（Composite_Centrality）和结构洞（structural hole）对是否要求抵押（Collateral）分别在 1%和 10%水平上显著负相关。表 7-10 的第 3、4 列报告了 Poisson 回归的结果。中心度综合指数

（Composite_Centrality）和结构洞（structural hole）与限制性条款的数目（Covenant_Intensity）均在 1%水平上显著负相关。

表 7-10　Logit 模型与 Poisson 模型

	Collateral		Covenant_Intensity	
	Logit model		Poisson model	
	（1）	（2）	（3）	（4）
Composite_Centrality	−0.177***		−0.007*	
	(0.055)		(0.004)	
structural hole		−4.245*		−0.332***
		(2.214)		(0.119)
Size	0.033	0.036	−0.007**	−0.008
	(0.043)	(0.030)	(0.003)	(0.005)
Leverage	−0.360	−0.449	−0.043	−0.043
	(0.679)	(1.071)	(0.051)	(0.041)
Quick Ratio	−0.211*	−0.222**	0.005***	0.004
	(0.115)	(0.095)	(0.002)	(0.003)
Tangible	0.363	0.290	0.006	0.039
	(0.366)	(0.409)	(0.033)	(0.041)
ROE	−2.081	−2.429*	−0.140	−0.126
	(2.074)	(1.471)	(0.163)	(0.098)
Tobin's Q	0.065	0.053	0.013	0.018**
	(0.183)	(0.101)	(0.011)	(0.008)
TOP 1	0.006	0.006	−0.001***	−0.001*
	(0.009)	(0.005)	(0.0003)	(0.001)
Firm Age	0.003	0.006	0.001	0.0004
	(0.021)	(0.019)	(0.001)	(0.003)
Maturity	0.077	0.077	0.013**	0.016***
	(0.061)	(0.073)	(0.006)	(0.005)
Year	Yes	Yes	Yes	Yes
Industry	Yes	Yes	Yes	Yes
N	1009	1009	981	981
Pseudo R2	0.215	0.212	0.011	0.013
Log likelihood	−508.899	−511.367	−2390.610	−2384.021

7.6　渠道机制分析

进一步，分析社会关系网络中心度和结构洞，通过什么渠道来影响债券契约的限制性条款。Benson et al.（2018）研究发现，董事关联对信用评级具有显著正向的影响。类似地，Skousen et al.（2018）研究发现 CEO 网络中心度与债券评级之间存在显著的正相关关系，CEO 拥有更广泛的关系网络可能获得较高的债券评级。基于这些研究结果，我们进一步分析社会关系网络中心度（Composite_Centrality）和结构洞（structural hole）是否通过提高债券信用评级，进而影响到债券契约抵押要求和限制性条款的密度。根据之前的研究，社会关系网络中心度越高，他们可以在社会关系网络中拥有越多优势。具体来说，中心度高和结构洞丰富的企业可以更好地获得有关其公司和同行公司的有价值的甚至是私人信息。这些有价值的信息可以帮助企业作出更好的决策，从而带来更高的股东价值和更好的公司业绩，这是决定债券信用评级的重要因素。另外，社会关系网络中心度较高的企业拥有较高的声誉成本，因此不太可能从事欺诈活动或违约债务，从而获得较高的债券评级。信用评级较高的企业，比较容易获得信任，债权人就会要求较少的抵押品，对债券契约的限制性条款也会更少。

表 7-11 报告了渠道机制的检验结果。表 7-11 的第 1、2 列可以发现，社会关系网络中心度（结构洞）与中介变量信用评级显著正相关。表 7-11 的第 3 至 6 列，在原始模型中加入中介变量，中介变量对应系数显著，Sobel 检验全部显著，并且中介效应占总效应的比例均大于 50%，说明 credit rating 具有中介效应。在表 7-11 的第 3、5 中，解释变量系数显著为负，发现模型 4、6 的系数虽然为负但是不再显著。本研究结果发现，社会关系网络中心度和结构洞，通过提高公司的信用评级来影响债券契约的限制性条款和抵押品的要求。

表 7-11　中介效应检验结果

	Credit rating		Collateral		Covenant_Intensity	
	（1）	（2）	（3）	（4）	（5）	（6）
Credit rating			−0.209**	−0.218***	−0.303***	−0.320***
			(0.095)	(0.063)	(0.053)	(0.052)
Composite_Centrality	0.167***		−0.068**		−2.590**	
	(0.033)		(0.032)		(1.047)	

续表

	Credit rating		Collateral		Covenant_Intensity	
	（1）	（2）	（3）	（4）	（5）	（6）
structural hole		6.995***		−1.124		−0.025
		(1.361)		(1.197)		(0.016)
Size	0.110***	0.102***	0.039	0.040**	−0.079***	−0.081***
	(0.025)	(0.024)	(0.032)	(0.017)	(0.015)	(0.015)
Leverage	−0.095	0.049	−0.139	−0.196	−0.564*	−0.543
	(0.283)	(0.289)	(0.380)	(0.540)	(0.303)	(0.596)
Quick Ratio	0.004	0.014	−0.100	−0.105*	0.059***	0.060***
	(0.043)	(0.041)	(0.067)	(0.056)	(0.017)	(0.019)
Tangible	−0.107	−0.036	0.210	0.181	0.531	0.542
	(0.234)	(0.221)	(0.237)	(0.212)	(0.369)	(0.370)
ROE	4.827***	5.127***	−0.315	−0.499	−0.141	−0.117
	(0.638)	(0.617)	(1.213)	(0.928)	(2.622)	(2.605)
Tobin's Q	−0.394***	−0.346***	−0.021	−0.026	0.143***	0.162***
	(0.047)	(0.052)	(0.090)	(0.066)	(0.049)	(0.049)
TOP 1	0.011***	0.011***	0.007	0.007**	−0.013***	−0.013***
	(0.003)	(0.004)	(0.005)	(0.003)	(0.005)	(0.005)
Firm Age	−0.008	−0.017**	−0.001	−0.001	0.001	−0.003
	(0.009)	(0.007)	(0.013)	(0.009)	(0.009)	(0.009)
Maturity	0.091***	0.089***	0.062**	0.063	0.249***	0.250***
	(0.026)	(0.027)	(0.032)	(0.047)	(0.049)	(0.049)
Year	Yes	Yes	Yes	Yes	Yes	Yes
Industry	Yes	Yes	Yes	Yes	Yes	Yes
N	1009	1009	1009	1009	981	981
Adj. R2	0.478	0.487				
Pseudo R2			0.229	0.227	0.037	0.037
Log likelihood			−499.907	−501.512	−2198.800	−2199.58
Sobel			−2.018**	−2.870***	−3.789***	−3.945***
中介效应占比			51.40%	52.84%	60.53%	62.19%

注：*、**、***分别表示在 10%、5%、1%水平下显著。括号内为经过公司个体和时间维度聚类调整的标准误。

7.7　异质性分析

所有权性质也会显著影响社会关系网络与债券契约限制性条款之间

的关系。中国企业大致可以分为国有企业（SOEs）和非国有企业（non-SOEs），国有企业的一个重要特点是，部分国有企业由国家支持（即中央国有企业），而绝大多数地方国有企业由地方政府所有。政府为了维持对关键行业的控制，保证国民经济的安全，或者增加 GDP、减少失业，会对国有企业提供隐性的担保。与国有企业相比，非国有企业的资源依赖更加严重，社会关系资本对非国有企业有更加积极的影响。也就是说，非国有企业会调整自身与外部环境保持一致，以获得政府控制的更多资源。根据资源依赖理论，发展社会关系资本有助于非国有企业获得关键资源，从而提高企业价值。

具体来说，世界各国信贷市场都存在着一个重要的现象——隐性政府担保。如果国企遇到财务困难，他们将得到救助，国有背景的公司更有可能得到纾困。在经济衰退期间，国有企业的隐性政府担保变得更加突出。根据银行贷款数据，2009—2010 年经济刺激计划推动的中国信贷扩张不成比例地偏向国有企业。国有企业长期以来一直享有银行信贷的优惠。最近，快速增长的债券市场已成为国有企业的另一个主要资金来源。公司债券带有隐性政府担保的情况，这意味着如果债券面临违约，市场期望政府承担责任。国有企业的隐性政府担保可能普遍存在，因为债券发行人与政府之间的密切关系，债券发行人的重要性，或募集资金的主要用途，都有可能促使政府对国有企业公司债券提供隐性担保。

因此可以预期，相较于非国有企业来说，国有企业的债券持有人会较少使用债券契约的限制性条款，而非国有企业由于资源依赖，不得不寻求建立更好的社会关系资本，以此向债权人传递自己信誉和资产状况良好的信号，来减少债权人对非国有企业公司债券施加更多的限制性条款。

表 7-12 报告了产权性质对社会关系网络与债券契约条款的影响结果。从表 7-12 的第 1、3 列可发现，非国有企业拥有更高社会关系网络中心度（结构洞）与是否需要抵押品在1%水平上显著负相关。表 7-12 的第 2、4 列可发现，国有企业拥有更高社会关系网络中心度（结构洞）与是否需要抵押品的关系上，回归系数是负的，但是没有通过常规的显著性水平检验。有趣的是，表 7-12 的第 5 至 8 列可发现，不管是国有企业还是非国有企业，社会关系网络中心度（结构洞）与债券的限制性条款密度都在 1%水平上显著负相关。这些结果表明，国有企业更有可能获得政府救助，因为它们与政府官员的关系、与地方/中央政府的关系，可以为债券提供政府的隐性担保，因此国有企业社会关系资本扮演的作用被弱化了。但是对于债券契约限制性条款的密度（Covenant_Intensity）来说，社会关

系资本对所有类型的企业都具有显著的缓和作用。

表 7-12 产权性质对社会关系网络与债券契约条款关系的影响

	Collateral				Covenant_Intensity			
	非国有	国有	非国有	国有	非国有	国有	非国有	国有
	（1）	（2）	（3）	（4）	（5）	（6）	（7）	（8）
Composite_Centrality	−0.197***	−0.075			−0.053***	−0.009***		
	(0.071)	(0.061)			(0.072)	(0.068)		
structural hole			−5.011***	−2.942			−2.479***	−2.533***
			(1.753)	(2.559)			(2.279)	(2.989)
Size	0.025	−0.008	0.033	−0.010	0.017***	−0.174***	0.022***	−0.171***
	(0.039)	(0.040)	(0.038)	(0.040)	(0.051)	(0.047)	(0.051)	(0.047)
Leverage	−0.438	−0.328	−0.549	−0.400	−1.372***	0.527***	−1.372***	0.469***
	(0.557)	(0.685)	(0.553)	(0.676)	(0.727)	(0.782)	(0.723)	(0.783)
Quick Ratio	−0.140*	−0.100	−0.145*	−0.110	−0.063***	0.233*	−0.058***	0.231*
	(0.072)	(0.094)	(0.074)	(0.094)	(0.099)	(0.084)	(0.099)	(0.084)
Tangible	0.355	0.038	0.148	0.040	1.345	−0.046***	1.304	−0.040***
	(0.414)	(0.357)	(0.413)	(0.358)	(0.540)	(0.498)	(0.540)	(0.497)
ROE	0.741	−3.235**	−0.610	−3.167**	−0.130***	−1.335***	−0.390***	−1.178***
	(1.687)	(1.559)	(1.637)	(1.576)	(1.956)	(2.019)	(1.890)	(2.018)
Tobin's Q	0.063	−0.011	0.057	−0.025	0.335*	−0.085***	0.320*	−0.099***
	(0.093)	(0.159)	(0.094)	(0.156)	(0.133)	(0.182)	(0.134)	(0.183)
TOP 1	0.001	0.009	−0.001	0.009	−0.007***	−0.029***	−0.007***	−0.029***
	(0.006)	(0.006)	(0.006)	(0.006)	(0.006)	(0.007)	(0.006)	(0.007)
Firm Age	−0.005	0.008	0.001	0.010	0.031***	−0.083***	0.033***	−0.079***
	(0.013)	(0.022)	(0.013)	(0.022)	(0.019)	(0.025)	(0.019)	(0.025)
Maturity	−0.177**	0.087**	−0.177**	0.086**	0.525	0.137**	0.521	0.136**
	(0.075)	(0.043)	(0.077)	(0.043)	(0.096)	(0.055)	(0.096)	(0.055)
Year	Yes	Yes	Yes	Yes	Yes	Yes	Yes	Yes
Industry	Yes	Yes	Yes	Yes	Yes	Yes	Yes	Yes
N	477	532	477	532	454	527	454	527
Pseudo R2	0.162	0.322	0.155	0.321	0.058	0.050	0.058	0.051
Log likelihood	−229.06	−240.17	−230.77	−240.37	−962.44	−1175.60	−962.12	−1175.25

注：*、**、***分别表示在 10%、5%、1%水平下显著。括号内为经过公司个体和时间维度聚类调整的标准误。

进一步研究表明，随着市场化改革的深入，企业大都采用市场化的方式作为经营中的行为准则及主要的经营方式，并且随着要素市场的发展，许多资源并不是完全由上而下控制的，企业可以有更多机会与其他市场主体建立公平性的关系。但是，这种制度的变迁并不是可以等量齐观的，中国各个地区之间仍存有相当大的差异。因此，本书从中国制度背景入手，把中国市场化相对进程的影响纳入研究框架，以反映不同的市场化进程如何影响社会关系网络中心度（结构洞）与债券契约条款之间的关系。

表 7-13 呈现了市场化水平对社会关系网络与债券契约条款的影响结果。表 7-13 的第 2、4 列显示，在市场化水平较低的地区，社会关系网络中心度（结构洞）与债券是否要求抵押在 5%水平上显著负相关。表 7-13 的第 1、3 列显示，在市场化水平较高的地区，社会关系网络中心度（结构洞）与债券是否要求抵押负相关，但是没有通过常规的显著性水平检验。这一结果表明，在市场化水平较低的地区，社会关系资本在债券是否要求抵押品上发挥了更大的作用，拥有更高社会关系网络中心度（结构洞）的企业较少被要求使用抵押品，而在市场化水平较高的地区，企业可以有更多机会与其他市场主体建立公平性的契约关系，社会关系资本发挥的作用较少。但是，通过表 7-13 的第 5 至 8 列可发现，不管市场化水平的高低，拥有更高社会关系网络中心度（结构洞）与债券的限制性条款密度都在 1%水平上显著负相关。也就是说，对于债券契约限制性条款的密度（Covenant_Intensity）来说，社会关系资本对不同市场化环境中的企业都具有显著的缓和作用。社会关系资本在市场化水平较低的地方发挥了更大的作用，市场化水平的提高使得企业有更多机会与其他市场主体建立公平性的关系。某种程度上，这意味着不断深化改革、提升市场化水平是对社会关系资本的一种有效替代。

表 7-13 市场化水平对社会关系网络与债券契约条款关系的影响

	Collateral				Covenant_Intensity			
	高	低	高	低	高	低	高	低
	(1)	(2)	(3)	(4)	(5)	(6)	(7)	(8)
Composite_Centrality	-0.065	-0.170**			-0.104***	-0.058***		
	(0.073)	(0.069)			(0.074)	(0.070)		
structural hole			0.166	-4.531**			-2.648***	-6.847***
			(1.985)	(2.144)			(2.473)	(2.778)
Size	-0.014	0.041	-0.011	0.039	-0.048***	-0.123***	-0.043***	-0.115***
	(0.042)	(0.035)	(0.041)	(0.036)	(0.046)	(0.052)	(0.046)	(0.052)
Leverage	-0.431	-0.446	-0.499	-0.591	-1.843***	0.219***	-1.892***	0.216***
	(0.617)	(0.636)	(0.626)	(0.609)	(0.711)	(0.881)	(0.710)	(0.872)

续表

	Collateral				Covenant_Intensity			
	高	低	高	低	高	低	高	低
	（1）	（2）	（3）	（4）	（5）	（6）	（7）	（8）
Quick Ratio	−0.104	−0.107	−0.112	−0.119	0.051***	0.070***	0.043***	0.068***
	(0.080)	(0.084)	(0.081)	(0.084)	(0.074)	(0.125)	(0.074)	(0.124)
Tangible	−0.201	0.698*	−0.255	0.572	1.571	−0.321***	1.540	−0.392***
	(0.381)	(0.381)	(0.381)	(0.377)	(0.491)	(0.546)	(0.490)	(0.543)
ROE	−2.423	−0.074	−2.625	−0.969	−0.981***	−2.529***	−1.054***	−2.544***
	(1.643)	(1.755)	(1.650)	(1.661)	(1.935)	(2.130)	(1.937)	(2.082)
Tobin's Q	−0.098	0.097	−0.093	0.082	−0.064***	0.516	−0.072***	0.428
	(0.136)	(0.103)	(0.132)	(0.104)	(0.145)	(0.158)	(0.146)	(0.161)
TOP 1	0.017***	−0.006	0.017***	−0.005	−0.019***	−0.008***	−0.019***	−0.007***
	(0.006)	(0.005)	(0.006)	(0.005)	(0.006)	(0.007)	(0.006)	(0.007)
Firm Age	0.006	0.008	0.005	0.010	−0.001***	−0.001***	0.002***	0.007***
	(0.018)	(0.016)	(0.018)	(0.015)	(0.022)	(0.022)	(0.022)	(0.022)
Maturity	0.084*	0.036	0.084*	0.033	0.329	0.179**	0.333	0.180**
	(0.048)	(0.047)	(0.048)	(0.047)	(0.063)	(0.073)	(0.063)	(0.072)
Year	Yes	Yes	Yes	Yes	Yes	Yes	Yes	Yes
Industry	Yes	Yes	Yes	Yes	Yes	Yes	Yes	Yes
N	505	504	505	504	491	490	491	490
Pseudo R2	0.299	0.207	0.297	0.197	0.056	0.043	0.056	0.045
Log likelihood	−230.962	−242.336	−231.657	−245.293	−1052.168	−1115.800	−1052.580	−1113.129

注：*、**、***分别表示在 10%、5%、1%水平下显著。括号内为经过公司个体和时间维度聚类调整的标准误。Pseudo R2 表示 Probit 与 Tobit 模型的拟合优度。

从公司治理的角度看，聘请具有更高声誉的审计师可以提供关于借款人的可靠信息，有助于有效地解决契约问题（Jensen and Meckling，1976）。债券持有人关于公司的信息有限，主要依靠公司披露的信息来评估其业绩和未来前景。在公司缺乏可靠财务报表的情况下，资金提供者将不得不使用其他来源进行成本高昂的信息鉴别和监督。而通过声誉更高的"四大"审计，可以提高这种可信度，提高公司收益报告的准确性，降低了债券持有人的信息搜寻和监督成本。

现有研究表明，"四大"①的审计人员能够提供更好的监督，尤其是对那些存在严重信息问题的公司。"四大"的这种外部监督限制了基于应计收益报告潜在的激进机会主义行为的发生。有研究指出，拥有"四大"

① "四大"是指国际四大会计师事务所，即普华永道、德勤、安永、毕马威。

审计师的公司具有较低的可自由支配应计利润，高质量的审计师允许公司较少的会计灵活性，具有更高的盈余响应系数。本研究预计，"四大"更高声誉的审计是对社会关系声誉的一种替代，而对非"四大"审计的公司，将更依赖于公司自身的社会关系资本。

表 7-14 报告了审计质量对社会关系网络与债券契约条款关系的影响结果。表 7-14 的第 1、2 列显示，在非"四大"审计的样本组，也就是审计师声誉或者审计质量较差的公司，社会关系网络中心度与债券是否要求抵押显著负相关，而在"四大"审计的样本组中，社会关系网络中心度与债券是否要求抵押之间没有显著的负相关关系。这一结果表明，审计质量与社会关系资本具有一定的替代性，当审计质量不好的时候，社会关系资本在缓解债券契约的代理成本中扮演着重要的角色。反过来，在审计师声誉较高或审计质量较好的时候，社会关系资本对债券契约的影响就不那么显著了。

表 7-14　审计质量对社会关系网络与债券契约条款关系的影响

	Collateral				Covenant_Intensity			
	是	否	是	否	是	否	是	否
	（1）	（2）	（3）	（4）	（5）	（6）	（7）	（8）
Composite_Centrality	-0.080	-0.339*			-0.077***	0.034***		
	(0.052)	(0.200)			(0.054)	(0.120)		
structural hole			-2.020	-7.043			-5.000***	6.052***
			(1.491)	(9.400)			(1.921)	(6.065)
Size	0.006	0.792**	0.005	0.681***	-0.046***	-0.058***	-0.041***	-0.058***
	(0.030)	(0.317)	(0.030)	(0.247)	(0.039)	(0.080)	(0.039)	(0.079)
Leverage	-0.107	-3.663**	-0.160	-3.356**	-1.361***	2.811***	-1.401***	2.865***
	(0.439)	(1.615)	(0.436)	(1.597)	(0.586)	(1.562)	(0.582)	(1.555)
Quick Ratio	-0.098*	-0.525*	-0.104*	-0.368	-0.024***	0.561*	-0.031***	0.531*
	(0.059)	(0.269)	(0.060)	(0.298)	(0.067)	(0.235)	(0.067)	(0.237)
Tangible	0.189	0.717	0.150	0.534	0.728***	-0.625***	0.703***	-0.522***
	(0.280)	(1.302)	(0.280)	(1.197)	(0.389)	(1.036)	(0.387)	(1.038)
ROE	-1.106	-18.231***	-1.323	-17.316***	-0.539***	-2.273***	-0.511***	-2.429***
	(1.233)	(5.917)	(1.208)	(5.379)	(1.498)	(3.961)	(1.483)	(3.916)
Tobin's Q	0.029	1.303	0.021	0.964	0.170***	1.133	0.134***	1.291
	(0.080)	(0.907)	(0.080)	(0.731)	(0.111)	(0.395)	(0.112)	(0.426)
TOP 1	0.006	-0.034	0.006	-0.035	-0.007***	-0.034***	-0.007***	-0.032***
	(0.004)	(0.022)	(0.004)	(0.022)	(0.005)	(0.013)	(0.005)	(0.013)

续表

	Collateral				Covenant_Intensity			
	是	否	是	否	是	否	是	否
	（1）	（2）	（3）	（4）	（5）	（6）	（7）	（8）
Firm Age	−0.001	0.101	0.001	0.073	0.018***	−0.136***	0.026***	−0.139***
	(0.012)	(0.065)	(0.012)	(0.060)	(0.016)	(0.045)	(0.016)	(0.044)
Maturity	−0.007	0.260***	−0.009	0.275***	0.338	0.092***	0.335	0.087***
	(0.043)	(0.088)	(0.043)	(0.081)	(0.058)	(0.087)	(0.058)	(0.086)
Year	Yes	Yes	Yes	Yes	Yes	Yes	Yes	Yes
Industry	Yes	Yes	Yes	Yes	Yes	Yes	Yes	Yes
Pseudo R2	0.182	0.715	0.180	0.695	0.034	0.082	0.036	0.083
Log likelihood	−439.992	−26.471	−441.175	−28.332	−1740.160	−418.163	−1737.780	−417.706

注：*、**、***分别表示在 10%、5%、1%水平下显著。括号内为经过公司个体和时间维度聚类调整的标准误。Pseudo R2 表示 Probit 与 Tobit 模型的拟合优度。

表 7-14 的第 5 至 8 列可以看出，不管是否由"四大"审计，拥有更高社会关系网络中心度（结构洞）与债券的限制性条款密度都在 1%水平上显著负相关。这表明，对于债券契约限制性条款的密度（Covenant_Intensity）来说，社会关系资本对不同审计质量的企业都具有显著的缓和作用。

从公司外部治理环境来说，越来越多的学者注意到债务人和债权人之间信息不对称对债务契约的影响。信息风险往往会增加企业的资金成本和施加更加严格的债券限制性条款。因此，收益的可预测性是决定资本成本的关键因素。那些预测非常准确的分析师，可能拥有具有市场价值的私人信息。金融分析师作为比普通投资者更知情的复杂代理人，其报告在提高收益预测的可信度，从而降低信息风险和提高资金配置效率方面具有重要价值。Hasan et al.（2012）研究发现，分析师准确性对收益可预测性和银行贷款利率、期限和担保都具有重要的影响。也有研究表明，分析师预测的信息含量具有经济意义，减少了公司发行债券的息差，尤其是在治理质量较弱的国家。

社会关系网络的一个重要作用是扮演着信息沟通的角色，社会关系互动成为信息流动的重要润滑剂，减轻信息风险，可以作为债务契约限制性条款的替代品。信息可以在社会关系网络中更好地流动，减少债权人的信息风险，从而降低对更多严格的限制性条款的需求。因此，我们预期，外部信息环境质量较低时，社会关系网络扮演着更加重要的信息沟通的角色，而当外部信息质量较高时，社会关系网络的作用较小。

　　表 7-15 报告了信息环境质量高低对社会关系网络与债券契约条款之间关系影响的结果。表 7-15 的第 1、2 列显示，在信息环境质量较高的样本组中，社会关系网络中心度与债券是否要求抵押之间没有显著的负相关关系。在信息环境质量较低的样本组，社会关系网络中心度与债券是否要求抵押显著负相关，而这一结果表明，外部信息环境质量与社会关系资本具有一定的替代性，当外部信息环境质量不好的时候，社会关系资本在缓解债券契约的代理成本中扮演着重要的角色。反过来，在外部信息质量较好的时候，社会关系资本对债券契约的影响就不显著了。

表 7-15　信息环境质量高低对社会关系网络与债券契约条款关系的影响

	Collateral				Covenant_Intensity			
	高	低	高	低	高	低	高	低
Composite_Centrality	-0.076	-0.139*			-0.242***	0.076***		
	(0.060)	(0.071)			(0.067)	(0.076)		
structural hole			-1.838	-2.945			-6.446***	-2.551***
			(1.651)	(2.544)			(2.302)	(3.179)
Size	0.047	0.002	0.046	0.004	-0.008***	-0.199***	-0.011***	-0.200***
	(0.036)	(0.037)	(0.036)	(0.038)	(0.050)	(0.049)	(0.050)	(0.049)
Leverage	-0.283	0.019	-0.344	-0.068	-1.090***	-0.334***	-1.283***	-0.181***
	(0.491)	(0.743)	(0.489)	(0.730)	(0.712)	(0.893)	(0.715)	(0.897)
Quick Ratio	-0.153**	-0.160	-0.155**	-0.179	0.036***	0.063***	0.034***	0.078***
	(0.069)	(0.109)	(0.069)	(0.110)	(0.103)	(0.086)	(0.104)	(0.086)
Tangible	-0.313	0.978**	-0.359	0.919**	0.400***	1.041***	0.252***	1.021***
	(0.342)	(0.439)	(0.341)	(0.439)	(0.470)	(0.595)	(0.470)	(0.595)
ROE	-0.900	-1.707	-1.202	-1.656	-0.013***	-6.246***	-0.893***	-5.823***
	(1.372)	(2.096)	(1.395)	(2.100)	(1.801)	(2.441)	(1.780)	(2.457)
Tobin's Q	0.147	-0.066	0.140	-0.076	0.205***	0.446	0.172***	0.421*
	(0.093)	(0.130)	(0.093)	(0.132)	(0.134)	(0.171)	(0.138)	(0.172)
TOP 1	0.008*	-0.005	0.008*	-0.005	-0.010***	-0.025***	-0.010***	-0.025***
	(0.004)	(0.006)	(0.004)	(0.006)	(0.006)	(0.007)	(0.006)	(0.007)
Firm Age	0.009	-0.027	0.011	-0.027	0.003***	-0.012***	0.012***	-0.005***
	(0.015)	(0.018)	(0.015)	(0.018)	(0.020)	(0.024)	(0.020)	(0.024)
Maturity	0.016	0.097*	0.015	0.097*	0.232*	0.193*	0.233*	0.198*
	(0.051)	(0.052)	(0.050)	(0.051)	(0.070)	(0.065)	(0.070)	(0.065)
Year	Yes	Yes	Yes	Yes	Yes	Yes	Yes	Yes
Industry	Yes	Yes	Yes	Yes	Yes	Yes	Yes	Yes
N	590	419	590	419	571	410	571	410
Pseudo R2	0.181	0.370	0.179	0.362	0.041	0.056	0.043	0.056
Log likelihood	-313.697	-164.729	-314.446	-166.694	-1271.605	-903.174	-1269.112	-902.996

　　注：*、**、***分别表示在 10%、5%、1%水平下显著。括号内为经过公司个体和时间维度聚类调整的标准误。Pseudo R2 表示 Probit 与 Tobit 模型的拟合优度。

表 7-15 的第 5 至 8 列可以看出，不管外部的信息环境如何，拥有更高社会关系网络中心度（结构洞）与债券的限制性条款密度都在 1% 水平上显著负相关。这表明，对于债券契约限制性条款的密度（Covenant_Intensity）来说，社会关系资本对不同信息环境的企业都具有显著的缓和作用。

7.8   进一步分析

前文中发现，社会关系网络中心度（结构洞）与债券是否要求抵押之间存在显著的负相关关系，这表明中心度高的公司发行的债券较少需要抵押品。同时，社会关系网络中心度（结构洞）与债券契约中包含限制性条款的数目之间存在显著的负相关关系，社会关系网络中心度高的公司发行的债券较少被施加限制性条款。总之，结果表明，社会关系网络中心度与结构洞有助于缓解信息不对称，具有信号传递和声誉约束的作用，债券持有人就会减少抵押品的要求，限制性条款的密度也得到缓解。

进一步想检验一下，既然社会关系网络中心度和结构洞在债券契约上有积极的影响，那么它最终对公司价值会产生怎样的影响？表 7-16 报告了社会关系网络对公司价值影响的结果。从表 7-16 可以看出，除了第 8 列，公司绩效（价值）的四种度量方式对社会关系网络中心度（结构洞）的回归都是显著正相关。因此，研究结果表明，社会关系网络中心度越高与结构洞越丰富对公司价值产生了积极的实际影响。

表 7-16   社会关系网络对公司价值的影响

	企业价值							
	EVA		EV		P/E		ROA	
	(1)	(2)	(3)	(4)	(5)	(6)	(7)	(8)
Composite_Centrality	0.035*		0.115**		0.036**		0.030**	
	(0.018)		(0.049)		(0.016)		(0.012)	
structural hole		2.197**		4.846***		0.820**		0.263
		(0.953)		(1.187)		(0.391)		(0.484)
Size	0.038	0.035	0.166***	0.160***	-0.005	-0.006	0.014*	0.014
	(0.032)	(0.033)	(0.034)	(0.034)	(0.012)	(0.013)	(0.008)	(0.019)
Leverage	0.149	0.178	0.104	0.203	0.740	0.772*	-1.149***	-1.122***
	(0.260)	(0.264)	(0.675)	(0.679)	(0.466)	(0.458)	(0.322)	(0.306)

	企业价值							
	EVA		EV		P/E		ROA	
	（1）	（2）	（3）	（4）	（5）	（6）	（7）	（8）
Quick Ratio	0.002	0.004	-0.060	-0.052	0.025*	0.027**	0.010	0.012
	(0.009)	(0.022)	(0.085)	(0.086)	(0.014)	(0.013)	(0.017)	(0.023)
Tangible	-0.349***	-0.333*	-0.104	-0.056	-0.114	-0.101	-0.204	-0.193*
	(0.026)	(0.198)	(0.288)	(0.286)	(0.181)	(0.182)	(0.190)	(0.117)
ROE	5.884***	5.891***	3.204***	3.408***	-1.865***	-1.751***	9.012***	9.140***
	(0.512)	(0.477)	(0.496)	(0.495)	(0.558)	(0.533)	(0.931)	(1.528)
Tobin's Q	0.167**	0.186*	-0.241***	-0.208***	0.060	0.062	0.359***	0.355***
	(0.069)	(0.098)	(0.081)	(0.076)	(0.037)	(0.038)	(0.040)	(0.037)
TOP 1	0.002	0.002	0.007	0.007	0.003**	0.003**	0.002	0.002
	(0.003)	(0.002)	(0.005)	(0.005)	(0.001)	(0.001)	(0.002)	(0.002)
Firm Age	0.001	-0.002	0.007	0.001	0.002	0.002	0.005	0.005
	(0.005)	(0.009)	(0.009)	(0.009)	(0.004)	(0.004)	(0.005)	(0.006)
Year	Yes	Yes	Yes	Yes	Yes	Yes	Yes	Yes
Industry	Yes	Yes	Yes	Yes	Yes	Yes	Yes	Yes
N	1009	1009	1009	1009	1009	1009	1009	1009
Adj. R2	0.227	0.232	0.566	0.567	0.058	0.056	0.617	0.615

7.9　本章小结

债务契约是金融经济学家非常感兴趣的问题，这方面的研究近年来发展迅速。债务是全球企业外部资本的主要来源。事实上，在许多经济体中，债券融资往往是企业外部融资的主要形式。

公司发行债券通常包括各种契约，这些契约限制借款人各个方面的行为，要求遵守有关财务业绩和资本结构的规定（通常表现为对会计比率的限制）。债务契约以借款人的会计信息为基础，通常以财务会计相关披露的要求和会计比率可接受范围的规范（基于已披露的信息）来表示。例如，资本契约使用资产负债表信息，通常表示为资本结构中债务水平的上限，而财务业绩契约使用与当前收益（或现金流）相关的信息。与此同时，限制性契约直接对借款人的融资和投资活动构成限制，例如对股息支付比率、股票和债务发行、资本支出和并购的限制。

　　学者们的想法越来越一致，那就是正确理解许多社会经济现象不能脱离它们所嵌入的潜在社会关系网络。社会关系互动已经成为信息流动的重要润滑剂，可以减轻信息或代理风险，可以作为债务契约限制性条款的替代品。具体来说，社会关系网络增进了信任，而信任水平与契约复杂程度之间存在替代效应，信任水平越高，契约的限制性条款就会越少。社会关系网络中心度越高越有可能在社会互动的规范中约束自己，以保护自己的声誉资本，并保持其在网络中的中心地位。那么，债权人就可以较少依赖债券契约设置过多的限制性条款。概括说来，债券持有人认为社会关系资本提供了环境压力，限制了债务契约中的机会主义行为，增加了信息透明度，增加了信任水平，对债务契约的限制性条款具有"替代效应"。有社会联系的各方可以参与不受详细合同约束的交易，社会资本为合同执行提供了一种补充机制。

　　实证结果发现，社会关系网络中心度（结构洞）与债券是否要求抵押之间存在显著的负相关关系，这表明中心度高的公司发行的债券较少需要抵押品。另外，社会关系网络中心度（结构洞）与债券契约中包含限制性条款的数目之间存在显著的负相关关系，这表明中心度高的公司发行的债券较少需要限制性条款。经过一系列稳健性检验，包括倾向匹配得分PSM、Heckman 两阶段回归分析、替代变量的稳健性分析、Logit 模型与Poisson 模型回归分析，本章主要结果依然是稳健的。

　　渠道机制分析发现，社会关系网络中心度和结构洞，通过提高公司的信用评级来影响债券契约的限制性条款和抵押品的要求。调节效应分析表明，产权性质、市场化水平、审计质量、信息环境质量都对社会关系网络与债券契约条款之间关系产生重要影响。具体来说：（1）国有企业更有可能获得政府救助，因为与政府官员的关系、与地方/中央政府的关系，可以为债券提供政府的隐性担保，国有企业社会关系资本扮演的作用被弱化了。（2）在市场化水平较低的地区，社会关系资本在债券是否要求抵押品上发挥了更大的作用，拥有更高社会关系网络中心度（结构洞）的企业较少被要求使用抵押品，而在市场化水平较高的地区，企业可以有更多机会与其他市场主体建立公平性的契约关系，社会关系资本发挥的作用较少。（3）审计质量与社会关系资本具有一定的替代性，当审计质量不好的时候，社会关系资本在缓解债券契约的代理成本中扮演着重要的角色。（4）在信息环境质量较低的样本组，社会关系网络中心度与债券是否要求抵押显著负相关，而这一结果表明，外部信息环境质量与社会关系资本具有一定的替代性，当外部信息环境质量不好的时候，社会关系资本在缓解债券契约的代理成本中扮演着重要的角色。但是有趣的是，不管所有权性质如何、市场化水平高低、审计质量高低、信息环境质量高低，拥有更高社会关系网络中心度（结构洞）与债券的限制性条款密度都在 1%水平上显著负相关。这表明，对于债券契约限制性条款的密度（Covenant_Intensity）来说，社会关系资本对企业债务契约都具有显著的缓和作用。

第8章 社会关系网络、公司治理与权益成本的理论分析

8.1 引言

资本市场摩擦，如信息不对称和代理问题，限制了企业获得外部融资的途径，也深刻影响着权益资本成本，而缓解信息不对称和解决代理问题的机制对公司的权益资本成本有重要影响。先前的研究检验了各种因素，如制度和监管（Hail and Leuz, 2006）、交叉上市（Hail and Leuz, 2009）、自愿披露（Francis et al., 2008）和公司治理（Chen et al., 2011）对权益资本成本的影响。目前还没有文献研究社会关系网络对权益资本成本的影响。因此，在第6章、第7章分析社会关系网络与债务资本成本（限制性条款）之间关系的基础上，本章将从股东的角度进一步探究社会关系网络对权益资本成本的影响，考察社会关系网络中心度和结构洞如何影响权益资本成本。

社会关系网络创造社会资本，拥有良好社会关系的高管可以利用他们的社会联系，以信息、信任和社会关系网络中固有的互惠规范的形式获取嵌入其中的资源（Woolcock, 1998）。财务学者逐渐意识到，社会资本在公司融资实践中至关重要。基于代理冲突和信息不对称视角，本章探讨了社会关系资本对公司权益资本成本的影响，以及这种关系如何受到不同治理水平的影响。

社会关系网络通过信息共享、信任和契约执行渠道缓解了资本市场潜在的低效率。社会关系资本促进了信息共享，减少了社会关系网络内的信息不对称。先前的证据表明，通过信息披露减少信息不对称的公司可以享有较低的权益资本成本。资本市场投资者进行交易意愿的大小与信任水

平有关。社会资本作为创造信任的手段，在社会结构中促使合作和有效的交易行为，信任减少了昂贵的监督需求，使经济主体能够以更低的成本完成金融交易。

社会关系资本通过声誉损失施加惩罚来促进诚实交易。因此，有良好社会联系的各方要求较少的价格保护，以防止可能的掠夺风险和违约风险。社会关系资本通过声誉损失提供了信息共享和惩罚机制，它还通过增加掠夺的预期成本来降低企业与投资者之间的代理成本。与这些观点一致，Engelberg et al.（2012）研究表明，借款人和银行之间的社会联系降低了借贷成本，这表明社会关系网络会带来更好的信息流动和监督。社会资本减少了信息不对称和代理问题，这有助于降低权益资本成本。此外，当资本市场存在更大的摩擦或扭曲时，社会资本在降低权益资本成本方面的边际效应会更强。因此，治理较差的公司的社会关系资本更有价值，因为这些公司的信息不对称和代理问题更加突出，更需要社会关系网络的信息流动、信任和声誉资本在其中发挥作用。

一方面，社会关系资本对企业的重要性源于资源依赖理论。资源依赖理论（Pfeffer & Salancik, 1978）认为，社会关系网络为公司提供获取资源的便利，如合法性、技能、信息，以及与资本提供者、供应商、客户和其他相关实体的联系。高管向公司提供资源的前提包括与经验、专业知识和声誉相关的人力资本，以及与其他公司董事的社会关系资本。Hillman & Dalziel（2003）发现，关系网络通过降低不确定性和交易成本，提高公司长期生存的可能性。Certo（2003）证明，投资者形成对公司看法的基础是董事会的人力资本和社会资本。Larcker et al.（2013）发现，相对于社会联系较少的公司，社会关联多的公司股票回报率更高，盈利能力更强。Reeb & Zhao（2010）证实了董事资本与公司披露质量呈正相关。媒体会更多报道那些享有盛誉的、知名的高管，这有助于获得投资者的认可（Fang & Peress, 2009）。社会关系网络中著名的高管成员可以提供合法性和威望，提高公司的声誉。社会关系网络提供了从外部组织获取资源和信息的渠道。社会关系网络与金融企业有关联，可以促进企业进入外部资本市场和提供潜在的信息渠道。更大的企业社会资本可以获得更高的投资者认可度，与金融公司更紧密的联系，更优越的信息环境，可以提高公司质量和声誉。具有较高的社会关系网络中心度的企业可以降低企业的权益资本成本，投资者可以更准确地评估公司的风险和感知更高的公司质量（Sengupta, 1998; Miller & Puthenpurackal, 2002）。社会关系网络的边际影响对于信息不对称程度高的企业更加显著（Botosan, 1997; Mansi et al.,

2011）。总之，网络可以通过充当中介来帮助管理层以较低的成本获得信息，从而缓解信息不对称。

另一方面，基于代理理论的管理者权力观（Bebchuk et al., 2002），高管和董事会利用社会关系网络来最大化个人利益，从而损害股东利益（Brown et al., 2012; El-khatib et al., 2015）。Rowley（1997）认为，管理者的权力随着个人获得更多的社会联系而增长，社会关系良好的高管和董事代表了商业精英的特殊群体，良好的社会联系使高管获得巨大的权力。Brown et al.（2012）发现，CEO 在其职业生涯中形成的社会关系与 CEO 薪酬水平正相关，与薪酬绩效敏感性负相关，高管利用社会关系网络获得的管理者权力攫取私人利益。人脉广泛的高管通过社会关系网络获得的权力损害了股东的利益。Faleye et al.（2014）提供的证据表明，人际关系为 CEO 提供了劳动力市场保险，通过减轻与投资相关的职业担忧，使得他们偏好投资高风险项目。El-Khatib et al.（2015）也发现，人脉关系良好的 CEO 利用自己的社会关系网络规避公司控制和市场约束。这些证据表明高管利用社会关系网络获取自己的权力来巩固自己的地位，获取私人利益。总之，关系网络加强了管理者的保护，或者导致了关系企业之间的利益冲突，那么关系网络中庞大的高管和董事网络就会导致代理冲突。此外，Cai et al.（2014）研究发现，企业与投资公司的社会联系会显著增加股东的交易成本。Hwang & Kim（2009）提供的证据表明，与审计委员会成员有社会关系的 CEO 获得的奖金更多，这表明社会关系损害了董事的独立性。类似地，Fracassi & Tate（2012）的研究结果也表明，公司内部 CEO 和董事之间的社会关系削弱了董事会监督的力度。因此，代理假说预测，社会关系网络加剧了代理冲突。

总的来说，一方面，资源依赖理论认为，社会关系网络为公司提供获取资源的便利，如合法性、技能、信息及与其他相关实体的联系。关系资本改变投资者对公司质量的认知，社会关系网络中心度更高的公司可以降低资本成本。另一方面，基于代理理论的管理者权力观，高管和董事利用社会关系网络来最大化个人利益，从而损害股东的利益，可能导致社会关系网络与隐含权益成本之间存在显著的正相关关系。因此，社会关系网络是否显著降低了权益资本成本仍然是一个悬而未决的重要问题。

8.2　社会关系网络与权益资本成本

社会资本可以被广泛地定义为社会网络中固有的信息、信任和互惠规范（Woolcock, 1998）。社会关系网络是社会资本被创造、维持和使用的媒介。社会资本对企业的重要性来源于资源依赖理论，该理论的中心主题是，企业面临资源稀缺，并通过保持与关键资源所依赖的组织的外部联系来管理资源环境。先前的研究表明企业高管与其他组织的领导人保持非正式联系，以减少获取所需资源的不确定性。具体来说，社会资本通过信息、信任和声誉等机制对企业权益资本成本产生重要影响。

第一，社会关系网络的信息机制。社会资本通过信息共享渠道，促进了原本难以交换的信息共享。社会资本通过信息共享渠道，减少了企业与投资者之间的信息不对称，从而减少了权益资本成本。如果信息来自关系网络中的熟人，则可能被赋予更高的价值和可靠性。此外，信息可以在社交互动中获取，且在社会关系网络中获取信息的成本较低。通过披露减少信息不对称的公司有较低的资金成本。社会资本促进了信息共享，减少了关系网络内的信息不对称。较低的信息不对称降低了投资者承担的监督成本，从而影响他们减少持有股权所需的补偿。尽管中国公司的强制性和自愿性信息披露水平不断提高，管理者与投资者之间仍然存在信息不对称。高管社会关系网络通过提高信息流的可用性和可靠性来解决逆向选择问题，并提高投资者对市场的认知度和信心。Mizruchi（1996）研究发现通过任命与其他重要组织有联系的个人，公司向潜在投资者传递信息，这是一个合法的值得支持的企业。企业社会关系资本形成的声望是组织合法性的一个信号，投资者对公司质量形成观念的基础是企业拥有的人力资本和社会资本的总和。利用社会关系网络建立联系的高管和董事能够及时获得更广泛的信息，从而改善公司的信息环境。社会关系网络在获取和处理信息方面提供了竞争优势，并最终有助于提高企业信息环境的质量。Frankel & Li（2004）认为及时披露价值相关信息可以提高企业的信息质量。人脉广的高管和董事也更容易将自己的信息与社会上的同行进行比较，因为他们更容易接触到口口相传的私人信息。相反，如果公司的高管和董事没有良好的关系，就没有这种优势。由于无法比较信息，他们的信息质量也可能受到影响。社会关系网络在传播违约信息方面也发挥着关键作用，从而使有社会联系的群体能够惩罚和排除关系网络中有欺诈行为的个体。

第二，社会关系网络中的信任机制。Arrow（1972）指出，几乎每一笔商业交易本身都有一个信任的因素。所有权和控制权的分离使得股票市场投资成为一种信任密集型的活动。投资者对管理层的信任对管理层激励和监督质量起到双重作用，后者通常以公司和行业特征为代表，如董事会质量、分析师跟踪和产品市场竞争。较高的社会资本通过提供对管理行为的社会监督来增加投资者对公司管理的信任。社会资本通过信任在社会结构中诱导合作和有效的行为。社会资本通过其信任和契约执行渠道，通过减少外部监督的成本和需求，降低了投资者要求的权益报酬率。信任是金融市场参与者面临的基本问题，几乎每笔交易都包含信任的元素。信任很重要，因为在高度信任的环境中，金融交易可以以较低的成本完成。信任减少了昂贵的监督需求，使经济主体能够更有效地运作。信任还可以使不完善契约的负面影响最小化，进而影响外部融资的合同成本。信任使金融市场参与者更容易重新谈判他们的合同义务，从而在应对外部冲击时提供灵活性。Guiso et al.（2008a）研究投资者对他人的信任程度如何影响他们投资股票的决定。他们发现实证支持了他们模型的预测，即越信任的人越愿意购买股票，并且在购买的条件下，他们越信任，就会买得越多。

社会成员之间的相互信任水平作为经济活动的驱动因素具有核心作用。Guiso et al.（2004）研究表明，股票需求不仅取决于法律执行水平，还取决于该地区的社会网络和代理人的社会规范。社会资本水平越高，投资者对代理人的信任就越高，从而提高了投资水平。这些发现背后的直觉是，金融交易不仅取决于合同的法律可执行性，还取决于投资人对企业的信任程度。此外，信任在具有异质代理人和道德风险的一般均衡模型中的作用不同，在低信任环境中，投资水平较低，因为投资者承担了调查代理人所作声明的真实性的成本。信任有助于限制机会主义行为和自利行为，并有助于克服搭便车问题。社会资本越高的地区对社会规范的执行也越有效。因此，参与者之间的信任水平预计会对交易的价值产生重大影响。有相当多的经验证据表明，社会信任水平与金融活动水平、经济增长正相关。

先前的文献表明，社会关系网络中处于有利位置，可以为公司带来更多的社会资本。而社会资本高的公司具有形成相互信任和合作行为的社会规范特征。Guiso et al.（2008）将社会资本定义为一套促进合作的信念和价值观。社会资本可以简单地定义为一组群体成员之间存在的一套非正式的价值观或规范，这些价值观或规范促进他们之间的合作。类似地，Guiso et al.（2004）预测高水平的社会资本会产生对他人更高水平的信任。投资者更容易相信周围可信任的人，就像在高社交资本环境中一样（Pevzner et al., 2015）。因此，如果管理者被认为更值得信任，那么来自高社会资本企业管理者的信息可能被认为更可信。存在于社会关系网络中的信任，使得信息环境得到了改善，信任不仅强化了信息交换，而且激励个人真实地分享他们的私人信息。许多学者认为，高信任环境会促使信息提供者分享更多的信息（Garrett et al., 2014），减少代理问题，降低监督成本，减少法律救济的使用，在信息匮乏的情况下帮助决策，并通过减少冲突和核实信息的需要来降低信息传递的成本。因此，信任关系下的个体可以分享更高质量和更充分的信息。社会关系网络的文献表明，信任关系是从社会互动发展而来的（Granovetter, 1985）。与大量社会关系网络参与者进行频繁而密切的社会互动，可以使社会关系良好的企业建立更多的信任关系。如果关联的董事质疑信息来源的合法性，他们不得将该信息用于决策过程。投资者通常承担的外部监督成本包括收集有关管理层掠夺风险相关信息的成本，以及发现掠夺时进行惩罚的成本。当投资者信任企业时，他们在保护自己权利上花费的成本就会减少，要求的回报就会相应降低，从而导致资金成本降低。社会资本提供了一种解决合同纠纷的替代机制，社会关系网络中的社会规则刺激自愿合作，不需要昂贵的法律干预。同时，大量的基于信任的关系也保证了信息来源的合法性，人脉广泛的高管和董事可以利用这些关系获得更高质量和更充分的信息。

第三，社会关系网络中的声誉机制。处于社会关系网络优势地位的高管和董事非常关注他们的声誉资本。当外部治理水平较低时，处于社会关系网络优势地位的公司可以利用高管和董事的知名度和声誉，增加公司的合法性和声望，有助于这些公司得到投资者的认可，潜在地降低资本成本。Powell（2003）认为声誉在社会关系网络中非常重要，社会关系网络中的声誉资本有助于避免管理层机会主义行为。Javakhadze et al.（2016a）认为，确保高质量的信息通过社会关系网络传递，需要对网络中成员违反行为规范的惩罚机制，而声誉资本的损失是违反社会规范和契约精神的一种重要惩罚机制。同样，Fafchamps & Minten（1999）的研究结果也表明，关系的丧失对网络参与者也具有自我约束的作用。与关系较少的高管和董事相比，关系良好的高管和董事有更大的声誉资本。Francis et al.（2008）认为，声誉好的高管不太可能采取导致财务报告质量下降的行动。有信誉的高管会避免导致企业资本成本上升的行为。社会资本通过对不诚实的各方施加声誉损失来促进交易各方之间的诚实交易，这种惩罚和奖励的能力代表了社会资本减少昂贵监督需求的另一种方式。此外，社会资本通过自愿合作为解决纠纷提供了另一种选择，可以进一步减少对昂贵的正式法律救济的需求。因此，有良好社会联系的各方从事金融或其他交易时，对可能的掠夺和违约，要求较少的价格保护。总之，社会关系网络通过声誉损失提供了信息共享和惩罚机制，它降低了管理层掠夺的动机，减少了代理问题，降低了契约成本，从而降低权益资本成本。

另一方面，基于代理理论的管理者权力观，高管和董事利用社会关系网络获得的权力，攫取个人利益，从而损害股东利益。投资者感知到这类代理风险，会要求较高的权益资本报酬率，也就是说社会关系网络带来的代理成本增加，导致了更高的权益资本成本。经理们有动机歪曲公司的财务报告，虽然有公司治理机制的约束。然而，管理者对这些激励措施的反应是有条件的，这取决于做出错误报告的预期成本和收益。除了刑事诉讼，Desai et al.（2006）认为，当财务误报被披露时，潜在的就业市场惩罚可能是管理者承担的最大个人成本。即便如此，经济学和社会学的研究早就认识到社会关系网络在提高劳动力市场结果方面的重要作用（Jackson, 2010）。因此，高管个人社会关系网络也可能在他们的财务报告选择中发挥作用，因为社会关系网络可以通过提供隐性劳动力市场保险来降低财务误报所产生的预期成本。

经济理论认为，如果管理者财务错误报告造成企业不利的结果，那么经理人市场将对管理者进行事后的惩罚，从而形成对经理人财务错误报告的约束（Fama, 1980）。然而，由经理人劳动力市场施加的约束机制并不总是导致经理人员事后受到惩罚。劳动经济学和社会学的研究表明，个人可以利用她/他的个人关系作为搜寻工作相关信息的来源，并影响他人获得有利的就业机会（Granovetter, 1974）。有大量证据表明，人脉关系良好的管理者（那些在网络中处于更中心位置的管理者）比其他管理者受劳动力市场的约束更少（Beaman & Magruder 2012; Cingano & Rosolia 2012）。

此外，社会学文献表明，社会关系网络位置影响个体的信念和行为。在社会关系网络中处于中心位置的个体具有更高的社会地位和更大的权力，与网络中的其他个体相比，拥有更多的相关资源和更多的机会。因此，他的总体情况会比网络中的其他人更有利，这反过来又会影响他的行为决策（Ibarra & Andrews 1993; Mizruchi & Potts 1998; Hanneman & Riddle 2005）。因此，人脉广泛的经理可能会从他们的中心网络位置中受益，而且与其他经理相比，他们对财务错报引起的负面职业担忧的事前风险厌恶程度较低。

基于以上讨论，本章提出如下两个竞争性的备择假设：

H1a　其他条件相同，社会关系网络中心度与权益资本成本负相关。

H1b　其他条件相同，社会关系网络中心度与权益资本成本正相关。

8.3　公司治理与权益资本成本

影响权益资本成本的主要因素是什么？根据一项研究，对小股东的法律保护是一个重要因素，来自信息披露更广泛、证券监管更严格、契约执行更严格的国家，公司享有更低的资本成本。另一种观点认为，公司层面的公司治理是一个关键因素。在投资者法律保护薄弱的新兴国家，公司层面的治理质量与权益资本成本显著负相关。除了国家和公司层面的治理因素外，影响资本成本的另一个关键因素是金融发展水平和资本获取渠道，金融发展在影响公司治理与权益资本成本的关系中具有重要的作用。可以说，企业所处的外部治理环境与内部治理质量同样重要。这是因为一个国家法律制度的质量反映了对好的治理的持续承诺。通常，企业的内部治理偏好反映的是理性的选择，而不是对良好治理的承诺。因此，将这两个特征都包括在内，内部治理和国家层面的金融发展在影响权益资本成本方面发挥互补作用。有一些跨国研究既研究了国家层面的制度变量，也研究了公司层面的治理。新兴市场的跨国样本表明，国家层面的制度质量和公司层面的治理质量在影响权益成本方面相互替代。发达国家的跨国样本，发现治理质量与权益资本成本之间的关系在法律保护强、信息披露严格、政府质量高的国家更为明显。因此，公司层面的治理和国家层面的治理在降低权益成本方面发挥着互补的作用。总的来说，在保护力度较弱的国家，采用良好的内部治理成本过高。此外，即使企业成功地承诺遵守更高的标准，以更优惠的条件进入资本市场所带来的好处也是有限的，因为一般来说，保护薄弱的国家往往与较低的金融发展有关。然而，现有研究均未明确考察金融发展与公司层面治理质量对权益成本的互动作用。

公司层面治理质量在决定权益资本成本方面具有重要的影响，包括财务信息质量、所有权结构、股东权利和董事会结构，强大的公司层面的治理水平与权益资本成本负相关。新兴市场的经验证据也发现，公司层面的治理质量显著影响权益资本成本，在对投资者法律保护薄弱的国家，这种关系更加显著。拥有较高治理水平的公司享受较低的股权成本，这种效应在法律体系强大、披露质量较高和政府质量良好的国家更为显著。

先前文献研究了公司治理对中国上市公司权益资本成本的影响，分别从财务信息质量、所有权结构和董事会结构等维度考察公司治理对权益资本成本的影响。股东分散的搭便车问题被认为是现代上市公司的基本治理问题。Berle & Means（1932）发现，广泛分散的股权创造了实质性的管理层自由裁量权，管理层可以利用这种自由裁量权，以牺牲投资人利益为代价，实现私人利益。Jensen & Meckling（1976）研究表明，资本提供者（委托人）和管理者（代理人）之间的利益分歧产生了代理成本，这些成本可能会影响权益资本成本，进而导致公司价值的下降。

先前的文献确定了会计信息系统对权益资本成本的直接和间接影响。直接效应是投资者对公司未来现金流分配的评估，而间接效应则反映了对公司实际决策的影响。"会计系统"，不仅仅指公司对外披露的公司信息，还包括公司治理结构。较高的信息质量降低了投资者对公司未来现金流的评估方差，以及与其他公司现金流的评估协方差，这将导致权益成本的降低。理论模型还预测了治理质量对公司实际决策的影响，包括公司现金流的数量，更强的公司治理减少了管理者对公司资源的占用。因此，预期现金流与公司现金流与市场协方差的比值增加，这将导致权益成本的降低。

管理者总是倾向于多投资而不是少投资，并且管理者可以观察到有关投资项目质量的私人信息，并在报告中验证其质量。这些信息可以是一般的，也可以是完全暴露的。当公司治理强（弱）时，投资决策根据报告信息掌握在股东（管理者）手中。因为管理者喜欢高投资水平，不诚实的管理者会通过隐藏一些糟糕的具体信息来投资超过股东的期望。因此，存在信息不对称（管理者拥有私人信息）和代理问题（不诚实的管理者可以隐藏私人信息）的情况下，企业价值会降低。所以，薄弱的治理增加了公司对系统风险的暴露，从而增加了股权成本，也就是说公司治理质量与权益资本成本之间存在负相关关系。

8.3.1　公司治理质量与权益资本成本

La Porta et al.（2000）将公司治理定义为一套机制，通过该机制外部投资者可以保护自己免受内部人的剥夺。这些机制可以在几个方面降低公司的股权成本。首先，公司治理可以降低公司内部人员掠夺的不可分散风险。企业内部人的掠夺程度取决于投资机会和掠夺成本等因素。一家公司的投资机会有一个非多元化的组成部分，取决于宏观经济条件。因此，内部人的掠夺也与市场环境有关，而市场环境是不可多样化的。具体而言，当市场低迷时，内部人预计会掠夺更多，而当市场繁荣时，则会减少。掠夺与市场环境之间的这种负相关关系会放大企业的系统风险，而这种风险必须由更高的回报率来补偿。通过使得掠夺的成本更高，更好的公司治理降低了掠夺程度与市场环境之间的负相关关系。其次，更好的公司治理降低了外部投资者的监督成本，从而降低权益资本成本。投资者必须承担外部监督成本，以确保从公司管理层获得给定的回报。这种监督成本由更高的回报率来补偿，外部投资者对治理较差的公司要求更高的回报率，因为他们需要花费更多的时间和资源来监督这些公司的经理。最后，公司治理还通过限制机会主义的内幕交易来减少信息不对称，从而降低权益资本成本。更好的公司治理与更少的内幕交易相关，在治理薄弱的公司，尤其是那些由家族控制的公司，内部人会利用他们的专有知识进行激进的交易。

公司治理是一种用来降低代理成本的机制，更好的公司应该有更高的估值。然而，公司层面的公司治理或国家层面的投资者法律保护如何影响公司估值的机制仍然不清楚。估值效应可能主要反映了不同程度的大股东掠夺风险或不同的投资机会（现金流效应），但有效的公司治理或法律保护也可能降低投资者所要求的风险溢价，从而降低资金成本（贴现率效应）。但是，公司治理或法律保护与资金成本之间关系还不明确，这取决于公司治理或法律保护的差异在多大程度上导致公司或国家之间不可分散风险的可衡量差异。以前的研究通常集中在公司治理的单一维度，由于治理属性可以作为补充或替代品相互作用，因此推论可能会受到忽略的变量偏差的影响。标准普尔为公司治理的评估开发了一个概念性框架，确定了能够减少公司内部代理问题的四个治理维度：（1）财务信息质量和透明度；（2）所有权结构；（3）董事会结构；（4）股东权利。然而，在中国的样本中，本研究实证模型中没有包括股东权利这一维度，因为除了优先股之外，中国上市公司的普通股股东在其权利方面几乎没有差异。因此，本研究考虑了除股东权利外的其他三个维度。

（1）财务信息质量和透明度。财务信息质量是一种缓解公司管理层和资金提供者之间信息不对称的治理机制。为了捕捉这一治理维度，实证文献主要围绕决策有用性的概念开发了几个盈余质量结构。盈余质量取决于信息的决策相关性，单独使用"盈余质量"一词是没有意义的，因为盈余质量只能在特定决策模型的上下文中定义。例如，盈余平滑可以被认为对盈余质量有负面影响。然而，当收益平滑增强财务分析师预测收益的能力（更高的可预测性）时，情况可能恰恰相反。财务信息质量和透明度通常采用财务透明度评分来衡量。具体包括董事会主动向金融分析师和机构投资者提供信息；适当的形式和频率提供相关信息；提供最新的、连续的和准确的信息以作出高质量的预测；提供额外的关于社会和环境资产的非财务信息的报告；等等。提高财务信息的透明度有助于监督管理层的行动，从而限制其机会主义行为。先前的理论文献发现了高质量信息披露与权益资本成本之间存在负相关关系的证据。一种研究预测，高质量的信息通过降低投资者的估计风险来降低权益资本成本，信息通过增加市场流动性来降低股权成本，从而降低交易成本并产生对证券的更高需求。有相当多的经验证据表明，披露质量降低了公司的权益资本成本，在不同的环境下，信息透明度与权益资本成本之间依然存在负相关关系。

（2）所有权结构。Berle & Means（1932）指出分散的股东有监督公司管理层的个人动机，然而搭便车问题可能会破坏这种激励机制。与小股东不同的是，大股东在公司中拥有足够大的股份，他们有意愿花费私人资源来监督管理层。另外，大股东也可以更容易地协调他们的行动，因为他们的投票权不会在高度分散的股东群体中分配。此外，如果经理们一再违背大股东的意愿，他们可能很快就会被撤换。为此，大股东不同于小股东，有动机也更有能力降低代理成本。因此，大股东为搭便车问题提供了一个解决方案。与此相反，股权集中也可能使股东能够利用他们的权力从小股东和债权人那里榨取私人利益。如果是这种情况，则可以预期大股东与资本成本正相关。

另外，不同类型的股东可能有不同的动机和专业知识，从而对公司的资本成本产生不同的影响。例如，与非家族企业相比，家族企业（股东是创始家族成员）享有更低的融资成本。研究人员将这一发现归因于长期的家庭承诺。大多数家族认为他们的公司是一种应该代代相传的资产，而不是短期的资产。因此，投资人将创始家族所有权视为一种减少投资者与企业之间冲突的组织结构，家族企业的表现优于其他类型大股东的公司。另一个重要的所有权群体是机构投资者，能够影响证券市场信息传递，它反映了机构投资者对证券市场和信息披露的重要影响。与个人投资者相比，机构投资者的资金实力更强，在收集市场信息和进行专业投资价值分析时更容易形成规模效应。由于这些优势，机构投资者逐渐成为中国资本市场的重要力量。机构投资者参与公司治理通常分为内部治理机制和外部治理机制，内部治理通常伴随着机构投资者持有股份，参与股东大会投票，影响公司决策甚至公司未来的战略方向。而外部治理机制一般通过外部监督来实现，主要体现为股票市场压力和媒体监督下的公司管理。机构投资者调研是内部治理的一个特征，以及外部治理的有效性和即时反馈。

通过实地调研和现场参观，机构投资者可以清楚地了解公司的实际运营和生产模式。经验丰富的机构投资者更容易通过与公司中高层的面对面交流，发现公司的经营流程或战略规划中可能存在的问题。机构投资者通过参与公司治理和实地调研获得更多信息，这影响了他们自己的投资决策，并通过研究披露影响股票市场的股价。权益资本成本作为股权投资者对公司资本要求的回报，是对承担风险的外部投资者的补偿，股权资本的高低，代表投资者对公司未来发展的信任程度和风险估计水平。机构投资者参与公司治理，提高公司信息披露水平，降低公司权益资本成本。根据有效监督假说，机构投资者拥有较大的股份比例同时又具有专业人才、知识储备，能够在实现有效监督方面形成规模效应，并在实现自身利益最大化的前提下对公司治理形成有效监督。此外，由于机构投资者是以投资者的身份进入投资市场的，其所承担的委托责任使得机构投资者不仅"用脚投票"来减持股票，而且主动参与公司治理，以帮助公司获得更好的收益。

（3）董事会结构。公司治理的另一个重要因素是董事会薪酬。由于股权的市场价值反映了预期未来现金流的现值，基于股权的薪酬条款可以帮助解决激励问题。鉴于他们都是风险厌恶的，管理者更倾向于通过从事低风险的企业活动来避免薪酬风险，但是这些活动对资本提供者的财富产生了不利影响。股票期权的引入可以降低经理人的风险偏好，因为股票期权的预期收益随着股票价格方差的增加而增加。公司绩效与股票期权水平正相关，经理们更努力工作的动机随着潜在持股数量的增加而增加。所有利益相关者都从上述两个方面受益，从而降低了资金成本。

基于会计的绩效衡量（如奖金计划）将管理者的薪酬与公司价值变化的会计指标联系起来。因此，董事会薪酬与公司业绩的关系更为密切。这种现象促使高管采取更多的价值最大化决策，从而降低了因努力问题和利益分歧而产生的冲突所带来的代理成本，这种情况对所有利益相关者都有利。因此，当绩效奖和基于股份的激励成分在整个董事会薪酬中增长时，管理者的利益将更好地与资本提供者的利益保持一致。

8.3.2　外部治理质量与权益资本成本

在法律保护薄弱的国家，公司层面的公司治理在降低权益资本成本方面发挥了重要作用。机构投资者愿意为公司治理良好的股票支付更高的溢价，特别是当这些公司位于投资者法律保护薄弱的国家时。Jensen & Meckling（1976）的代理理论认为，管理者和股东之间存在利益冲突，公司治理的一项重要功能是保护股东免受管理者或控股股东的剥夺。经济学家早就意识到，金融发展对一个国家的经济增长有深刻的影响，这种影响通过企业获得外部融资的能力发挥作用。金融发展的特点是银行体系发达与资本市场运转良好，金融发展程度越高的国家（以银行发展和资本市场发展的综合指标衡量），经济增长率就越高。Rajan & Zingales（1998）认为，在法律体系不健全的国家，以银行为基础的体系更能促进经济增长，而随着法律体系的健全，以资本市场为基础的体系更能促进经济增长。以市场为基础的金融发展观强调了运转良好的资本市场促进经济增长的作用。这样的市场促使投资者更有动力去研究公司，因为在规模大、流动性强的市场上，根据独特信息进行交易更容易获利。健全的资本市场通过促进收购和更容易地将管理层薪酬与公司业绩挂钩来加强公司治理，也有利于风险管理。

Rajan & Zingales（1998）认为，发达的金融市场和金融机构有助于企业克服道德风险和逆向选择问题，从而降低从外部筹集资金的成本。金融市场的发展促进了依赖外部融资部门的经济增长，一个可能的解释是，发达的金融市场和金融机构降低了企业外部融资的成本。以市场为导向的金融体系依赖公开股权市场筹集资金，因此有利于公司层面的信息生产和向不同的股东群体传播。此外，更高质量的信息公开披露降低了信息不对称，从而降低权益资本成本。因此，在金融体系更加市场化的国家，信息披露水平会更高。同样，在金融体系发达的国家，企业层面的公司治理质量应该会更好，因为它们可能会导致更低的股权成本。综上所述，企业在金融体系健全的国家比金融发展薄弱的国家获得资金的成本更低。

中小股东的法律保护既包括法律规定的权利，也包括执行的有效性。La Porta et al.（1997, 1999, 2002）指出，对投资者法律保护较强的国家比对投资者法律保护较弱的国家拥有更发达的股票市场、更好的公司治理和更高的公司估值。证券法深刻影响资本市场的发展，证券法的执行更加重要。披露要求更广泛、证券监管更严格、执行机制更严格的国家，其上市公司往往享有显著较低的资本成本。资本市场治理的改善与权益资本成本的降低有关（通过隐含股权成本或已实现回报来衡量）。

综上所述，本研究认为企业层面的治理和国家层面的制度环境存在互补性和替代效应。大量研究表明，外部治理环境提供了一个渠道，通过该渠道公司层面的治理可以降低股权资本成本。对于绝大多数企业而言，外部治理环境将在决定向企业提供股权资本的渠道和成本方面发挥重要作用。

8.4　社会关系网络与公司治理质量的交互影响

前文，本书分析了社会关系资本如何影响权益资本成本。社会关系资本可以通过减少企业和投资者之间的信息不对称来降低权益资本成本。社会资本通过其信息共享渠道，减少了金融市场因信息不完善而导致潜在的低效率。同时，由于声誉损失的威胁，社会关系资本降低了管理层掠夺的动机，可以相应地减少企业内部的代理问题，进而降低权益资本成本。先前的文献表明，关系网络（包括董事连锁网络和政治关联）会显著影响资本成本。Allen（1974）通过研究 1935—1970 年 200 家非金融公司和 50 家金融公司的数据发现，对外源性融资的依赖程度与金融机构的社会关系显著正相关。Benson et al.（2018）研究发现，董事会关系网络与信用评级正相关，可以享受较低的资本成本。类似地，Bhojraj & Sengupta（2003）研究发现连锁公司监督机制会增加债券评级，降低债券息差。同时发现那些机构投资者持股比例较高，以及董事会外部控制强烈的公司债券息差更低，并且在新发行债券时评级较高。Booth & Deli（1999）研究发现董事会与商业银行关联关系与公司的负债水平显著正相关，与短期负债、长期负债和银行总贷款显著正相关。Braun et al.（2019）研究连锁董事会作为应对信贷约束手段的作用，结果发现，与银行有联系的公司拥有更好的信贷便利，有更高的杠杆比率。Chen et al.（2014a）研究发现，独立董事的网络中心度与控股股东的隧道行为负相关，董事会网络可以抑制大股东的隧道行为，在公司治理中发挥积极作用。Chen et al.（2014b）研究结果表明，具有政治联系的公司更容易获得银行贷款的优惠待遇，并且从国有银行获得的优惠更多。类似地，Claessens et al.（2008）研究发现，政治关联的公司大大增加了银行融资。Faccio et al.（2006）研究发现具有政治联系的公司更有可能获得纾困，当关联公司面临经济困境时，政治联系会通过财务援助机制来影响资本配置。Boubakri et al.（2012）研究发现，政治关联公司股权融资成本更低。进一步分析发现，政治关联对股权融资成本的影响受当前国家制度和政治环境及企业特征的影响。Cohen et al.（2008）使用社会关系网络来识别证券市场中的信息流动。结果发现，投资经理对关联公司进行了更大的投资，持股的表现也更好。Engelberg et al.（2012）研究发现当银行和公司通过社会关系联系在一起时，利率将显著降低，未来信用评级和股票收益得到改善，社会关系网络可以带来更好的信息流和监督效果。Charumilind et al.（2006）研究发现，与银行和政治家有关联的公司拥有更多的长期债务，并且较少需要抵押品。先前的这些文献大都证明，社会关系有助于降低资本成本。

本章把社会关系网络和公司治理的交互影响纳入研究框架，假设社会资本对公司治理（内部治理质量和外部治理环境）较差的公司的权益资本成本有更显著的影响，治理较差的公司有更大的需求来减少信息不对称和代理问题。在股东法律保护薄弱和资本市场不健全的外部治理环境中，社会资本更有价值，因为这些公司的投资者不能仅依靠法律制度和市场机制来防范掠夺风险和更高效地执行契约。在缺乏强有力的投资者法律保护机制和发达的资本市场结构的情况下，社会关系资本可以促进公平对待签订契约的双方。运转良好的外部投资者法律保护体系，可以提高企业筹集外部资金的能力，降低资金成本。Daouk et al.（2006）研究发现，资本市场治理的改善与权益资本成本显著负相关。Hail and Leuz（2006）研究表明，证券监管的制度差异解释了国家层面上权益资本成本的差异，发达的金融市场有助于克服融资各方的道德风险和逆向选择问题。相比之下，在金融不太发达的市场，这些问题更加严重，更加需要社会关系网络在缓解信息不对称和代理风险方面发挥作用。也就是说，在金融市场不发达或投资者法律保护薄弱的市场里，社会资本与权益资本成本之间的负相关关系更显著。社会信任降低外部投资者对道德风险的担忧，正如 Pevzner et al.（2015）发现的那样，信任是投资者法律保护和信息披露要求等正式制度的替代品。

Chen et al.（2009, 2011）证明了强有力的公司治理如何降低权益资本成本。公司治理可以作为社会资本影响权益资本成本的重要调节变量。公司治理显著影响高管社会关系与权益资本成本之间的关系。一方面，拥有广泛的社会关系网络和良好职业声誉的管理者，没有动机抵制采用良好的公司治理实践。另一方面，良好的公司治理实践，可以作为社会关系资本的一种替代。所以，社会关系网络对权益资本成本的影响会受到不同公司治理质量的影响。在世界价值调查（World Value Surveys）中，信任度得分最高的斯堪的纳维亚国家，尽管提供的投资者保护水平低于普通法国家，但仍有大幅增长。这些发现表明，信任可以作为法律保护的替代品。中国是投资者法律保护薄弱的新兴经济体，但却经历了高水平的经济增长。Allen et al.（2005）认为在中国，社会规范、商业文化和法律以外的机制在促进高水平的经济活动方面发挥了重要作用。

社会资本价值相关性存在差异，社会资本和权益资本成本之间关系可能受到现有监督质量和公司特定声誉的影响。在监督较弱的环境中，管理者有更多的灵活性来采取可能不利于股东财富的行动。Fracassi & Tate（2012）研究发现，拥有更强大 CEO 的公司更有可能任命与 CEO 有联系的董事，CEO 与董事的关联降低了公司价值，特别是在没有其他治理机制替代董事会监督的情况下，与 CEO 的网络关系削弱了董事会监督的力度。本研究预计，在现有监督系统薄弱的情况下，社会资本的监督作用应该更重要。当替代监督机制较弱时，社会关系资本与权益成本之间的负相关关系应该更强。影响感知代理成本的另一个特征是公司特定的声誉，良好的企业特定声誉可以减少感知到的代理问题，这将降低社会资本作为监督机制的价值相关性。在这种情况下，社会资本对声誉相对较弱的企业更重要。也就是说，对于特定声誉相对较弱的企业，社会资本和权益成本之间的负向关系应该更强。相反，如果一家公司受到良好的监督，那么无论是社会资本提供的增量监督，还是公司特定声誉的水平，对权益资本成本产生的影响也许会不显著，也就是说，当现有监督机制较强时，社会关系资本和权益资本成本之间的关系不太显著。相反，当现有的监督很弱时，社会关系资本提供的增量监督应该是价值提升的，对于公司声誉相对较弱的公司来说，社会资本提供的增量监督应该是有益的。当现有的监督很弱时，社会关系资本和权益资本成本之间的关系对于特定声誉较弱的公司应该更强。Chuluun et al.（2014）研究了公司董事会关联对债券收益利差的影响，研究发现更大的关联性与债券收益率利差显著负相关，尤其是对于信息不对称性较高的公司。Ferris et al.（2017）研究了社会资本对公司权益资本成本的影响，认为社会纽带减轻了信息不对称和代理问题，进而导致权益资本成本下降，在不发达的金融市场和法律保护薄弱的市场中，社会资本与权益资本成本之间的负相关关系更加显著。Fogel er al.（2018）研究认为，私人债务的成本和期限受借款公司首席财务官（CFO）社会资本的影响。拥有较高社会资本的 CFO，其公司发行的债券具有较低的利差和较少的契约限制，对于不透明的公司，利差的减少幅度更大。

　　社会资本在不同程度的代理问题和公司特定声誉特征的环境中的相对重要性不同。总体而言，更高信任水平的社会产生更好的经济结果。社会资本通过降低管理层自私自利行为的可能性和增加对不当行为的惩罚来增强社会关系网络中的相互信任。换句话说，通过降低感知到的道德风险水平，从而降低契约成本并产生经济收益。在降低感知道德风险方面，社会资本发挥着类似于董事会质量、分析师跟踪和产品市场竞争等监督机制的功能。因此，可以把社会关系资本看作一个社会监督系统，更高的社会关系资本提供更好的监督，从而降低权益资本成本。

第9章 社会关系网络、公司治理与权益成本的实证研究

9.1 引言

Coleman（1988）认为社会资本存在于人与人之间的关系中，社会网络提供了有效的信息共享、更好的沟通和合作规范，这种合作规范有利于限制自利行为（Knack & Keefer, 1997），限制交易中的机会主义行为（Coleman, 1988），并通过增加信任帮助克服搭便车问题（Guiso et al., 2008）。Uzzi（1996）和 Fischer & Pollock（2004）认为频繁的社会互动，随着时间的推移会培养出一种阻止机会主义的行为准则。Buonanno et al.（2009）发现社会网络阻止个人从事犯罪行为。这些研究都达成了一个共识，即个人的机会主义行为被视作与合作规范相关的既定价值观相矛盾，而密集的社会网络通过更频繁的社会互动来促进沟通，强制执行与合作规范相应的行为准则。处于网络中心的个人实施机会主义或投机行为的预期边际成本更高。因此，本研究预期社会关系网络会强化个人实施机会主义行为的预期成本，包括外部社会制裁，如被社会排斥和被污名化（Posner, 2000）。另一方面，由于个体具有维持自我道德规范的需求（Mazar et al., 2008），所以还包括由强烈的负面道德情感（如内疚和羞耻）所产生的心理代价（Higgins, 1987; Elster, 1989）。Hasan et al.（2017）发现，公司总部位于社会关联水平较高的地区能够抑制经理以牺牲利益相关者利益为代价的自利行为。Hoi et al.（2019）探索了作为社会资本的关键组成部分的社会网络能否缓解 CEO 薪酬中的管理者租金攫取这一代理问题。他们以美国 1993—2014 年 22246 个公司的年度观测数据为样本，研究发现公司总部所在地社会资本（由长期规范和社会网络影响形成）越高，CEO 的薪

酬水平越低。同时社会网络也削弱了 CEO 权力对 CEO 薪酬的增量效应。这些结果表明，社会网络可以通过抑制 CEO 薪酬中管理租金的攫取来缓解股东与经理人之间的代理问题。

同样，社会关系网络可以通过促进有效的信息传递来缓解代理冲突，但也可以成为合谋的渠道。Westphal & Bednar（2012）研究发现，机构投资者与 CEO 的社会联结关系对其参与公司治理造成阻碍。Kuhnen（2009）发现美国共同基金行业的基金董事和管理基金的咨询公司基于过去的联系程度优先地互相聘任对方，但并没有发现这种纽带会导致更好或者更坏的后果，可能是这种联结关系一方面促进了监督，但另一方面也增加了共谋的风险。Butler & Gurun（2012）研究发现与非关联基金相比，基金经理与 CEO 具有校友关系的共同基金更有可能投票反对股东发起的限制高管薪酬的提案。此外，基金经理与高管之间的校友关系与薪酬显著正相关。这说明了公司管理层与基金经理之间有可能通过放松监督来换取私人信息和利益。当股东预期公司高管可能存在机会主义行为时，将会要求更高的风险溢价作为其较高的投资风险与监督成本的补偿。Engelberg et al.（2013）认为拥有大型网络的 CEO 比拥有小型网络的 CEO 薪酬更高，与公司以外的执行董事或董事有联系平均会增加 1.7 万美元的薪酬。

基于以上分析发现，社会关系网络对权益资本成本的影响是一个悬而未决的问题。一方面社会网络关系可以促进信息流动、建立信任，并可以促进关键资源的获取，社会关系网络中处于优势地位的企业将享受更低的权益资本成本。另一方面，由于社会关系也可能带来新的代理冲突，增加股东的代理成本，导致股东要求更高的资本回报，也就是权益资本成本更高。因此，社会关系网络与权益资本成本之间的关系问题，在很大程度上是一个有待进一步检验的实证问题。

9.2　样本选择与研究变量

9.2.1　样本选择

本研究中使用的样本数据包括社会关系网络、公司特征数据和公司财务数据。本研究利用 2007—2021 年中国 A 股上市公司建立企业之间的社会关系网络，从 Wind 经济数据库中获取了上市公司的所有高管成员、自然人股东的信息，包括姓名、性别、职位、学历等信息。为了建立关系网络，为几十万名高管以及自然人股东成员创建了唯一的 ID。接下来，利用 MATLAB 编程，根据企业之间的关联关系，建立每年的相邻矩阵（N×N）。最后，使用 UCINET 和 MATLAB 基于相邻矩阵计算每个公司的网络中心度。

财务数据来源于 CSMAR 数据库，本书将这些数据与社会网络中心度观测数据合并。本研究剔除以下样本：（1）无法获得公司特征数据的观测值；（2）所有特别处理 ST/*ST/PT 类公司；（3）金融公司（金融业有其特殊性）。最终样本是对 3574 家独特的公司 2007—2021 年的 20060 个公司-年观测值。表 9-1 报告了样本分布情况。

表 9-1 的 Panel A 列出了 2007—2021 年样本观测值分布。从 2007 年到 2021 年，观测值和公司数量有逐年上升的趋势。表 9-1 的 Panel B 列出了各个行业的样本分布情况。根据《上市公司行业分类指引》，将企业分为 19 个行业类别，制造业再分为四大类，其他行业到行业门类。样本中有 7529 个观测值（37.53%）属于金属、非金属、机械等行业，有 3782 个观测值（18.85%）属于木材、家具、造纸等行业。

表 9-1　样本分布情况

Panel A 按年份划分的样本分布

Year	No. of obs.	Percent
2007	541	2.70
2008	580	2.89
2009	845	4.21
2010	960	4.79
2011	1256	6.26
2012	1388	6.92
2013	1339	6.67
2014	1376	6.86
2015	1513	7.54
2016	1823	9.09
2017	1774	8.84
2018	1620	8.08
2019	1580	7.88
2020	1635	8.15
2021	1830	9.12
Total	20060	100.00

Panel B 按行业划分的样本分布

行业	No. of obs.	Percent	Unique firms	Percent
农、林、牧、渔业	244	1.22	53	1.25
采矿业	533	2.66	85	2.01
食品、饮料、纺织品和服装	1424	7.10	275	6.51
木材、家具、造纸等	3782	18.85	723	17.11
金属、非金属、机械等	7529	37.53	1465	34.67
其他制造业	377	1.88	104	2.46
电力、热力、燃气及水生产和供应业	588	2.93	108	2.56
建筑业	543	2.71	103	2.44
批发和零售业	981	4.89	191	4.52
交通运输、仓储和邮政业	630	3.14	113	2.67
住宿和餐饮业	73	0.36	11	0.26
信息传输、软件和信息技术服务业	1364	6.80	315	7.46
房地产业	797	3.97	135	3.20
租赁和商务服务业	255	1.27	67	1.59
科学研究和技术服务业	184	0.92	61	1.44
水利、环境和公共设施管理业	280	1.40	280	6.63
居民服务、修理和其他服务业	12	0.06	7	0.17
教育	17	0.08	7	0.17
卫生和社会工作	57	0.28	10	0.24
文化、体育和娱乐业	261	1.30	59	1.40
综合	129	0.64	53	1.25
Total	20060	100.00	4225	100.00

9.2.2 研究变量

（1）被解释变量

借鉴王化成等（2017）、毛新述等（2012）等研究，本书应用 PEG 模型和 OJ 模型对企业权益资本成本进行估计。

①PEG 模型

Easton（2004）从股利折现模型推导得到 AGR 模型，然后不断简化模型，当 ΔAGR=0 时，转化成 MPEG 模型；当 DPS_1=0 时，转化为 PEG 模型；当 AGR_1=0 时，转化为 EP 模型。具体的模型演变见式（9-1）至式（9-6）所示。

$$M_t = \frac{E_t(E_{t+1})}{R_e} + \frac{E_t(AGR_{t+1})}{R_e \times [(R_e - E_t(\Delta AGR)]} \qquad (9\text{-}1)$$

其中，

$$AGR_{t+1} = E_{t+2} + R_e \times D_{t+1} - (1 + R_e) \times E_{t+1} \qquad (9\text{-}2)$$
$$\Delta AGR = (AGR_{t+2} / AGR_{t+1}) - 1 \qquad (9\text{-}3)$$

M_t 为 t 年末公司权益的市场价值，R_e 为权益资本成本（记为 AGR），$E_t[\cdot]$ 为基于截至 t 年的信息所获得的市场预期值，E_{t+k} 为 $t+k$ 年公司会计盈余，D_{t+k} 为 $t+k$ 年公司支付的股利（其中 k=1，2，3）。

当 ΔAGR=0 时，AGR 模型转化为 MPEG 模型：

$$R_e = \sqrt{[E_t(E_{t+2}) + R_e \times E_t(D_{t+1}) - E_t(E_{t+1})] / M_t} \qquad (9\text{-}4)$$

当 DPS_1=0 时，MPEG 模型转化为 PEG 模型：

$$R_e = \sqrt{[E_t(E_{t+2}) - E_t(E_{t+1})] / M_t} \qquad (9\text{-}5)$$

当 AGR_1=0 时，AGR 模型直接转化为 EP 模型：

$$R_e = E_t(E_{t+1}) / M_t \qquad (9\text{-}6)$$

PEG 模型估算出的权益资本成本 R_e，记为 PEG。

②OJ 模型

Ohlson & Juettner-Nauroth（2005）在剩余收益模型的基础上提出了 OJ 模型，该模型假设会计盈余的短期增长率会逐步降低到长期增长率——近似宏观经济增长率。具体模型见式（9-7）所示。

$$R_e = A + \sqrt{A^2 + \frac{E_t(E_{t+1})}{M_t} \times [g - (\gamma - 1)]} \qquad (9\text{-}7)$$

其中，

$$A = \frac{1}{2} \times \left[(\gamma - 1) + \frac{E_t(D_{t+1})}{M_t} \right] \qquad (9\text{-}8)$$

$$g = \frac{1}{2} \times \left[\frac{E_t(E_{t+3}) - E_t(E_{t+2})}{E_t(E_{t+2})} + \frac{E_t(E_{t+5}) - E_t(E_{t+4})}{E_t(E_{t+4})} \right] \quad (9\text{-}9)$$

M_t 为 t 年末公司权益的市场价值，R_e 为权益资本成本（记为 OJ），$E_t[\cdot]$ 为基于截至 t 年的信息所获得的市场预期值，E_{t+k} 为 $t+k$ 年公司会计盈余，D_{t+k} 为 $t+k$ 年公司支付的股利，其中 $k=1$，2，3，4，5。g 是盈余的短期增长率，借鉴 Gode & Mohanram（2003）的做法，使用预计的短期增长率和第五年增长率的平均数作为 g 的估计，具体见式（9-9）所示，（$\gamma - 1$）是超出预测范围外的异常盈余永续增长率，设定为当前无风险收益率（R_f）减 3%，即 $\gamma - 1 = R_f - 3\%$。

（2）解释变量

社会关系网络中心度（centrality）的度量。使用 2007—2021 年样本期的所有高管团队成员及自然人大股东的数据，每年使用关联公司构建一个相邻矩阵 $\mathbf{A} = (a_{ij})$。作为社会网络分析技术的一部分，网络中心度可以描述网络中节点的重要性。通过对每个相邻矩阵的计算，得到了每个企业的中心度测度。根据 Freeman（1978）和 Bonacich（1987）的研究，本研究主要关注三个中心度测度：程度中心度（Degree centrality）、中介中心度（Betweenness centrality）和接近中心度（Closeness centrality）。与 El-Khatib et al.（2015）的做法一致，本研究采用主成分分析，将第一主成分作为社会网络中心度的复合变量（composite）。具体参见 4.2.3 节。

同时，本书也单独考察了股东关系网络对权益资本成本的影响。参考 Chen et al.（2021）的研究，以季度为单位，计算持股 5% 以上同时也在同行业其他上市公司持股 5% 以上的大股东的数量（连锁股东的数量），最后再计算全年连锁股东的平均数量，作为股东连锁关系的代理变量（Interlock blockholder）。

9.2.3　研究设计

本研究的目标是在中国制度背景下，从权益投资者的视角考察社会关系网络的影响效应，实证检验社会关系网络与公司权益资本成本之间关系。为此，本章构建如下回归模型：

$$r_{e\,it} = \alpha + \beta\, socialnetwork_{it} + \gamma (Controlvariable)_{it} + \delta \sum Y_{it} + \kappa \sum ID_{it} + \varepsilon_{it} \quad (9\text{-}10)$$

其中，r_e 是权益资本成本，用 PEG 模型和 OJ 模型估计得到；α 为截距；β 为主要解释变量的回归系数，γ、δ 和 κ 为回归系数向量；ε 为随机变量。参考先前的研究（Boubakri et al., 2012; Chen et al., 2009; 沈艺峰等，2005；王化成等，2017；肖作平，2016），我们控制了影响权益资本成本的其他变量，包括公司规模（Size）、资产负债率（Leverage）、第一大股东持股比例（Top1）、资产收益率（ROA）、是否四大审计（Big4）、股权制衡度（Balance）、两职合一（Duality）、管理层持股比例（Managerial ownership）、独立董事比例（Independent）、高管薪酬（Managerial salary）、机构投资者持股比例（Institutional investors）。具体的变量定义见表 9-2。

表 9-2　变量定义

变量名称	变量符号	变量定义
社会关系网络	Composite centrality	先计算社会关系网络程度中心度（Degree centrality）、中介中心度（Betweenness centrality）和接近中心度（Closeness centrality），再采用主成分分析，将第一主成分作为社会网络中心度的复合变量（Composite centrality）。具体参见 4.2.3 节。
	Blockholder Interlock	以季度为单位，计算持股 5%以上的大股东同时也在同行业其他上市公司持股 5%以上的大股东的数量（连锁股东的数量），最后再计算全年连锁股东的平均数量。
权益资本成本	Cost of equity_OJ	根据 Ohlson & Juettner-Nauroth（2005）在剩余收益模型的基础上提出的 OJ 模型计算。
	Cost of equity_PEG	根据 PEG 模型估计的权益资本成本
公司规模	Size	总资产的自然对数
资产负债率	Leverage	期末总负债/期末总资产
第一大股东	Top1	第一大股东持股比例
资产收益率	ROA	资产收益率=净利润 / 总资产平均余额
是否四大审计	Big4	由"四大"审计为 1，否则为 0
股权制衡度	Balance	第 2 至 5 大股东持股比例/第一大股东持股比例
两职合一	Duality	董事长与总经理是否同一人，是为 1，否则为 0

变量名称	变量符号	变量定义
管理层持股比例	Managerial ownership	管理层持股比例
独立董事占比	Independent	独立董事占比
高管薪酬	Managerial salary	管理层前三名薪酬总额的自然对数
机构投资者持股比例	Institution Investors	机构投资者持股比例
公司治理水平	Governance index	通过主成分分析计算的公司治理指数
市场化水平	Marketization	樊纲（2019）市场化指数
法律制度环境	Law	樊纲（2019）法律制度环境指数

9.3　实证结果与分析

9.3.1　单变量分析

描述性统计如表 9-3 所示。权益资本成本（Cost of equity_OJ）的平均值（中位数）为 13.6%（13.0%），从第 1 个四分位数的 13.6%到第 3 个四分位数的 15.7%不等。权益资本成本（Cost of equity_PEG）的平均数是 11.0%，中位数是 10.4%。这个结果跟先前文献的结果近似，比如毛新述等（2012）中报告的用 PEG 估计的权益资本成本的均值（中位数）是 15.77%（14.05%）。社会网络复合中心度（Composite centrality）的均值和中位数分别是 0.063 和 0.149，Skousen et al.（2018）报告的均值和中位数分别是 0.944 和 0.343，结果较为接近。公司规模的自然对数（Size）的均值和中位数分别是 22.420 和 22.230，资产负债率（Leverage）的均值和中位数分别是 0.429 和 0.426，第一大股东持股比例（Top1）的均值和中位数分别是 35.590%和 33.710%，资产收益率（ROA）的均值和中位数分别是 0.059 和 0.051。

表 9-3　主要变量的描述性统计

Variables	N	Mean	S.D.	Min.	P25	Median	P75	Max.
Cost of equity_OJ	20060	0.136	0.046	0.030	0.106	0.130	0.157	0.645
Cost of equity_PEG	20060	0.110	0.042	0.000	0.082	0.104	0.130	0.565
Composite centrality	20060	0.063	0.985	-3.553	-0.475	0.149	0.723	3.981
Blockholder Interlock	20060	0.112	0.264	0.000	0.000	0.000	0.000	1.609

Variables	N	Mean	S.D.	Min.	P25	Median	P75	Max.
Size	20060	22.420	1.332	18.270	21.470	22.230	23.160	28.640
Leverage	20060	0.429	0.197	0.008	0.273	0.426	0.578	0.998
Top1	20060	35.590	14.970	2.870	23.810	33.710	45.540	89.990
ROA	20060	0.059	0.057	−0.796	0.026	0.051	0.084	0.880
Big4	20060	0.075	0.264	0.000	0.000	0.000	0.000	1.000
Balance	20060	0.709	0.585	0.017	0.250	0.548	1.019	2.976
Duality	20060	0.265	0.442	0.000	0.000	0.000	1.000	1.000
Managerial ownership	20060	13.260	19.410	0.000	0.002	0.571	24.550	70.450
Independent	20060	37.340	5.369	25.000	33.330	33.330	42.860	60.000
Managerial salary	20060	14.550	0.740	11.810	14.060	14.520	15.000	16.830
Institution investors	20060	0.499	0.257	0.001	0.297	0.530	0.699	0.765

表 9-4 中报告了主要变量之间的相关系数。左下角为 Spearman 相关系数，右上为 Pearson 相关系数。如之前所预期的，社会网络复合中心度（Composite centrality）和股东连锁（Blockholder Interlock）都与权益资本成本（Cost of equity_PEG 和 Cost of equity_OJ）显著负相关。Spearman 相关系数分别为-0.020、-0.012、-0.050、-0.047，Pearson 相关系数分别为-0.018、-0.014、-0.047、-0.048，所有的系数至少在 10%的水平上显著。变量的相关系数检验结果表明，社会关系网络中心度（股东连锁）与与权益资本成本（Cost of equity_PEG 和 Cost of equity_OJ）显著负相关，与研究假设 H1a 一致。

表 9-4　主要变量相关系数矩阵

	PEG	OJ	Composite	Interlock	Size	Leverage	Top1	ROA
PEG	1.000	0.964***	−0.018***	−0.047***	0.133***	0.204***	−0.035***	−0.011
		(0.000)	(0.009)	(0.000)	(0.000)	(0.000)	(0.000)	(0.117)
OJ	0.943***	1.000	−0.014*	−0.048***	0.102***	0.157***	−0.024***	−0.010
	(0.000)		(0.054)	(0.000)	(0.000)	(0.000)	(0.001)	(0.150)
Composite	−0.020***	−0.012*	1.000	0.247***	0.303***	0.105***	0.011	−0.071***
	(0.006)	(0.097)		(0.000)	(0.000)	(0.000)	(0.124)	(0.000)
Interlock	−0.050***	−0.047***	0.244***	1.000	0.274***	0.118***	0.040***	−0.032***
	(0.000)	(0.000)	(0.000)		(0.000)	(0.000)	(0.000)	(0.000)

续表

	PEG	OJ	Composite	Interlock	Size	Leverage	Top1	ROA
Size	0.139***	0.105***	0.302***	0.322***	1.000	0.547***	0.166***	-0.178***
	(0.000)	(0.000)	(0.000)	(0.000)		(0.000)	(0.000)	(0.000)
Leverage	0.224***	0.174***	0.093***	0.124***	0.543***	1.000	0.094***	-0.438***
	(0.000)	(0.000)	(0.000)	(0.000)	(0.000)		(0.000)	(0.000)
Top1	-0.029***	-0.018**	0.012*	0.042***	0.213***	0.100***	1.000	0.049***
	(0.000)	(0.010)	(0.077)	(0.000)	(0.000)	(0.000)		(0.000)
ROA	-0.051***	-0.052***	-0.052***	-0.021***	-0.123***	-0.370***	0.056***	1.000
	(0.000)	(0.000)	(0.000)	(0.003)	(0.000)	(0.000)	(0.000)	

注：右上三角为 Person 相关系数，左下三角为 Sperman 相关系数，括号中为 p 值。限于篇幅未列出所有相关系数。

9.3.2　多变量分析

本书将纳入控制变量做进一步回归分析。表 9-5 报告了社会关系网络中心度与权益资本成本的回归结果。表 9-5 的第 1 列报告了社会网络复合中心度（Composite centrality）与权益资本成本（Cost of equity_OJ）的回归结果，回归系数为-0.001，t 值=-2.20，社会网络复合中心度（Composite centrality）与权益资本成本（Cost of equity_OJ）在 5%水平上显著负相关。表明社会网络复合中心度（Composite centrality）每增加一个标准差，权益资本成本（Cost of equity_OJ）相对均值下降约 0.098%（0.985*-0.001=-0.098%）。这一结果与研究假设 H1a 一致，即社会关系网络中心度与权益资本成本负相关。社会关系网络关系可以促进信息流动，建立信任，并可以促进关键资源的获取，社会关系网络处于优势地位的企业将享受更低的权益资本成本。表 9-5 的第 2 列报告了社会网络复合中心度（Composite centrality）与权益资本成本（Cost of equity_PEG）的回归结果，回归系数为-0.002，t 值=-3.76，社会网络复合中心度（Composite centrality）与权益资本成本（Cost of equity_PEG）在 1%水平上显著负相关。

表 9-5 的第 3 列报告了股东连锁（Blockholder Interlock）与权益资本成本（Cost of equity_OJ 的回归结果。Blockholder Interlock 的系数为-0.010，t 值=-4.22，股东连锁（Blockholder Interlock）与权益资本成本（Cost of equity_OJ）在 1%水平上显著负相关。表明股东连锁（Blockholder Interlock）每增加一个标准差，权益资本成本（Cost of equity_OJ）相对均值约下降 0.264%（0.264*-0.010=-0.264%）。表 9-5 的第 4 列报告了股东连锁（Blockholder Interlock）与权益资本成本（Cost of equity_PEG）的回归结果。Blockholder Interlock 的系数为-0.011，t 值=-4.56，股东连锁（Blockholder Interlock）与权益资本成本（Cost of equity_PEG）在 1%水平上显著负相关。这一结果意味着，连锁股东通过发挥协同效应和治理效应降低了权益资本成本。

总体而言，研究结果与前文提出的假设 H1a 一致，预示着社会关系网络中心度在降低权益资本成本中的作用。结果表明，社会网络关系可以促进信息流动，建立信任，并提供关键资源的获取。股东感知公司质量较高，信息风险和代理风险较低，因此要求较低的权益报酬率，也就是说公司处于社会关系网络中的优势地位可以享受较低的权益资本成本。

关于控制变量，与预期基本一致，与先前文献的结果大致相同。例如，资产负债率（Leverage）与权益资本成本在 1%水平上显著正相关，表明财务杠杆越高，财务风险越大，股东要求更高的权益报酬率来补偿面临的风险。是否由四大会计师事务所审计（Big4）与权益资本成本在 1%水平上显著负相关，表明审计质量越高，财务造假的风险越小，股东要求的权益报酬率越低。另外，机构投资者持股（Institution investors）与权益资本成本在 1%水平上显著负相关，表明机构投资者持股越高，机构投资者的治理作用越大，股东面临的代理风险越小，要求的权益报酬率越低。

表 9-5　社会关系网络中心度与权益资本成本回归结果

	Cost of equity_OJ	Cost of equity_PEG	Cost of equity_OJ	Cost of equity_PEG
	(1)	(2)	(3)	(4)
Composite centrality	-0.001**	-0.002***		
	(-2.20)	(-3.76)		
Blockholder Interlock			-0.010***	-0.011***
			(-4.22)	(-4.56)
Size	0.003***	0.004***	0.003***	0.004***
	(2.94)	(4.02)	(3.62)	(4.76)
Leverage	0.028***	0.036***	0.028***	0.035***
	(8.86)	(10.49)	(8.97)	(10.58)
Top1	-0.000	-0.000***	-0.000	-0.000***
	(-0.71)	(-2.71)	(-0.80)	(-2.82)
ROA	-0.008	0.014	-0.009	0.013
	(-0.61)	(0.99)	(-0.68)	(0.97)

续表

	Cost of equity_OJ	Cost of equity_PEG	Cost of equity_OJ	Cost of equity_PEG
	(1)	(2)	(3)	(4)
Big4	−0.007***	−0.007***	−0.006***	−0.006***
	(−3.53)	(−3.99)	(−3.08)	(−3.46)
Balance	0.001	−0.001	0.001	−0.001
	(0.49)	(−0.94)	(0.75)	(−0.57)
Duality	0.001	0.002**	0.001	0.002**
	(1.45)	(2.14)	(1.42)	(2.13)
Managerial ownership	0.000*	0.000**	0.000**	0.000**
	(1.86)	(2.04)	(2.01)	(2.29)
Independent	0.000**	0.000**	0.000**	0.000**
	(2.04)	(1.99)	(2.16)	(2.24)
Managerial salary	0.003***	0.001*	0.003***	0.001
	(3.46)	(1.86)	(3.20)	(1.46)
Institution investors	−0.015***	−0.013***	−0.014***	−0.012***
	(−3.34)	(−2.96)	(−3.14)	(−2.74)
Year	Yes	Yes	Yes	Yes
Industry	Yes	Yes	Yes	Yes
Constant	0.007	−0.017	0.002	−0.019
	(0.27)	(−0.69)	(0.08)	(−0.81)
Observations	20,060	20,060	20,060	20,060
R−squared	0.195	0.243	0.198	0.245

9.4　稳健性检验

为了确保表 9-5 的回归结果是可靠的，本研究进行了一系列的稳健性检验，包括解释变量的滞后测度、一阶差分回归、倾向匹配得分法（PSM）等，并且结果是稳健的。

9.4.1　解释变量滞后一期

虽然笔者不相信本书的回归存在反向因果（reverse causality）问题的困扰，但是为了缓解由互为因果或反向因果关系引起的潜在内生性问题，在这里把解释变量滞后一期。如表 9-6 所示，除第 1 列外，滞后一期的网络中心度变量（Lag.Centrality）和股东连锁（Lag.Interlock）均与权益资本成本（Cost of equity_OJ 和 Cost of equity_PEG）负相关，且至少在 5% 水平上显著。因此，解释变量滞后一期的结果与之前的结果是一致的。

表 9-6　解释变量滞后一期的回归结果

	Cost of equity_OJ	Cost of equity_PEG	Cost of equity_OJ	Cost of equity_PEG
	(1)	(2)	(3)	(4)
Lag.Centrality	−0.000	−0.001**		
	(−0.50)	(−2.53)		
Lag.Interlock			−0.007***	−0.008***
			(−3.03)	(−3.39)
Size	0.003***	0.004***	0.003***	0.004***
	(3.14)	(4.83)	(3.72)	(5.41)
Leverage	0.028***	0.035***	0.028***	0.035***
	(7.62)	(9.95)	(7.69)	(10.16)
Top1	0.000	−0.000**	0.000	−0.000**
	(0.15)	(−2.04)	(0.09)	(−2.10)
ROA	−0.003	0.014	−0.004	0.013
	(−0.27)	(1.05)	(−0.33)	(1.01)
Big4	−0.007***	−0.008***	−0.006***	−0.007***
	(−3.29)	(−3.92)	(−3.03)	(−3.65)
Balance	0.001	−0.002	0.001	−0.001
	(0.73)	(−1.15)	(0.88)	(−0.94)
Duality	0.001	0.001	0.001	0.001
	(0.98)	(1.45)	(0.94)	(1.44)
Managerial ownership	0.000	0.000	0.000	0.000
	(0.84)	(1.20)	(0.85)	(1.32)
Independent	0.000*	0.000*	0.000*	0.000*
	(1.82)	(1.70)	(1.88)	(1.85)
Managerial salary	0.003***	0.002**	0.003***	0.001*
	(3.27)	(2.01)	(3.16)	(1.75)
Institution Investors	−0.023***	−0.019***	−0.022***	−0.018***
	(−4.28)	(−3.71)	(−4.14)	(−3.55)
Year	Yes	Yes	Yes	Yes
Industry	Yes	Yes	Yes	Yes
Constant	0.060***	0.028	0.054**	0.025
	(2.77)	(1.31)	(2.53)	(1.24)
Observations	13,949	13,949	13,949	13,949
R-squared	0.211	0.269	0.212	0.271

9.4.2 一阶差分模型回归

采用一阶差分模型进行回归，表9-7报告了因变量和解释变量一阶差分之后的回归结果。表9-7第1列显示了差分回归的结果，网络中心度变化值（△Composite Centrality）与权益资本成本变化值（△Cost of equity_OJ）负相关（在10%水平上显著）。表9-7第2列显示，网络中心度变化值（△Composite Centrality）与权益资本成本变化值（△Cost of equity_PEG）负相关（在10%水平上显著）。因此，一阶差分模型回归的结果基本与之前的发现一致，研究结论不受影响。这些结论说明，在社会关系网络中处于优势地位的企业显著降低了权益资本成本，社会关系资本越多，信息不对称风险和代理成本风险越低，投资者给予公司信任越多，从而降低了权益资本成本。类似地，当用股东连锁的变化值（△Blockholder Interlock）与权益资本成本变化值回归时，除了△Cost of equity_OJ 作为因变量没有在常规水平上通过显著性检验外，结果基本上跟之前是一样的，即股东连锁有助于协同效应和治理效应的发挥，可以降低权益资本成本。

表9-7 一阶差分模型回归结果

	△Cost of equity_OJ	△Cost of equity_PEG	△Cost of equity_OJ	△Cost of equity_PEG
	(1)	(2)	(3)	(4)
△Composite centrality	−0.001*	−0.001*		
	(−1.95)	(−1.77)		
△Blockholder Interlock			−0.006	−0.007*
			(−1.21)	(−1.76)
Size	0.003***	0.004***	0.003***	0.004***
	(2.89)	(4.92)	(3.00)	(5.07)
Leverage	0.028***	0.035***	0.028***	0.035***
	(5.99)	(8.13)	(5.97)	(8.13)
Top1	−0.000	−0.000***	−0.000	−0.000***
	(−0.00)	(−2.68)	(−0.02)	(−2.68)
ROA	−0.007	0.011	−0.006	0.012
	(−0.42)	(0.77)	(−0.42)	(0.78)
Big4	−0.006**	−0.007***	−0.006**	−0.007***
	(−2.40)	(−2.92)	(−2.38)	(−2.90)
Balance	0.001	−0.002**	0.001	−0.002*
	(0.41)	(−1.97)	(0.41)	(−1.94)

	△Cost of equity_OJ	△Cost of equity_PEG	△Cost of equity_OJ	△Cost of equity_PEG
	(1)	(2)	(3)	(4)
Duality	0.002**	0.003***	0.002**	0.003***
	(2.45)	(3.30)	(2.48)	(3.34)
Managerial ownership	0.000	0.000	0.000	0.000
	(0.45)	(1.03)	(0.45)	(1.04)
Independent	0.000	0.000	0.000	0.000
	(1.22)	(1.18)	(1.20)	(1.16)
Managerial salary	0.004***	0.002**	0.004***	0.002**
	(3.39)	(2.12)	(3.39)	(2.12)
Institution Investors	−0.026***	−0.022***	−0.026***	−0.021***
	(−4.26)	(−3.76)	(−4.28)	(−3.78)
Year	Yes	Yes	Yes	Yes
Industry	Yes	Yes	Yes	Yes
Constant	0.011	−0.017	0.011	−0.018
	(0.46)	(−0.74)	(0.43)	(−0.80)
Observations	10,148	10,148	10,148	10,148
R-squared	0.219	0.279	0.219	0.280

9.4.3　倾向匹配得分（PSM）

　　样本选择偏差可能会影响网络中心度（股东连锁）对权益资本成本（Cost of equity_OJ 和 Cost of equity_PEG）的影响。本研究采用倾向得分匹配法（Propensity Score Matching，PSM）来解决这一问题。这里设置了一个指标，当社会关系网络中心度高于均值时为 1，否则为 0。①通过最近邻匹配（nearest neighbor matching）将每个处理组（高中心度）与对照组（低中心度）匹配，然后通过测试来评估 PSM 匹配的成功程度。最后使用配对后的样本，对模型（9-10）重新回归。

　　表 9-8 报告了 PSM 结果。Panel A 提供了 Composite centrality 样本匹配的平衡性检验。结果发现，在匹配之前处理组和对照组在公司特征方面存在显著差异。然而，在匹配之后，两组观察结果在每个控制变量上没有

---

　　① 也可以用社会关系网络中心度高于四分之三分位数设为 1，否则为 0，来进行匹配，结果是一致的。

显著差异。Panel B 中提供了 Blockholder Interlock 样本匹配的平衡性检验。结果发现，在匹配之前处理组和对照组在公司特征方面存在显著差异。然而，在匹配之后，两组在控制变量上没有显著差异。根据 Fang et al.（2014），这些结果表明我们的 PSM 程序是成功的。表 9-8 的 Panel C 使用匹配后的样本重新进行回归。

表 9-8 的第 1 列报告了社会网络复合中心度（Composite centrality）与权益资本成本（Cost of equity_OJ）的回归结果，回归系数为-0.002，t 值=-2.26，社会网络复合中心度（Composite centrality）与权益资本成本（Cost of equity_OJ）在 5%水平上显著负相关。这一结果与主回归一致，社会关系网络中心度与权益资本成本负相关。表 9-8 的第 2 列报告了社会网络复合中心度（Composite centrality）与权益资本成本（Cost of equity_PEG）的回归结果，回归系数为-0.003，t 值=-3.58，社会网络复合中心度（Composite centrality）与权益资本成本（Cost of equity_PEG）在 1%水平上显著负相关。

表 9-8 的第 3 列报告了股东连锁（Blockholder Interlock）与权益资本成本（Cost of equity_OJ）的回归结果。Blockholder Interlock 的系数为-0.008，t 值=-4.46，股东连锁（Blockholder Interlock）与权益资本成本（Cost of equity_OJ）在 1%水平上显著负相关。表 9-8 的第（4）列报告了股东连锁（Blockholder Interlock）与权益资本成本（Cost of equity_PEG）的回归结果。Blockholder Interlock 的系数为-0.008，t 值=-4.26，股东连锁（Blockholder Interlock）与权益资本成本（Cost of equity_PEG）在 1%水平上显著负相关。这一结果意味着，连锁股东通过发挥协同效应和治理效应降低了权益资本成本。因此，PSM 的结果支持本研究基准回归的发现。

表 9-8　倾向匹配得分（PSM）分析

Panel A Composite centrality 平衡性检验

Variable	Unmatched Matched	Mean		t-test			V(T) V(C)
		Treated	Control	%bias	t	p>t	
Size	U	22.73	22.10	49.10	34.70	0.00	1.36*
	M	22.72	22.75	-2.20	-1.47	0.14	0.91*
Leverage	U	0.46	0.40	27.80	19.66	0.00	0.95*
	M	0.45	0.46	-2.70	-1.87	0.06	0.90*
Top1	U	36.23	34.94	8.60	6.11	0.00	1.07*
	M	36.21	36.32	-0.70	-0.51	0.61	0.96*

续表

Panel A Composite centrality 平衡性检验

| Variable | Unmatched Matched | Mean | | t-test | | | V(T) |
		Treated	Control	%bias	t	p>t	V(C)
ROA	U	0.06	0.06	−7.90	−5.57	0.00	0.99
	M	0.06	0.06	1.00	0.69	0.49	0.96
Big4	U	0.10	0.05	18.00	12.72	0.00	.
	M	0.10	0.11	−2.90	−1.82	0.07	.
Balance	U	0.69	0.73	−5.70	−4.04	0.00	0.95*
	M	0.69	0.69	1.00	0.76	0.45	1.03
Duality	U	0.22	0.31	−19.20	−13.59	0.00	.
	M	0.22	0.23	−0.20	−0.17	0.87	.
Managerialownership	U	9.61	17.05	−39.00	−27.64	0.00	0.63*
	M	9.63	10.12	−2.60	−2.09	0.04	0.98
Independent	U	37.09	37.59	−9.40	−6.65	0.00	0.99
	M	37.10	37.23	−2.40	−1.74	0.08	0.99
Managerialsalary	U	14.65	14.44	29.00	20.55	0.00	1.02*
	M	14.65	14.66	−1.00	−0.68	0.50	0.93*
InstitutionInvestors	U	0.54	0.45	34.80	24.68	0.00	0.86*
	M	0.54	0.54	0.90	0.70	0.49	0.98

Panel B Blockholder Interlock 平衡性检验

| Variable | Unmatched Matched | Mean | | t-test | | | V(T) |
		Treated	Control	%bias	t	p>t	V(C)
Size	U	22.56	22.32	17.80	12.63	0.00	1.49*
	M	22.56	22.58	−1.50	−0.95	0.34	1.27*
Leverage	U	0.46	0.41	26.40	18.37	0.00	0.98
	M	0.46	0.46	0.50	0.32	0.75	0.93*
Top1	U	36.60	34.89	11.40	7.93	0.00	1.04
	M	36.60	36.46	0.90	0.60	0.55	1.02
ROA	U	0.06	0.06	6.40	4.43	0.00	0.79*
	M	0.06	0.06	−3.90	−2.34	0.02	0.63*
Big4	U	0.11	0.05	21.80	15.68	0.00	.
	M	0.11	0.14	−9.50	−5.01	0.00	.
Balance	U	0.68	0.73	−8.90	−6.20	0.00	0.95*
	M	0.68	0.68	−0.90	−0.60	0.55	1.06*

续表

Panel B Blockholder Interlock 平衡性检验

	Unmatched Matched	Mean		t-test		V(T)	
		Treated	Control	%bias	t	p>t	V(C)
Duality	U	0.20	0.31	−23.70	−16.33	0.00	.
	M	0.20	0.21	−0.10	−0.10	0.92	.
Managerial ownership	U	8.55	16.55	−42.80	−29.31	0.00	0.66*
	M	8.55	9.33	−4.20	−3.03	0.00	1.02
Independent	U	36.93	37.62	−12.90	−8.99	0.00	1.35*
	M	36.93	37.06	−2.40	−1.56	0.12	1.06*
Managerial salary	U	14.44	14.62	−25.00	−17.69	0.00	1.35*
	M	14.44	14.44	−0.40	−0.23	0.82	1.25*
Institution Investors	U	0.57	0.45	49.30	34.28	0.00	0.97
	M	0.57	0.56	5.40	3.66	0.00	1.17*

Panel C 匹配后的样本回归

	Cost of equity_OJ	Cost of equity_PEG	Cost of equity_OJ	Cost of equity_PEG
	(1)	(2)	(3)	(4)
Composite centrality	−0.002**	−0.003***		
	(−2.26)	(−3.58)		
Blockholder Interlock			−0.008***	−0.008***
			(−4.46)	(−4.26)
Size	0.003***	0.004***	0.003***	0.004***
	(2.82)	(3.72)	(3.72)	(4.83)
Leverage	0.029***	0.036***	0.028***	0.036***
	(7.82)	(8.75)	(7.92)	(9.53)
Top1	−0.000	−0.000**	−0.000	−0.000***
	(−0.62)	(−2.48)	(−1.15)	(−3.18)
ROA	−0.015	0.009	0.004	0.028***
	(−1.33)	(0.72)	(0.32)	(2.70)
Big4	−0.007***	−0.007***	−0.006***	−0.006***
	(−4.10)	(−4.72)	(−3.14)	(−3.83)
Balance	0.000	−0.001	0.000	−0.001
	(0.35)	(−0.99)	(0.36)	(−1.03)

Panel C　匹配后的样本回归

	Cost of equity_OJ	Cost of equity_PEG	Cost of equity_OJ	Cost of equity_PEG
	(1)	(2)	(3)	(4)
Duality	0.001	0.002**	0.001	0.001*
	(1.31)	(1.98)	(1.44)	(1.71)
Managerial ownership	0.000**	0.000**	0.000***	0.000***
	(2.08)	(2.17)	(3.19)	(3.33)
Independent	0.000**	0.000**	0.000	0.000
	(2.49)	(2.29)	(1.14)	(1.13)
Managerial salary	0.003***	0.001	0.003***	0.001
	(3.19)	(1.07)	(3.14)	(1.54)
Institution Investors	−0.014***	−0.013***	−0.012***	−0.011***
	(−3.08)	(−2.84)	(−3.13)	(−2.64)
Year	Yes	Yes	Yes	Yes
Industry	Yes	Yes	Yes	Yes
Constant	0.018	−0.002	0.007	−0.014
	(0.66)	(−0.06)	(0.27)	(−0.61)
Observations	14,684	14,684	15,991	15,991
R-squared	0.194	0.241	0.199	0.249

9.5　异质性分析

9.5.1　公司治理质量的影响

　　Chen et al.（2009, 2011）证明了强有力的公司治理如何降低权益资本成本。公司治理可以作为社会资本影响权益资本成本的重要调节变量。公司治理显著影响社会关系网络与权益资本成本之间的关系。一方面，拥有广泛的社会关系网络和良好职业声誉的管理者和大股东，没有动机抵制采用良好的公司治理实践。另一方面，良好的公司治理实践，可以作为社会关系资本的一种替代。所以，社会关系网络对权益资本成本的影响会受到不同公司治理质量的影响。前文阐述了社会关系网络中心度和公司层面的公司治理在降低资本成本方面可能存在的相互作用。虽然较好的公司治理有助于社会关系网络机制发挥作用，但并非所有社会关系网络的机制，如增加信息流动、提高信任水平、增加声誉约束等机制，都能完全通过公司治理机制得以实施。例如，当公司治理较弱时（控制权集中、董事会独立性较差、审计质量较低等），社会关系网络的声誉约束机制、提高信息流动、增加投资者信任水平等社会关系网络的机制可能是限制掠夺的可靠方法。因此，处于公司治理较弱的公司，社会关系网络中心度应该更有价值，因为投资者在公司治理较差的环境中需要更多依靠社会关系网络的信息、信任和声誉机制来防止公司内部人的侵占。因此，公司治理水平较低的企业，社会关系网络中心度在降低权益资本成本方面的有效性可能更大。

公司治理涉及股权结构、董事会结构、高管薪酬等方面，是一个多维的变量，由于本书目的是研究公司治理机制的总体影响，所以将公司治理涉及的变量合并为一个公司治理指数。具体做法是，根据股权制衡度、两职合一、管理层持股比例、独立董事占比、董事会规模、管理层前三名薪酬总额、机构投资者持股等做主成分分析，提取公司治理指数。

表 9-9 报告了公司治理质量对社会关系网络与权益资本成本关系的影响。当因变量为 Cost of equity_OJ，第 1 列显示，在公司治理质量高的子样本中，Composite centrality 的系数是负的，但是不显著，第 2 列显示，在公司治理质量较低的子样本中，Composite centrality 的系数是-0.001，在 5%水平上显著负相关。此外，通过系数的差异性检验发现，第 1 列和第 2 列的回归系数具有显著差异（Chow 检验说明，两者的差异在 1%水平上显著）。这一结果表明，当公司治理质量较差时，社会关系网络中心度发挥了更大的作用，投资者在公司治理较差的环境中依靠社会关系网络的信息、信任和声誉机制来防止公司内部人的侵占。因此，在公司治理较差的企业，社会关系网络中心度在降低权益资本成本方面发挥更大作用。

类似地，当因变量是 Cost of equity_PEG，在公司治理治理较低的子样本中，Composite centrality 的系数是-0.002，在 1%水平上显著负相关。在公司治理质量高的子样本中，Composite centrality 的系数是负的，但是不显著。此外，Chow 检验说明，两者的差异在 1%水平上显著。总之，处于公司治理较弱的公司，社会关系网络中心度带来的信息流动、信任水平和声誉约束机制更有价值，也就是说，公司治理水平较低的企业，社会关系网络中心度在降低权益资本成本方面的有效性更大。

表 9-9 公司治理质量对社会关系网络与权益资本成本关系的影响

	Cost of equity_OJ		Cost of equity_PEG	
	公司治理质量高	公司治理质量低	公司治理质量高	公司治理质量低
	(1)	(2)	(3)	(4)
Composite centrality	−0.000	−0.001**	−0.001	−0.002***
	(−0.36)	(−2.07)	(−1.40)	(−3.28)
Size	0.004***	0.003***	0.005***	0.004***
	(2.67)	(3.06)	(3.46)	(4.08)
Leverage	0.030***	0.027***	0.037***	0.036***
	(7.02)	(6.42)	(8.51)	(8.23)
Top1	−0.000	0.000	−0.000***	−0.000
	(−0.70)	(0.53)	(−2.59)	(−1.03)
ROA	−0.017	0.002	−0.001	0.030**
	(−1.06)	(0.10)	(−0.09)	(2.07)
Big4	−0.013***	−0.005**	−0.013***	−0.006***
	(−4.37)	(−2.08)	(−4.30)	(−2.65)
Balance	−0.000	0.003	−0.002*	0.001
	(−0.13)	(1.44)	(−1.69)	(0.44)
Duality	−0.000	0.004***	0.000	0.003***
	(−0.33)	(3.16)	(0.10)	(3.32)
Managerial ownership	0.000*	0.000***	0.000**	0.000**
	(1.73)	(3.09)	(2.36)	(2.55)
Independent	0.000	0.000*	0.000	0.000
	(0.47)	(1.92)	(0.56)	(1.33)
Managerial salary	0.002*	0.003***	0.001	0.001*
	(1.74)	(3.39)	(0.59)	(1.82)
Institution Investors	−0.009*	−0.023***	−0.006	−0.022***
	(−1.77)	(−4.10)	(−1.25)	(−3.78)
Year	Yes	Yes	Yes	Yes
Industry	Yes	Yes	Yes	Yes
Constant	0.013	−0.003	−0.011	−0.024
	(0.41)	(−0.10)	(−0.33)	(−1.00)
Observations	8,513	11,547	8,513	11,547
R-squared	0.197	0.202	0.238	0.256
Chow test	0.000		0.000	

9.5.2　市场化水平的影响

随着改革开放的深入，市场主体开始采用市场化的方式作为经营中的行为准则及主要的经营方式，并且随着要素市场的发展，许多资源并不是完全由上而下控制，企业可以有更多机会与其他市场主体建立公平性的关系。但是，这种制度的变迁并不是等量齐观的，中国各个地区之间仍存有相当大的差异。这为进一步考察不同市场化水平对社会关系网络的影响与权益资本成本之间的关系提供了可能性。

表 9-10 报告了市场化水平对社会关系网络与权益资本成本之间关系的影响。当因变量为 Cost of equity_OJ，第 1 列显示，在市场化水平高的子样本中，Composite centrality 的系数是负的，但是不显著，第 2 列显示，在市场化水平较低的子样本中，Composite centrality 的系数是-0.002，在 1%水平上显著负相关。此外，Chow 检验说明，第 1 列和第 2 列回归系数的差异在 1%水平上显著。这一结果表明，当市场化水平较差时，社会关系网络中心度发挥了更大的作用，投资者在市场化水平较低的环境中依靠社会关系网络的信息、信任和声誉机制来防止公司内部人的侵占。因此，在市场化水平较低的环境中，社会关系网络中心度在降低权益资本成本方面发挥更大作用。

当因变量是 Cost of equity_PEG，第 3 列显示，在市场化水平高的子样本中，Composite centrality 的系数是-0.001，在 10%水平上显著，第 4 列显示，在市场化水平较低的子样本中，Composite centrality 的系数是-0.003，在 1%水平上显著负相关。不论是回归系数还是显著性水平上，在市场化水平较低的环境中，社会关系网络中心度在降低权益资本成本方面发挥更大作用。在此外，Chow 检验说明，第 3 列和第 4 列回归系数的差异在 1%水平上显著。

表 9-10　市场化水平对社会关系网络与权益资本成本关系的影响

	Cost of equity_OJ		Cost of equity_PEG	
	市场化水平高	市场化水平低	市场化水平高	市场化水平低
	(1)	(2)	(3)	(4)
Composite centrality	-0.000	-0.002***	-0.001*	-0.003***
	(-0.67)	(-3.44)	(-1.90)	(-4.77)
Size	0.003***	0.003***	0.004***	0.004***
	(3.00)	(3.22)	(4.17)	(4.07)

续表

	Cost of equity_OJ		Cost of equity_PEG	
	市场化水平高	市场化水平低	市场化水平高	市场化水平低
	(1)	(2)	(3)	(4)
Leverage	0.025***	0.032***	0.033***	0.039***
	(8.02)	(6.93)	(10.82)	(8.15)
Top1	−0.000	−0.000	−0.000*	−0.000***
	(−0.05)	(−1.28)	(−1.82)	(−2.59)
ROA	−0.006	−0.012	0.016	0.009
	(−0.47)	(−0.92)	(1.05)	(0.68)
Big4	−0.009***	−0.002	−0.009***	−0.003
	(−4.57)	(−0.67)	(−5.30)	(−0.96)
Balance	0.001	−0.000	−0.001	−0.001
	(0.78)	(−0.03)	(−0.86)	(−0.56)
Duality	0.001	0.001	0.001	0.001
	(0.70)	(0.95)	(1.32)	(1.16)
Managerial ownership	0.000*	0.000	0.000**	0.000
	(1.71)	(0.93)	(2.25)	(0.75)
Independent	0.000**	0.000	0.000***	−0.000
	(2.09)	(0.68)	(2.72)	(−0.09)
Managerial salary	0.002**	0.004***	0.001	0.002*
	(2.19)	(3.03)	(0.65)	(1.85)
Institution Investors	−0.015***	−0.016**	−0.012***	−0.016**
	(−3.20)	(−2.51)	(−2.69)	(−2.48)
year	Yes	Yes	Yes	Yes
industry	Yes	Yes	Yes	Yes
Constant	0.020	−0.014	−0.006	−0.032
	(0.75)	(−0.42)	(−0.23)	(−1.10)
Observations	12,291	7,769	12,291	7,769
R−squared	0.201	0.198	0.250	0.246
Chow test	0.000		0.000	

9.5.3　法律保护环境的影响

先前的文献研究表明，信任可以作为法律保护的替代品。中国是投资者法律保护薄弱的新兴经济体，但却经历了高水平的经济增长。在股东法律保护薄弱的外部治理环境中社会资本更有价值，因为这些公司的投资者不能仅依靠法律制度来防止掠夺风险和更高效地执行契约。在缺乏强有力的投资者法律保护机制的情况下，社会关系资本可以促进公平对待签订契约的双方。运转良好的外部投资者法律保护体系，可以提高企业筹集外部资金的能力，降低资金成本。Hail and Leuz（2006）研究表明，证券监管的制度差异解释了国家层面上权益资本成本的差异，发达的金融市场有助于克服融资各方的道德风险和逆向选择问题。

表 9-11 报告了法律保护环境对社会关系网络与权益资本成本之间关系的影响。当因变量为 Cost of equity_OJ，第 1 列显示，在法律保护较好的子样本中，Composite centrality 的系数不显著，第 2 列显示，在法律保护环境较差的子样本中，Composite centrality 的系数是-0.003，在 1%水平上显著负相关。此外，Chow 检验说明，第 1 列和第 2 列回归系数的差异在 1%水平上显著。这一结果表明，当法律保护环境较差时，社会关系网络中心度发挥了更大的作用，投资者在法律保护环境较低的环境中依靠社会关系网络的信息、信任和声誉机制来防止公司内部人的侵占。因此，在法律保护环境水平较低的环境中，社会关系网络中心度在降低权益资本成本方面发挥更大作用。

当因变量是 Cost of equity_PEG，第 3 列显示，在法律保护环境高的子样本中，Composite centrality 的系数是-0.001，没有通过常规显著性水平检验，第 4 列显示，在法律保护环境较低的子样本中，Composite centrality 的系数是-0.003，在 1%水平上显著负相关。此外，Chow 检验说明，第 3 列和第 4 列的回归系数的差异在 1%水平上显著，说明法律保护环境对社会关系网络与权益资本成本之间关系具有显著的影响。

表 9-11　法律保护环境对社会关系网络与权益资本成本关系的影响

	Cost of equity_OJ		Cost of equity_PEG	
	法律保护好	法律保护差	法律保护好	法律保护差
	(1)	(2)	(3)	(4)
Composite centrality	0.000	−0.003***	−0.001	−0.003***
	(0.21)	(−3.79)	(−1.34)	(−4.67)

续表

	Cost of equity_OJ		Cost of equity_PEG	
	法律保护好	法律保护差	法律保护好	法律保护差
	(1)	(2)	(3)	(4)
Size	0.002**	0.004***	0.003***	0.005***
	(2.15)	(3.82)	(3.18)	(4.68)
Leverage	0.027***	0.029***	0.034***	0.037***
	(7.75)	(7.04)	(9.92)	(8.33)
Top1	0.000	−0.000*	−0.000	−0.000***
	(0.26)	(−1.85)	(−1.38)	(−3.57)
ROA	−0.016	0.001	0.004	0.025**
	(−0.99)	(0.11)	(0.23)	(2.43)
Big4	−0.009***	−0.002	−0.010***	−0.003
	(−4.49)	(−0.61)	(−4.63)	(−1.06)
Balance	0.002*	−0.002	0.000	−0.002
	(1.67)	(−1.00)	(0.07)	(−1.48)
Duality	0.001	0.001	0.002*	0.001
	(1.25)	(0.94)	(1.95)	(1.45)
Managerial ownership	0.000	0.000*	0.000*	0.000*
	(1.15)	(1.84)	(1.66)	(1.82)
Independent	0.000**	0.000	0.000**	0.000
	(2.08)	(0.72)	(2.53)	(0.29)
Managerial salary	0.003**	0.004***	0.001	0.002
	(2.36)	(2.98)	(1.33)	(1.57)
Institution Investors	−0.015***	−0.014**	−0.013***	−0.013**
	(−3.24)	(−2.52)	(−2.87)	(−2.42)
Year	Yes	Yes	Yes	Yes
Industry	Yes	Yes	Yes	Yes
Constant	0.034	−0.025	0.001	−0.038
	(1.28)	(−0.82)	(0.03)	(−1.37)
Observations	11,449	8,611	11,449	8,611
R-squared	0.197	0.203	0.247	0.250
Chow test	0.000		0.000	

9.6　本章小结

影响公司权益资本成本的主要因素是什么？一种观点认为，对中小股东的法律保护是一个重要因素。Hail & Leuz（2006）的研究表明，来自披露更广泛、证券监管更强、执法更严格的国家，公司的权益资本成本更低。另一种观点认为，公司层面的治理水平是一个关键因素。Chen et al.（2009）研究表明，在投资者法律保护薄弱的新兴国家，公司治理质量对股权资本成本具有显著的负向影响。除了国家和公司层面的治理因素外，没有一篇论文明确地研究了社会关系网络中心度对权益资本成本的影响。

社会关系互动已经成为信息流动的重要润滑剂，可以减轻信息风险，同时社会关系网络中的声誉约束机制，可以减轻代理风险，社会关系网络的这些机制可以作为正式制度一定程度上的替代品。具体来说，社会关系网络中心度越高越有可能在社会互动的规范中约束自己，以保护自己的声誉资本，并保持其在网络中的中心地位。股东感知社会关系资本提供了环境压力，限制了内部人的机会主义行为，增加了信息透明度，增加了信任水平，社会关系资本为投资者保护提供了一种补充机制。

本章结合中国制度背景，在第八章理论推演社会关系网络与公司权益资本成本之间的关系，提出相关的研究假设的基础上。在控制相关变量下，采用 2007—2021 年中国 A 股非金融上市公司的 20060 个观测样本，实证检验社会关系网络如何影响公司权益资本成本。研究发现，社会关系网络确实影响公司权益资本成本。具体而言：社会关系网络中心度与权益资本成本显著负相关，在社会关系网络中处于优势地位的公司权益资本成本更低，说明投资者认为在社会关系网络处于优势地位可以为公司带来诸多好处，并且可以降低公司的风险，所以要求了较低的风险溢价。另外，股东连锁与权益资本成本显著负相关，连锁股东通过发挥协同效应和治理效应降低了权益资本成本。经过一系列稳健性检验，包括倾向匹配得分 PSM、一阶差分模型回归分析、解释变量滞后一期回归分析，本书主要结论依然是稳健的。

此外，异质性分析表明，公司治理质量、市场化水平和法律保护水平都对社会关系网络中心度与权益资本成本之间关系产生重要影响。具体来说：（1）当公司治理质量较差时，社会关系网络中心度发挥了更大的作用，投资者在公司治理较差的环境中依靠社会关系网络的信息、信任和声誉机制来防止公司内部人的侵占。因此，在公司治理较差的企业，社会关系网络中心度在降低权益资本成本方面发挥更显著的作用。（2）当市场化水平较差时，社会关系网络中心度发挥了更大的作用，投资者在市场化水平较低的环境中更加依赖社会关系网络的信息、信任和声誉机制来防止公司内部人的侵占。因此，在市场化水平较低的环境中，社会关系网络中心度在降低权益资本成本方面发挥更大作用。（3）法律保护与社会关系资本具有一定的替代性，在法律保护较低的样本组，社会关系网络中心度与权益资本成本显著负相关，这一结果表明，投资者法律保护与社会关系资本具有一定的替代性，当外部投资者法律保护较弱的时候，社会关系资本在缓解投资者面临的代理成本中扮演着重要的角色。①

---

① 按照评审专家的建议，本书进一步讨论社会关系网络、公司治理对加权平均资本成本（WACC）的影响。实证显示，结果与前面的结论基本是一致的。鉴于专著篇章布局，本书并没有在单独属于债务资本成本和权益资本成本对应的章节中加进去，有需要的读者可以向作者索取这一部分实证结果与讨论。

第10章 结论与展望

10.1 主要研究结论

本书研究了公司的社会关系网络如何影响公司的资本成本,包括债务资本成本、债务契约的非价格条款和权益资本成本。通过理论分析,本研究预期关系良好的公司,即社会关系网络中心度更高和结构洞更丰富的公司,可以降低公司的资本成本。具体地,根据社会资本理论,本书提出了这一研究假设的三个原因。

首先,关系良好的高管和董事可能会及时获得更广泛的信息,使他们能够改善公司信息环境。社会关系网络通过信息共享渠道,促进了原本难以交换的信息实现共享,减少了企业与投资者之间的信息不对称,从而降低资本成本。

其次,社会关系网络规范可以创造信任,信任有利于契约执行。网络参与者更频繁和密切的社会互动,以及网络参与者之间的同质性,使得关系良好的网络参与者能够建立大量的信任关系,从而获得高质量、更充分的信息。较高的社会关系资本通过提供对管理行为的社会监督来增加投资者对公司管理的信任。社会资本通过信任在社会结构中诱导合作和有效的行为。社会资本通过其信任和契约执行渠道,减少外部监督的成本和需求,降低了投资者要求的资本报酬率。

最后,社会关系网络中心度高的高管和股东的声誉资本更大,声誉资本作为一种向市场提供准确信息的惩戒机制,有助于提高公司的信息披露质量,从而降低公司的资本成本。确保高质量的信息通过社会关系网络传递,需要对社会网络成员违反行为规范的惩罚机制,而声誉资本的损失是违反社会结构内规范和契约的一种重要机制。拥有良好社会资本和声誉资本的公司,有更强的动机来保护其社会和声誉资本。社会关系网络居于中心位置的个体不太可能轻易作出机会主义的有损社会资本和社会声誉的行为。社会关系网络加强了外部社会制裁，如社会网络排斥和污名化，并加剧了机会主义行为的消极影响，如内疚和羞耻，从而降低代理成本风险。

本研究进一步认为，不同的公司内部治理质量和外部治理环境，企业社会关系网络发挥的作用具有显著差异。因此，我们预测并提供证据表明，公司治理的异质性，包括内部治理质量和外部治理环境的异质性，会显著影响社会关系网络中心度与资本成本之间的关系。

（1）中国上市公司面临独特的融资制度背景，法律制度、金融制度等与东亚国家或西方国家之间存在较大的差异。从法律制度环境看，投资者权利的法律保护力度较弱，契约的法律执行质量较差；从金融制度环境看，信贷市场的发展规模最大，股票市场的发展规模居中，债券市场的发展规模最小，但近年来发展非常快，金融市场的整体发展规模、活跃度、有效性程度均有待进一步发展和提升。中国在股票市场效率、信贷市场效率、营商环境、法律和产权保护水平上跟世界相比，仍然有很长的路要走，需要进一步提高股票市场和信贷市场的效率，进一步改善营商环境，提高法律和产权保护的水平，改善融资环境。

（2）就债务人的偿债能力而言，处于社会关系网络优势地位的企业具备更好的偿债能力。根据资源依赖理论，企业的竞争优势来源于它所拥有的有形和无形的资源，并且这种资源其他公司较难取得或者取得的成本较大。社会关系网络作为一种有价值的资源，能够帮助企业获取提升竞争优势的关键资源。这些研究说明社会关系网络处于优势地位的企业的经营风险更低，债权人在评估企业风险的时候将把社会关系网络作为一个重要考虑因素。

（3）从相关的制度约束来看，社会关系网络中处于优势地位的企业，在缓和制度约束方面更具有优势。债权人评价债务风险的一个重要依据是企业的信息环境，因为信息不对称风险和债务成本正相关。信息透明度及时准确地反映了企业的财务状况和经营绩效，对债务人偿债能力的判断具有十分重要的作用。社会关系网络处于优势地位的企业的信息不对称风险相对较低，债权人在给债务资本定价的时候会充分考虑这一点，给社会关系网络处于优势的企业更优惠的利率、更宽松的债务契约限制性条款。

（4）在我国资本市场制度还不健全的情况下，企业往往会通过一种非正式的制度安排来弥补制度的不足，而社会关系网络便是其中重要的替代机制之一。在缺乏正式的法律制度对企业产权进行有效保护的时候，企业的经济纠纷常常通过非正式的机制来解决。换句话说，当司法体系无法保证债务契约得到有效的执行时，借款人的社会关系网络会对债务契约产生重要影响。企业可以通过社会关系网络得到关键资源，降低企业经营的不确定性，进而更易于获得低成本的资金。

（5）信任是社会关系网络中促进合作的一个基本因素。经济活动需要一定的安全环境，特别是在治理水平较差和市场不发达的地区。信任关系是法律制度中最重要的替代机制。Cohen et al.（2008）认为，现有的社会关系网络是建立信任的最简单方法。建立信任关系需要时间，网络成员有足够的个人接触来相互了解，从而更容易建立信任关系。

（6）社会网络中心度（centrality）和结构洞（structural holes）对其他企业甚至整个网络的信息流都有很强的影响。处于较高的社会关系网络中心度的企业在缓解信息不对称方面具有优势，高中心度的企业能够以更高的质量、更快的速度、更广的范围将信息传达给外部投资人，尤其是潜在的债权人。社会关系网络可以用来收集所需的信息，以减少信用关系中固有的信息不对称风险。社会关系网络是反映资产价格信息的关键机制。

（7）社会关系网络中具有获取关键资源的便利性。社会关系网络是企业获取外部资源的一种有效途径，社会关系网络成员有助于建立企业之间的协调关系，促进关键资源的共享，增强企业获取更多资源的确定性。

（8）作为正式制度的公司治理扮演了非常重要的作用。良好的外部治理环境能确保外部投资者对公司信息的获取，减少信息不对称；良好的外部治理环境能对内部人进行有效监督，减缓代理冲突。一方面提高了内部人通过社会关系网络进行"隧道挖掘"获取私人利益的成本，抑制了内部人的掠夺行为，从而缓解了内部人与外部投资者的代理冲突；另一方面，信息披露的规范化及信息透明度的增加，信息不对称问题也得以缓解，这些都有利于降低股东或债权人要求的报酬率。

10.2　学术创新

（1）学术思想创新

率先把社会关系网络和公司治理的交互影响纳入资本成本的研究框架。拓展了社会关系网络的研究，表明社会关系网络对资本成本的影响受公司治理，包括内部治理质量和外部治理环境（如市场化程度和信息环境）的制约。

（2）学术观点创新

①本研究率先综合考察了所有高管成员（包括 CEO、董事长、CFO、董事等）及大股东构成的社会关系网络的中心度和结构洞的影响效应。先前很多文献仅仅单独考察 CEO 的网络中心度或董事会连锁的价值。在本书中，首次提供了所有高管成员及大股东构成的更加复杂的网络的中心度和结构洞对资本成本影响的证据。本书的研究表明，除了公司层面影响资本成本的因素以外，社会关系网络是一个重要的决定因素。

②本书进一步探究了社会关系网络是通过什么机制影响资本成本。在之前的文献中，一个值得注意的缺点是中介机制的证据有限。本书讨论了多种渠道在企业社会关系网络中心度（结构洞）和资本成本之间的中介作用。研究结果表明，社会关系网络中心度和结构洞改善了企业的信息流、财务资源和信任环境，进而有助于降低资本成本。

（3）学术方法创新

本研究率先在中国用加权的社会网络进行研究，这是研究连锁网络的一种更加综合的方法。同时，本研究综合考察了所有高管成员构成的社会关系网络的结构洞的影响效应。

10.3　学术价值

（1）理论价值

①在对现有社会关系网络度量方法进行系统梳理和总结的基础上，结合中国融资制度背景和社会关系网络相关数据的可获得性，对社会关系网络度量方法进行补充和修正，探索出适合中国上市公司的社会关系网络度量，进而为如何度量社会关系网络的相关研究作出有益补充。

②拓展了资本成本影响因素研究。现有文献大部分基于公司特征、制度环境、公司治理结构（如董事会特征、管理者持股、股东权利等）视角探讨资本成本的影响因素，而对正式的公司治理机制与非正式社会制度环境（社会关系网络）对债务契约（权益资本成本）的影响没有得到足够的重视。本书理论推演和实证检验了整个高管团队及大股东的社会关系网络（中心度和结构洞）、公司治理机制（内部治理和外部治理）如何影响债务契约和股东要求的资本回报，进而为从公司治理和非正式制度环境视角研究资本成本的文献作进一步拓展和补充。

③社会关系网络（非正式制度）和公司治理机制（正式制度）对资本成本的交互影响效应，揭示了社会关系网络与资本成本之间的关系如何随着公司治理水平的不同而变化。现有文献没有考虑公司治理和社会关系网络影响资本成本的交互效应，因而无法深刻把握非正式制度对债务契约的作用机理及正式制度如何发挥应有的作用。本书在分别检验社会关系网络、公司治理如何影响资本成本的基础上，把社会关系网络和公司治理的交互效应纳入研究框架，进而丰富和深化了社会关系网络、公司治理与资本成本之间关系的研究。

（2）实践意义

①揭示社会关系网络在债务契约设计中的作用机理，探讨社会关系网络与债务契约之间的关系如何随着公司治理水平的变化而变化，探寻有利于降低资本成本的非正式制度因素，为保护投资人利益等相关制度的建设提供政策建议，促进金融市场的健康发展。

②探讨社会关系网络、公司治理和债务契约等相关问题研究的新方法、新思路，拓展和充实现有的研究，丰富公司治理、社会学和金融学等理论体系。

10.4　政策性启示

根据社会关系网络、公司治理与资本成本之间关系的理论分析和实证研究结论，本书提出如下政策性建议：

（1）建立完善的投资者利益法律保护制度和法律实施机制，提高法律法规的执行质量和执行效率，创造良好的法律制度环境。良好的法律制度环境通过增加侵占成本和侵占风险的约束，有助于抑制终极控制股东对外部中小股东和债权人利益的侵占和掠夺行为。La Porta et al.（1997, 1998, 2000, 2002）的一系列文章主要从投资者法律保护的视角研究了法与金融市场发展的关系。良好的法律环境和市场发展程度有助于保护投资者免受内部人的利益侵占，降低潜在的违约风险，使公司能够以较低的成本进行融资。经验证据表明，对于缺乏法律保护、债务契约执行效果较差的国家，贷款期限较短，贷款利率较高。不同国家的司法效率存在差异，司法执行效率高的国家，贷款利率较低（Laeven & Majnoni, 2005）。即使在一个国家内部，地区司法效率差异也会影响债务契约的制定（Jappelli et al., 2005）。法律体系中，对于债权人权利的保护条款越完善，执行效率越高，贷款的期限就会越长，贷款利率就越低，贷款集中度也越强（Qian & Strahan, 2007）。债权人权利大小和保障程度决定了债务契约的执行效率。债权人权利保护程度越高，债务契约执行效率就会越高（Djankov et al., 2007; Bae & Goyal, 2009）。随着债务契约执行成本降低，债权人愿意借出更多资金和降低资产抵押要求（Lilienfeld et al., 2012）。金融市场的发展水平、破产程序的效率、法律的完整性和可执行性及金融信息的透明度等因素对我国企业的融资行为不仅对国内债务市场上的债务选择和到期收益率产生重大影响，而且对企业在国际债务市场上的发行选择也产生重大影响。与西方发达国家相比，中国的法律制度环境总体较差，表现为政府官僚机构的决策效率较低、法律法规条文的立法质量较差、政府对法律体系的干预程度较严重、司法系统的独立性程度相对较差；对股东权利和债权人权利的法律保护力度较弱；契约的法律执行质量较差，侵占风险和债务违约风险较高；信息披露制度较不健全，会计信息操纵问题较严重，会计信息披露质量相对较差。因而，应建立健全的商法范畴的与发行上市、市场交易、金融中介等有关，以及诉讼法范畴的与民事诉讼、刑事诉讼等有关的法律制度体系，为有效地保护投资者利益、加大对上市公司行为的监管力度提供法律法规依据。同时应增强执法质量、提高执法效率和加大执法力度。例如，规范执法责任追究制度，提高执法监督工作制度化和规范化水平，从机制体制、程序等方面确保执法人员素质，利用媒体、公众、信用、声誉的力量增强执法的监督力度，规范执法程序等。

（2）在正式制度供给不足的情况下，要充分发挥非正式制度的替代机制。对于投资者权益的法律保护力度较弱、契约的法律执行质量较差、金融市场的发达程度和有效性程度均较低的发展中国家，通过提高社会信任、增强合作规范、加大社会关系网络密度在约束企业的机会主义行为、缓解代理冲突、降低信息不对称方面发挥着积极的影响。因而，为公民之间建立互惠合作型社会关系网络提供政策支持，实现人际关系网络的良性互动，促进资源、信息的沟通和共享。重构和培育适应社会主义现代化市场经济建设的社会资本，引导社会资本的良性循环，充分发挥社会资本的外部效应，通过培育积累社会资本促进人力资本、物质资本、技术资本的积累，对于提高金融交易的活动水平、促进经济的增长和发展必将具有重要的现实意义。

10.5　未来研究展望

本书的研究局限以及进一步的研究展望体现如下：

公司与政府、个人或者其他公司形成一定的业务关系，这些业务关系，就是上文描述的"工具性关系"，这些关系当然对公司会产生影响。先前的研究主要集中在对公司政治关系和连锁董事，为了基于而又不囿于连锁董事网络和高管政治关联的研究，在连锁董事网络和高管政治关联的基础上进行扩展的理论探讨，本书通过深入研究公司高管团队和自然人大股东社会关系这一特殊的社会网络来提高理论分析的纵深度，又以扩展性分析增加了研究意义的普适性，即从公司高管团队拓展到大股东，从一般的工具性关系的联结拓展到混合性社会关系（同学关系、校友关系、同事关系、政治关联等）。具体来讲，董事或者高管作为公司的代理人，他们之间只是工具性的关系，可能存在代理成本，这导致连锁董事或者高管的社会资本转化为企业的社会资本存在不确定性。只有实现个人社会资本向企业社会资本的转化，才能将连锁董事（高管）网络中的社会关系更多地转换成企业层面上的资源，而大股东是公司最大的利益主体，不存在与公司之间的代理问题，这也是未来的研究可以从大股东社会关系网络着手的重要原因。另外，连锁董事（高管）网络中包含的社会关系只是企业嵌入社会关系网络客体中很小的一部分，有必要对企业整体的社会关系进行剖析，即从一般的工具性关系的联结拓展到混合性关系（同乡关系、宗族关系、亲戚关系等）。

此外，尽管社会关系带来了效率的提高，关系良好的高管和董事可能会及时获得更广泛的信息，使他们能够改善公司信息环境。社会关系网络规范可以创造信任，信任有利于契约执行。社会关系网络中心度高的高管和股东的声誉资本更大，声誉资本作为一种向市场提供准确信息的惩戒机制有助于提高公司的信息披露质量，从而降低公司的资本成本。社会关系网络加强了外部社会制裁，如社会网络排斥和污名化，并加剧了机会主义行为的消极影响，如内疚和羞耻，从而降低代理成本风险。但学者们也发现，高管之间的联系也可能导致次优结果。有几篇论文记录了这种社会关系的负面影响。例如，Chen et al.（2014）发现，高管的社会关系会增加企业成为供应商的可能性，对企业未来的股票回报和会计收益产生负面影响。当高管和投资公司之间的社会网络更大时，公司股票的交易成本就更高（Cai et al., 2014）。Fracassi & Tate（2012）认为企业内部高管和董事之间存在的关联可能会破坏公司治理的独立性，最终降低企业价值。Gompers et al.（2016）发现，风险投资家联系越紧密，他们的投资结果就越糟糕。当关系在社会资源配置以及经济决策中发挥重要作用时，独立于社会关系网络之外的人将会遭受损失。未来也可以进一步探讨社会关系网络带来的非效率问题。

（1）处于社会关系网络中心位置的高管的劳动力市场限制问题。经济学理论认为，如果公司管理层给公司带来不太乐观的业绩，那么经理人劳动力市场（managerial labor market）事后将"处置"这些管理层（e.g.,Fama, 1980），从而对错报行为形成约束。然而，经理人劳动力市场的约束机制不可能总对这些管理层进行全面的事后处置。劳动经济学和社会学的研究认为，一个人可以利用其人际关系资源来传播与工作相关的信息（e.g., Granovetter, 1974 ; Montgomery, 1991; Calvo-Armengol & Jackson, 2004），抑或是影响他人以获得期望的工作。大量证据表明，对于公司管理层来说，人脉宽广的管理层（比如，处于社会关系网络中心位置的管理层）会比其他管理层更少遭到劳动力市场的限制（e.g., Beaman & Magruder, 2012; Cingano & Rosolia, 2012）。

（2）处于社会关系网络中心位置的高管的风险偏好问题。社会科学文献进一步表明，一个人所处的社会关系网络地位会影响他的思想和行为。处于社会关系网络中心地位的人往往拥有更高的社会地位和权力，与社会关系网络的其他人相比，他们更容易获得相关的资源和机会。因此，由于他们处于有利地位，所以对总体形势的判断往往比其他人乐观。这反过来会影响他们的决策和行为（Ibarra, 1993; Ibarra & Andrews, 1993; Mizruchi & Potts, 1998; Hanneman & Riddle, 2005）。因此，人脉宽广的管理层得益于社会关系网络的中心地位，即使财务报告造假会对其职业生涯产生不利影响，但他们在事前对于发生这种后果的风险厌恶程度比其他管理层更低。

（3）处于社会关系网络中心位置的企业会计稳健性问题。相比于社会关系网络中心度较低的管理层们，处于中心地位的管理者是否更容易牵扯到财务造假事件中，这些潜在的社会关系网络带来的成本问题，值得进一步深入探讨。

本书虽在探讨公司高管团队与大股东社会关系网络的多个维度上取得了进展，但仍有许多值得探讨的地方。首先，关于处于社会关系网络中心位置的高管的劳动力市场限制问题，需进一步细化研究设计，以更精确地衡量人脉资源如何缓解市场对管理层的负面反馈，以及这种机制如何影响公司治理结构和效率。其次，针对高管的风险偏好问题，未来研究应深入探讨社会关系网络中心地位如何塑造管理者的决策心理，特别是在面对高风险高回报项目时的选择倾向，以及这种风险偏好如何与企业战略方向和长期绩效相关联。最后，企业会计稳健性作为维护投资者利益的重要机制，其在社会关系网络背景下的表现尤为关键。未来的研究应聚焦于社会关系网络中心度高的管理者是否更容易涉足财务不端行为，以及如何通过强化内部控制和外部监管来抵消这种负面效应，确保会计信息的真实性和透明度。

总之，社会关系网络作为连接个体与集体、微观与宏观的桥梁，其对企业运营、治理及市场表现的影响深远且复杂。未来的研究不仅需要深化对现有理论的理解，还需开拓新的视角和方法，全面揭示社会关系网络在现代企业制度中的作用机制，为促进企业的可持续发展和构建更加公平、透明的市场环境提供理论支撑和实践指导。

参考文献

[1] Adams R B, & Ferreira D. 2007. A theory of friendly boards. *The Journal of Finance*, 62(1): 217-250.

[2] Adams R B, & Ferreira D. 2009. Women in the boardroom and their impact on governance and performance. *Journal of Financial Economics*, 94(2): 291-309.

[3] Aghion P, & Bolton P. 1992. An incomplete contracts approach to financial contracting. *The Review of Economic Studies*, 59(3): 473-494.

[4] Agrawal A, & Knoeber C R. 2001. Do some outside directors play a political role?. *The Journal of Law and Economics*, 44(1): 179-198.

[5] Ahn S, Jiraporn P and Kim Y S. 2010. Multiple directorship and acquirer returns. *Journal of Banking and Finance* 34 (9): 2011-2026.

[6] Aivazian V A, Qiu J, & Rahaman M M. 2015. Bank loan contracting and corporate diversification: Does organizational structure matter to lenders?. *Journal of Financial Intermediation*, 24(2): 252-282.

[7] Akbas F, Meschke F, & Wintoki M B. 2016. Director networks and informed traders. *Journal of Accounting and Economics*, 62(1): 1-23.

[8] Al-Fayoumi N A, & Abuzayed B M. 2009. Ownership structure and corporate financing. *Applied Financial Economics*, 19(24): 1975-1986.

[9] Allen F, Qian J, & Qian M. 2005. Law, finance, and economic growth in china. *Journal of Financial Economics*, 77: 57-116.

[10] Allen M P. 1974. The structure of interorganizational elite cooptation: interlocking corporate directorates. *American Sociological Review*, 39: 393-406.

[11] Amihud Y, & Mendelson H. 1986. Asset pricing and the bid-ask spread. *Journal of Financial Economics*, 17(2): 223-249.

[12] Anderson R C, Mansi S A, & Reeb D M. 2003. Founding family ownership and the agency cost of debt. *Journal of Financial Economics*, 68(2):

263-285.

[13] Anderson R C, Mansi S A, & Reeb D M. 2004. Board characteristics, accounting report integrity, and the cost of debt. *Journal of Accounting and Economics*, 37(3): 315-342.

[14] Andres C, Van den Bongard I, & Lehmann M. 2013. Is busy really busy? Board governance revisited. *Journal of Business Finance & Accounting*, 40(9-10): 1221-1246.

[15] Ang J S, Cheng Y, & Wu C. 2015. Trust, investment, and business contracting. *Journal of Financial and Quantitative Analysis*, 50(3): 569-595.

[16] Armstrong C S, Guay W R, & Weber J P. 2010. The role of information and financial reporting in corporate governance and debt contracting. *Journal of Accounting and Economics*, 50(2-3): 179-234.

[17] Arrow K. 1972. Gifts and Exchanges. *Philosophy and Public Affairs*, 1(4): 343–362.

[18] Ashbaugh H, Collins D W, Lafond R. 2004. Corporate Governance and the Cost of Equity Capital. *SSRN Working Paper*.

[19] Ashbaugh-Skaife H, Collins D W, & Lafond R. 2006. The effects of corporate governance on firms' credit ratings. *Journal of Accounting and Economics*, 42: 203-243.

[20] Bae K H, Goyal V. 2009. Creditor rights, enforcement, and bank loans. *Journal of Finance*, 64 (2): 823-860.

[21] Bamber L S, Jiang J, & Wang I Y. 2010. What's my style? The influence of top managers on voluntary corporate financial disclosure. *The Accounting Review*, 85(4): 1131-1162.

[22] Bancel F, & Mittoo U R. 2004. Cross-country determinants of capital structure choice: a survey of European firms. *Financial Management*, 103-132.

[23] Banz R. 1981. The Relationship between Return and Market Value of Common Stocks. *Journal of Financial Economics*, 9: 3-18.

[24] Baranchuk N, & Dybvig P H. 2009. Consensus in diverse corporate boards. *The Review of Financial Studies*, 22(2): 715-747.

[25] Barth M E, Konchitchki Y, & Landsman W R. 2013. Cost of capital and earnings transparency. *Journal of Accounting and Economics*, 55 (2-3): 206-224.

[26] Basu S. 1983. The relationship between earnings' yield, market value

and return for NYSE common stocks: Further evidence. *Journal of Financial Economics*, 12(1): 129-156.

[27] Battiston S, Weisbuch G, & Bonabeau E. 2003. Decision spread in the corporate board network. *Advances in Complex Systems*, 6(4): 631-644.

[28] Beaman L, & Magruder J. 2012. Who gets the job referral? Evidence from a social networks experiment. *American Economic Review*, 102(7): 3574-93.

[29] Beatty A, Ramesh K, & Weber J. 2002. The importance of accounting changes in debt contracts: the cost of flexibility in covenant calculations. *Journal of Accounting and Economics*, 33(2): 205-227.

[30] Beatty R P, & Ritter J R. 1986. Investment banking, reputation, and the underpricing of initial public offerings. *Journal of Financial Economics*, 15(1-2): 213-232.

[31] Bebchuk L A, Fried J M, Walker D I. 2002. Managerial Power and Rent Extraction in the Design of Executive Compensation. *University of Chicago Law Review*, 69: 751-846.

[32] Beck T, Demirguc-Kunt A, Laeven L, & Maksimovic V. 2006. The determinants of financing obstacles. *Journal of International Money and Finance*, 25 (6): 932-952.

[33] Beck T, Demirguc-Kunt A. 2005. Law and firms' access to finance. *American Law and Economics Review*, 7 (1): 211-252.

[34] Beck T, Demirguc-Kunt A, Peria M S M. 2008. Bank financing for SMEs around the world: drivers, obstacles, business models, and lending practices. *World Bank Policy Research Working Paper*.

[35] Beladi H, & Quijano M. 2013. CEO incentives for risk shifting and its effect on corporate bank loan cost. *International Review of Financial Analysis*, 30: 182-188.

[36] Benmelech E, Garmaise M J, & Moskowitz T J. 2005. Do liquidation values affect financial contracts? Evidence from commercial loan contracts and zoning regulation. *The Quarterly Journal of Economics*, 120(3): 1121-1154.

[37] Benson B W, Iyer S R, Kemper K J, & Zhao J. 2018. Director networks and credit ratings. *Financial Review*, 53: 301-336.

[38] Berger A N, Kick T, Koetter M, Schaeck K. 2013. Does it Pay to Have Friends? Social Ties and Executive Appointments in Banking. *Journal of*

Banking & Finance 37 (6): 2087-2105.

[39] Berle A A, & Means G C. 1932. The modern corporation and private property.New York, NY: MacMillan.

[40] Bhagat S, & Black B. 2001. The non-correlation between board independence and long-term firm performance. *Journal of Corporation Law*, 27: 231.

[41] Bhandari A, Mammadov B, Shelton A, & Thevenot M. 2018. It is not only what you know, it is also who you know: CEO network connections and financial reporting quality. *Auditing: A Journal of Practice & Theory*, 37(2): 27-50.

[42] Bhandari L C. 1988. Debt/equity ratio and expected common stock returns: Empirical evidence. *The Journal of Finance*, 43(2): 507-528.

[43] Bharath S T, Dahiya S, Saunders A, & Srinivasan A. 2011. Lending relationships and loan contract terms. *The Review of Financial Studies*, 24(4): 1141-1203.

[44] Bharath S T, Sunder J, & Sunder S V. 2008. Accounting quality and debt contracting. *The Accounting Review*, 83(1): 1-28.

[45] Bhattacharya U, & Daouk H. 2002. The world price of insider trading. *The Journal of Finance*, 57(1): 75-108.

[46] Bhattacharya U, Daouk H, & Welker M. 2003. The world price of earnings opacity. *The Accounting Review*, 78(3): 641-678.

[47] Bhojraj S, & Sengupta P. 2003. The effect of corporate governance mechanisms on bond ratings and yields: the role of institutional investors and outside directors. *Journal of Business*, 76: 455-476.

[48] Bian Y. 2002. Social Capital of the Firm and its Impact on Performance: A Social Network Analysis. The Management of Enterprises in the People's Republic of China: 275-297. Springer, Boston, MA.

[49] Billett M T, Hribar P, Liu Y X. 2015. Shareholder-Manager alignment and the cost of debt. *SSRN Working Paper*.

[50] Bizjak J M, Lemmon M L, & Whitby R J. 2009. Option backdating and board interlocks. *Review of Financial Studies*, 22: 4821-4847.

[51] Black B. S, Jang H, & Kim W. 2006. Does corporate governance predict firms' market values? Evidence from Korea. *The Journal of Law, Economics, and Organization*, 22(2): 366-413.

[52] Bonacich P. 1987. Power and centrality: a family of measures. *American Journal of Sociology*, 92: 1170-1182.

[53] Boni Leslie, & Kent L Womack. 2003. Wall street research: Will new rules change its usefulness?. *Financial Analysts Journal*, 59: 25-29.

[54] Booth J, & Deli D. 1999. On executives of financial institutions as outside directors. *Journal of Corporate Finance*, 5: 227-250.

[55] Booth L, Aivazian V, Demirguc-Kunt A, & Maksimovic V. 2001. Capital structures in developing countries. *The Journal of Finance*, 56(1): 87-130.

[56] Bortolotti B, & Faccio M. 2009. Government control of privatized firms. *The Review of Financial Studies*, 22(8): 2907-2939.

[57] Botosan C A, & Plumlee M A. 2002. A re-examination of disclosure level and the expected cost of equity capital. *Journal of Accounting Research*, 40: 21-40.

[58] Botosan C A. 2000. Evidence that greater disclosure lowers the cost of equity capital. *Journal of Applied Corporate Finance*, 12(4): 60-69.

[59] Botosan C A. 1997. Disclosure level and the cost of equity capital. *The Accounting Review*, 72: 323-349.

[60] Botosan C A, Plumlee M A, & Xie Y. 2004. The role of information precision in determining the cost of equity capital. *Review of Accounting Studies*, 9(2): 233-259.

[61] Boubakri N, Guedhami O, Mishra D R, & Saffar W. 2012. Political connections and the cost of equity capital. *Journal of Corporate Finance*, 18: 541-559.

[62] Bower D H, Bower R S, & Logue D E. 1984. Arbitrage pricing theory and utility stock returns. *The Journal of Finance*, 39(4): 1041-1054.

[63] Bradley M, & Roberts M R. 2015. The structure and pricing of corporate debt covenants. *The Quarterly Journal of Finance*, 5(2): 1550001.

[64] Bradley M, & Chen D. 2011. Corporate governance and the cost of debt: Evidence from director limited liability and indemnification provisions. *Journal of Corporate Finance*, 17(1): 83-107.

[65] Braggion F. 2011. Managers and (secret)social networks: The influence of the freemasonry on firm performance. *Journal of the European Economic Association*, 9(6): 1053-1081.

[66] Braun M, Briones I, & Islas G. 2019. Interlocking directorates, access to credit, and business performance in Chile during early industrialization. *Journal of Business Research*, 105: 381-388.

[67] Brennan M, Chordia T, & Subrahmanyam A. 1998. Alternative Factor Specifications, Security Characteristics, and the Cross-section of Expected Stock Returns. *Journal of Financial Economics*, 49: 345-373.

[68] Brickley J A, & James C M. 1987. The takeover market, corporate board composition, and ownership structure: The case of banking. *The Journal of Law and Economics*, 30(1): 161-180.

[69] Brockman P, Firth M, He X, Mao X, & Rui O. 2019. Relationship-based resource allocations: evidence from the use of "guanxi" during SEOs. *Journal of Financial and Quantitative Analysis*, 54(3): 1193-1230.

[70] Brown Jennifer L. 2011. The spread of aggressive corporate tax reporting: A detailed examination of the corporate-owned life insurance shelter. *Accounting Review*, 86: 23-57.

[71] Brown L D, Call A C, Clement M B, & Sharp N Y. 2015. Inside the "black box" of sell-side financial analysts. *Journal of Accounting Research*, 53(1): 1-47.

[72] Brown S, Goetzmann W, Liang B, & Schwarz C. 2012. Trust and delegation. *Journal of Financial Economics*, 103(2): 221-234.

[73] Bunkanwanicha P, Fan J P, & Wiwattanakantang Y. 2013. The value of marriage to family firms. *Journal of Financial and Quantitative Analysis*, 48(2): 611-636.

[74] Buonanno P, Montolio D, & Vanin P. 2009. Does social capital reduce crime?. *The Journal of Law and Economics*, 52(1): 145-170.

[75] Burt R. 1992. Structural holes. Cambridge, MA: Harvard University Press.

[76] Burt R S. 1980. Cooptive corporate actor networks: a reconsideration of interlocking directorates involving American manufacturing. *Administrative Science Quarterly*, 25: 557-582.

[77] Burt R S. 1997. Contingent Value of Social Capital. *Administrative Science Quarterly*, 42: 339-365.

[78] Butler A W, & Gurun U G. 2012. Educational networks, mutual fund voting patterns, and CEO compensation. *The Review of Financial Studies*, 25(8):

2533-2562.

[79] Byers S S, Fields L P, & Fraser D R. 2008. Are corporate governance and bank monitoring substitutes: Evidence from the perceived value of bank loans. *Journal of Corporate Finance*, 14(4): 475-483.

[80] Cachon G P, & Fisher M. 2000. Supply chain inventory management and the value of shared information. *Management Science*, 46(8): 1032-1048.

[81] Cai J, Walkling R A, & Yang K. 2016. The price of street friends: Social networks, informed trading, and shareholder costs. *Journal of Financial and Quantitative Analysis*, 51(3): 801-837.

[82] Cai Y, & Sevilir M. 2012. Board connections and M&A transactions. *Journal of Financial Economics*, 103: 327-349.

[83] Cai Y, Dhaliwal D S, Kim Y, & Pan C. 2014. Board interlocks and the diffusion of disclosure policy. *Review of Accounting Studies*, 19(3): 1086-1119.

[84] Calvo-Armengol A, & Jackson M O. 2004. The effects of social networks on employment and inequality. *American Economic Review*, 94(3): 426-454.

[85] Campello M, & Gao J. 2017. Customer concentration and loan contract terms. *Journal of Financial Economics*, 123(1): 108-136.

[86] Cantillo M, & Wright J. 2000. How do firms choose their lenders? An empirical investigation. *The Review of Financial Studies*, 13(1): 155-189.

[87] Cao M, & Xia Q. 2021. Trust and use of covenants. *Research in International Business and Finance*, 57: 101423.

[88] Caprio L, Faccio M, & McConnell J J. 2013. Sheltering corporate assets from political extraction. *The Journal of Law, Economics, & Organization*, 29(2): 332-354.

[89] Carrizosa R, & Ryan S G. 2017. Borrower private information covenants and loan contract monitoring. *Journal of Accounting and Economics*, 64(2-3): 313-339.

[90] Certo S T. 2003. Influencing initial public offering investors with prestige: Signaling with board structures. *Academy of Management Review*, 28(3): 432-446.

[91] Chaney P K, Faccio M, & Parsley D. 2011. The quality of accounting information in politically connected firms. *Journal of Accounting and Economics*, 51(1-2): 58-76.

[92] Charumilind C, Kali R, & Wiwattanakantang Y. 2006. Connected lending: Thailand before the financial crisis. *The Journal of Business*, 79: 181-218.

[93] Chava S, Livdan D, & Purnanandam A. 2009. Do shareholder rights affect the cost of bank loans? *Review of Financial Studies*, 22 (8): 2973-3004.

[94] Chen Y, Li Q, Ng J, & Wang C. 2021. Corporate financing of investment opportunities in a world of institutional cross-ownership. *Journal of Corporate Finance*, 69: 102041.

[95] Chen J Z, Lobo G J, Wang Y, & Yu L. 2013. Loan collateral and financial reporting conservatism: Chinese evidence. *Journal of Banking & Finance*, 37(12): 4989-5006.

[96] Chen P F, He S, Ma Z, & Stice D. 2016. The information role of audit opinions in debt contracting. *Journal of Accounting and Economics*, 61(1): 121-144.

[97] Chen K C W, Chen Z, & Wei K C J. 2009. Legal protection of investors, corporate governance, and the cost of equity capital. *Journal of Corporate Finance*, 15 (3): 273-289.

[98] Chen K C W, Chen Z, & Wei K C J. 2005. Disclosure, Corporate Governance, and the Cost of Equity Capital: Evidence from Asia's Emerging Markets. *SSRN Working Paper*.

[99] Chen K, Z Chen, & K Wei. 2011. Agency costs of free cash flow and the effect of shareholder rights on the implied cost of equity capital. *Journal of Financial and Quantitative Analysis*, 46: 171-207.

[100] Chen Y S, Shen C H, & Lin C Y. 2014b. The benefits of political connection: evidence from individual bank-loan contracts. *Journal of Financial Services Research*, 45: 287-305.

[101] Chen Y, Wang Y, & Lin L. 2014a. Independent directors' board networks and controlling shareholders' tunneling behavior. *China Journal of Accounting Research*, 7(2): 101-118.

[102] Chen Z, Li O Z, & Zou H. 2016. Directors' and officers' liability insurance and the cost of equity. *Journal of Accounting and Economics*, 61 (1): 100-120.

[103] Cheng C S A, Collins D, & Huang H H. 2006. Shareholder rights, financial disclosure and the cost of equity capital. *Review of Quantitative*

Finance and Accounting, 27 (2): 175-204.

[104] Cheng S, Felix R, & Zhao Y. 2019. Board interlock networks and informed short sales. *Journal of Banking & Finance*, 98: 198-211.

[105] Cheung Y L, Chung C W, Tan W, & Wang W. 2013. Connected board of directors: A blessing or a curse?. *Journal of Banking & Finance*, 37(8): 3227-3242.

[106] Chikh S, & Filbien J Y. 2011. Acquisitions and CEO power: Evidence from French networks. *Journal of Corporate Finance*, 17(5): 1221-1236.

[107] Chiu P, Teoh S H, & Tian F. 2013. Board interlocks and earnings management contagion. *The Accounting Review*, 88: 915-944.

[108] Chiu T T, Guan Y, & Kim J B. 2018. The effect of risk factor disclosures on the pricing of credit default swaps. *Contemporary Accounting Research*, 35(4): 2191-2224.

[109] Chu T, Haw I M, Lee B B H, & Wu W. 2014. Cost of equity capital, control divergence, and institutions: the international evidence. *Review of Quantitative Finance and Accounting*, 43 (3): 483-527.

[110] Chuluun T, Prevost A, & John P. 2014. Board ties and the cost of corporate debt. *Financial Management*, 43: 533-568.

[111] Chung W K, & Hamilton G G. 2002. Social Logic as Business Logic: Guanxi, Trustworthiness, and the Embeddedness of Chinese Business Practices. *Rules and Networks*.

[112] Cingano F, & Rosolia A. 2012. People I know: job search and social networks. *Journal of Labor Economics*, 30(2): 291-332.

[113] Claessens S, Djankov S, & Lang L H. 2000. The separation of ownership and control in East Asian corporations. *Journal of Financial Economics*, 58(1-2): 81-112.

[114] Claessens S, Feijen E, & Laeven L. 2008. Political connections and preferential access to finance: the role of campaign contributions. *Journal of Financial Economics*, 88: 554-580.

[115] Coggin T D, & Hunter J E. 1985. Are high-beta, large-capitalization stocks overpriced?. *Financial Analysts Journal*, 41(6): 70-71.

[116] Cohen L, Frazzini A, & Malloy C. 2010. Sell-side school ties. *The Journal of Finance*, 65(4): 1409-1437.

[117] Cohen L, Frazzini A, & Malloy C J. 2008. The small world of investing: board connections and mutual fund returns. *Journal of Political Economy*, 116: 951-979.

[118] Colak G, Durnev A, Qian Y. 2017. Political uncertainty and IPO activity: Evidence from U.S. gubernatorial elections. *Journal of Financial and Quantitative Analysis*, 52 (6): 2523-2564.

[119] Coleman J S. 1988. Social capital in the creation of human capital. *American Journal of Sociology*, 94: S95-S120.

[120] Coles J L, Daniel N D, & Naveen L. 2008. Boards: Does one size fit all?. *Journal of Financial Economics*, 87(2): 329-356.

[121] Colla P, & Mele A. 2010. Information linkages and correlated trading. *The Review of Financial Studies*, 23(1): 203-246.

[122] Core J E. 2001. A review of the empirical disclosure literature: discussion. *Journal of Accounting and Economics*, 31(1-3): 441-456.

[123] Core J E, Holthausen R W, & Larcker D F. 1999. Corporate governance, chief executive officer compensation, and firm performance. *Journal of Financial Economics*, 51(3): 371-406.

[124] Costello A, & Wittenberg-Moerman R. 2011. The impact of financial reporting quality on debt contracting: Evidence from internal control weakness reports. *Journal of Accounting Research* 49: 97-136.

[125] Cowen A, Groysberg B, & Healy P. 2006. Which types of analyst firms are more optimistic?. *Journal of Accounting and Economics*, 41(1-2): 119-146.

[126] Cull R, & Xu L C. 2005. Institutions, ownership, and finance: the determinants of profit reinvestment among Chinese firms. *Journal of Financial Economics*, 77(1): 117-146.

[127] Dambra M, Field L C, Gustafson M T, & Pisciotta K. 2018. The consequences to analyst involvement in the IPO process: Evidence surrounding the JOBS Act. *Journal of Accounting and Economics*, 65(2-3): 302-330.

[128] Daouk H, Lee C M C, & Ng D. 2006. Capital market governance: How do security laws affect market performance?. *Journal of Corporate Finance*, 12(3): 560-593.

[129] Davis G F, & Greve H R. 1997. Corporate elite networks and governance changes in the 1980s. *American Journal of Sociology*, 103(1): 1-37.

[130] DeFond M L, & Francis J R. 2005. Audit research after sarbanes-oxley. *Auditing: A Journal of Practice & Theory*, 24(s-1): 5-30.

[131] Déjean F, & Martinez I. 2009. *Accounting in Europe* Environmental Disclosure and the Cost of Equity : The French. *Accounting in Europe*, 6 (1): 57-80.

[132] Demerjian P R. 2017. Uncertainty and debt covenants. *Review of Accounting Studies*, 22(3): 1156-1197.

[133] Demirgüç-Kunt A, & Maksimovic V. 1999. Institutions, financial markets, and firm debt maturity. *Journal of Financial Economics*, 54(3): 295-336.

[134] Demirguc-Kunt A, and Maksimovic V. 1998. Law, Finance, and Firm Growth. *The Journal of Finance*, 53 (6): 2107-2137.

[135] Demiroglu C, & James C M. 2010. The information content of bank loan covenants. *The Review of Financial Studies*, 23(10): 3700-3737.

[136] Deng S Y, Willis R H, Xu L. 2014. Shareholder litigation, reputational loss, and bank loan contracting. *Journal of Financial and Quantitative Analysis*, 49 (4): 1101-1132.

[137] Desai H, Hogan C E, & Wilkins M S. 2006. The reputational penalty for aggressive accounting: Earnings restatements and management turnover. *The Accounting Review*, 81(1): 83-112.

[138] Dhaliwal D S, Li O Z, Tsang A, & Yang Y G. 2011. Voluntary nonfinancial disclosure and the cost of equity capital: The initiation of corporate social responsibility reporting. *The Accounting Review*, 86(1): 59-100.

[139] Diamond D W. 1989. Reputation acquisition in debt markets. *Journal of Political Economy*, 97(4): 828-862.

[140] Diamond D, Verrecchia R. 1991. Disclosure, liquidity and the cost of equity capital. *The Journal of Finance*, 46: 1325-1360.

[141] Djankov S, La Porta R, Lopez-de-Silanes F, & Shleifer A. 2008. The law and economics of self-dealing. *Journal of Financial Economics*, 88(3): 430-465.

[142] Djankov S, McLiesh C, & Shleifer A. 2007. Private credit in 129 countries. *Journal of Financial Economics*, 84(2): 299-329.

[143] Du J, Guariglia A, & Newman A. 2015. Do social capital building strategies influence the financing behavior of Chinese private small and medium-

sized enterprises?. *Entrepreneurship Theory and Practice*, 39(3): 601-631.

[144] Duarte J, Siegel S, & Young L. 2012. Trust and credit: The role of appearance in peer-to-peer lending. *The Review of Financial Studies*, 25(8): 2455-2484.

[145] Duchin R, & Sosyura D. 2013. Divisional managers and internal capital markets. *The Journal of Finance*, 68(2): 387-429.

[146] Duffie D, & Lando D. 2001. Term structures of credit spreads with incomplete accounting information. *Econometrica*, 69(3): 633-664.

[147] Dyck A, & Zingales L. 2004. Private benefits of control: An international comparison. *The Journal of Finance*, 59(2): 537-600.

[148] Easley D, & O'hara M. 2004. Information and the cost of capital. *The Journal of Finance*, 59(4): 1553-1583.

[149] Easton P D. 2004. PE ratios, PEG ratios, and estimating the implied expected rate of return on equity capital. *The Accounting Review*, 79(1): 73-95.

[150] Eisenbeis R A, & McCall A S. 1978. The impact of legislation prohibiting director-interlocks among depository financial institutions. *Journal of Banking & Finance*, 2: 323-337.

[151] El-Khatib R, Fogel K, & Jandik T. 2015. CEO network centrality and merger performance. *Journal of Financial Economics*, 116: 349-382.

[152] El-Khatib R, Jandik D, & Jandik T. 2017. CEO network centrality and insider trading gains. *University of Arkansas and Zayed University Working Paper*.

[153] Ellison G, & Fudenberg D. 1995. Word-of-mouth communication and social learning. *The Quarterly Journal of Economics*, 110(1): 93-125.

[154] Elster J. 1989. Social norms and economic theory. *Journal of Economic Perspectives*, 3 (4): 99-117.

[155] Elton E J, Gruber M J, & Mei J. 1994. Cost of capital using arbitrage pricing theory: A case study of nine New York utilities. Blackwell.

[156] Elton E J, Gruber M J, Agrawal D, & Mann C. 2002. Explaining the rate spread on corporate bonds. *The Journal of Finance*, 56: 247-277.

[157] Engelberg J, Gao P, & Parsons C A. 2012. Friends with money. *Journal of Financial Economics*, 103(1): 169-188.

[158] Engelberg J, Gao P, & Parsons C A. 2013. The Price of a CEO's Rolodex. *The Review of Financial Studies*, 26(1): 79-114.

[159] Ertugrul M, Lei J, Qiu J, & Wan C. 2017. Annual report readability, tone ambiguity, and the cost of borrowing. *Journal of Financial and Quantitative Analysis*, 52(2): 811-836.

[160] Faccio M, Masulis R. W, & Mcconnell J J. 2006. Political connections and corporate bailouts. *Journal of Finance*, 61: 2597-2635.

[161] Fafchamps M, & Minten B. 1999. Relationships and traders in Madagascar. *The Journal of Development Studies*, 35(6): 1-35.

[162] Falato A, Kadyrzhanova D, & Lel U. 2014. Distracted directors: Does board busyness hurt shareholder value? *Journal of Financial Economics*, 113: 404-426.

[163] Faleye O, Kovacs T, & Venkateswaran A. 2014. Do better-connected CEOs innovate more?. *Journal of Financial and Quantitative Analysis*, 49(5-6): 1201-1225.

[164] Fama E F. 1980. Agency problems and the theory of the firm. *Journal of Political Economy*, 88(2): 288-307.

[165] Fama E, & Jensen M C. 1983. Separation of ownership and control. *The Journal of Law and Economics*, 26(2): 301-325.

[166] Fama E, French, K. 1992. The cross-section of expected stock returns. *The Journal of Finance*, 47: 427-465.

[167] Fama E, French K. 1993. Common Risk Factors in the Returns on Stocks and Bonds. *Journal of Financial Economics*, 33: 3-56.

[168] Fama E, French K. 1997. Industry Costs of Equity. *Journal of Financial Economics*, 43: 93-153.

[169] Fama Eugene. 2012. Agency problems and the theory of the firm, The Economic Nature of the Firm: A Reader, Third Edition, 88: 270-282.

[170] Fang L, & Peress J. 2009. Media coverage and the cross-section of stock returns. *The Journal of Finance*, 64(5): 2023-2052.

[171] Fang V W, Tian X, & Tice S. 2014. Does stock liquidity enhance or impede firm innovation?. *The Journal of Finance*, 69: 2085-2125.

[172] Fernando G D, Abdel Meguid A M, & Elder R J. 2010. Audit quality attributes, client size and cost of equity capital. *Review of Accounting and Finance*, 9 (4): 363-381.

[173] Ferris S P, Jagannathan M, & Pritchard A C. 2003. Too busy to mind the business? Monitoring by directors with multiple board appointments. *The

Journal of Finance, 58(3): 1087-1111.

[174] Ferris S P, Javakhadze D, & Rajkovic T. 2017. The international effect of managerial social capital on the cost of equity. *Journal of Banking & Finance*, 74: 69-84.

[175] Fich E M, & Shivdasani A. 2007. Financial fraud, director reputation, and shareholder wealth. *Journal of Financial Economics*, 86: 306-336.

[176] Fich E, White, L. 2003. CEO compensation and turnover: the effects of mutually interlocked boards. *Wake Forest Law Review*, 38: 935-960.

[177] Field L, Lowry M, & Mkrtchyan A. 2013. Are busy boards detrimental?. *Journal of Financial Economics*, 109: 63-82.

[178] Fields L P, Fraser D R, Subrahmanyam A. 2012. Board quality and the cost of debt capital: The case of bank loans. *Journal of Banking and Finance*, 36 (5): 1536-1547.

[179] Fischer H M, Pollock T G. 2004. Effects of social capital and power on surviving transformational change: The case of initial public offerings. *Academy of Management Journal*, 47 (4): 463-481.

[180] Fisher L. 1959. Determinants of risk premiums on corporate bonds. *Journal of Political Economy*, 67(3): 217-237.

[181] Fogel K. Jandik T, & McCumber W R. 2018. CFO social capital and private debt. *Journal of Corporate Finance*, 52: 28-52.

[182] Forsyth E, & Katz L. 1946. A matrix approach to the analysis of sociometric data: preliminary report. *Sociometry*, 9(4): 340-347.

[183] Fracassi C. 2017. Corporate finance policies and social networks. *Management Science*, 63: 2420-2438.

[184] Fracassi C, & Tate G A. 2012. External Networking and Internal Firm Governance. *Journal of Finance*, 67: 153-194.

[185] Francis B B, Hunter D M, Robinson M N, & X Yuan. 2017. Auditor Changes and the Cost of Bank Debt. *The Accounting Review*, 92 (3): 155-184.

[186] Francis B, Hasan I, & Wu Q. 2013a. The impact of CFO gender on bank loan contracting. *Journal of Accounting, Auditing & Finance*, 28(1): 53-78.

[187] Francis B B, Hasan I, Koetter M, & Wu Q. 2012. Corporate boards and bank loan contracting. *Journal of Financial Research*, 35 (4): 521-552.

[188] Francis B B, Hasan I, Song L. 2007. Corporate governance, creditor protection, and bank loan contracting in emerging markets. *SSRN Working*

Paper.

[189] Francis B B, Hasan I, Zhu Y. 2013. Managerial style and bank loan contracting. *Bank of Finland Research Discussion Papers*.

[190] Francis B B, Hasan I, Zhu Y. 2014. Political uncertainty and bank loan contracting. *Journal of Empirical Finance*, 29: 281-286.

[191] Francis J, Nanda D, Olsson P. 2008. Voluntary Disclosure, Earnings Quality, and Cost of Capital. *Journal of Accounting Research*, 46 (1): 53-99.

[192] Franco F, Urcan O, & Vasvari F P. 2016. Corporate diversification and the cost of debt: The role of segment disclosures. *The Accounting Review*, 91(4): 1139-1165.

[193] Frankel R, & Li X. 2004. Characteristics of a firm's information environment and the information asymmetry between insiders and outsiders. *Journal of Accounting and Economics*, 37(2): 229-259.

[194] Frankel R, McNichols M, Wilson P. 1995. Discretionary disclosure and external financing. *The Accounting Review*, 70: 135-150.

[195] Freeman L C. 1978. Centrality in social networks conceptual clarification. *Social Networks*, 1: 215-239.

[196] Galai D, Masulis R. 1976. The Option Pricing Model and the Risk Factor of Stock. *Journal of Financial Economics*, 3: 53-81.

[197] Gaspar J M, & Massa M. 2011. The role of commonality between CEO and divisional managers in internal capital markets. *Journal of Financial and Quantitative Analysis*, 46(3): 841-869.

[198] Ge W, & Kim J. 2014. Real earnings management and the cost of new corporate bonds. *Journal of Business Research*, 67: 641-647.

[199] Ge W X, Kim J B, Song B Y. 2012. Internal governance, legal institutions and bank loan contracting around the world. *Journal of Corporate Finance*,18 (3): 413-432.

[200] Gebhardt W, Lee C, Swaminathan B. 2001. Toward an implied cost of capital. *Journal of Accounting Research*, 39: 135-176.

[201] Giannetti M. 2003. Do better institutions mitigate agency problems? Evidence from corporate finance choices. *Journal of Financial and Quantitative Analysis*, 38(1): 185-212.

[202] Giannetti M, & Yafeh Y. 2012. Do cultural differences between contracting parties matter? Evidence from syndicated bank loans. *Management

Science, 58(2): 365-383.

[203] Gietzmann M, Ireland J. 2005. Cost of Capital, Strategic Disclosures and Accounting Choice. *Journal of Business Finance & Accounting*, 32 (3-4): 599-634.

[204] Gode D, & Mohanram P. 2003. Inferring the cost of capital using the Ohlson-Juettner model. *Review of Accounting Studies*, 8(4): 399-431.

[205] Goh B W, Lee J, Lim C Y, & Shevlin T. 2016. The effect of corporate tax avoidance on the cost of equity. *Accounting Review*, 91 (6): 1647-1670.

[206] Goldenberg D H, & Robin A J. 1991. The arbitrage pricing theory and cost-of-capital estimation: the case of electric utilities. *Journal of Financial Research*, 14(3): 181-196.

[207] Gompers P A, Mukharlyamov V, & Xuan Y. 2016. The cost of friendship. *Journal of Financial Economics*, 119(3): 626-644.

[208] Gompers P, Ishii J, & Metrick A. 2003. Corporate governance and equity prices. *The Quarterly Journal of Economics*, 118(1): 107-156.

[209] Gong G, & Luo S. 2018. Lenders' experience with borrowers' major customers and the debt contracting demand for accounting conservatism. *The Accounting Review*, 93(5): 187-222.

[210] Goss A, & Roberts G S. 2011. The impact of corporate social responsibility on the cost of bank loans. *Journal of Banking & Finance*, 35(7): 1794-1810.

[211] Graham J R, Li S, & Qiu J. 2008. Corporate misreporting and bank loan contracting. *Journal of Financial Economics*, 89(1): 44-61.

[212] Granovetter M. 2005. The impact of social structure on economic outcomes. *Journal of Economic Perspectives*, 19: 33-50.

[213] Granovetter M. 1974. Getting a Job. Cambridge MA, Harvard University Press.

[214] Granovetter Mark. 1973. The strength of weak ties. *American Journal of Sociology*, 78(6): 1360-1380.

[215] Granovetter Mark. 1985. Economic action and social structure: The problem of embeddedness. *American Journal of Sociology*, 91(3): 481-510.

[216] Green M B. 1983. The interurban corporate interlocking directorate network of Canada and the United States: a spatial perspective. *Urban Geography*, 4(4): 338-354.

[217] Green T C, Jame R, Markov S, & Subasi M. 2014. Access to management and the informativeness of analyst research. *Journal of Financial Economics*, 114(2): 239-255.

[218] Groysberg B, Healy P M, & Maber D A. 2011. What drives sell-side analyst compensation at high-status investment banks?. *Journal of Accounting Research*, 49(4): 969-1000.

[219] Gu Z, Li Z, Yang Y G, & Li G. 2019. Friends in need are friends indeed: An analysis of social ties between financial analysts and mutual fund managers. *The Accounting Review*, 94(1): 153-181.

[220] Guan J, Zhang J, & Yan Y. 2015. The impact of multilevel networks on innovation. *Research Policy*, 44(3): 545-559.

[221] Guiso L, Sapienza P, & Zingales L. 2006. Does culture affect economic outcomes?. *Journal of Economic Perspectives*, 20(2): 23-48.

[222] Guiso L, Sapienza P, & Zingales L. 2008b. Social capital as good culture. *Journal of the European Economic Association*, 6(2-3): 295-320.

[223] Guiso L, Sapienza P, & Zingales L. 2016. Long-term persistence. *Journal of the European Economic Association*, 14(6): 1401-1436.

[224] Guiso L, Sapienza P, Zingales L. 2004. The role of social capital in financial development. *American Economic Review*, 94 (3): 526-556.

[225] Guiso L, Sapienza P, Zingales L. 2009. Cultural biases in economic exchange?. *The Quarterly Journal of Economics*, 124 (3): 1095-1131.

[226] Guiso L, Sapienza P, Zingales L. 2008a. Trusting the stock market. *Journal of Finance* 63 (6): 2557-2600.

[227] Guler I, & Guillén M F. 2010. Home country networks and foreign expansion: evidence from the venture capital industry. *Academy of Management Journal*, 53(2): 390-410.

[228] Güner A B, Malmendier U, & Tate G A. 2008. Financial expertise of directors. *Journal of Financial Economics*, 88(2): 323-354.

[229] Haas R D, Ferreira D, Taci A. 2010. What determines the composition of banks' loan portfolios? Evidence from transition countries. *Journal of Banking and Finance*, 34 (2): 388-398.

[230] Habib A, & Jiang H. 2015. Corporate governance and financial reporting quality in China: A survey of recent evidence. *Journal of International Accounting, Auditing and Taxation*, 24: 29-45.

[231] Hail L, & Leuz C. 2006. International differences in the cost of equity capital: Do legal institutions and securities regulation matter?. *Journal of Accounting Research*, 44(3): 485-531.

[232] Hail L, & Leuz C. 2009.Cost of Capital Effects and Changes in Growth Expectations around U.S. Cross-Listings. *Journal of Financial Economics*, 93(3): 428-454.

[233] Hanneman R A, & Riddle M. 2005. Introduction to social network methods. Riverside, CA: University of California.

[234] Harris M, & Raviv A. 2008. A theory of board control and size. *The Review of Financial Studies*, 21(4): 1797-1832.

[235] Hart O, & Moore J. 1994. A theory of debt based on the inalienability of human capital. *The Quarterly Journal of Economics*, 109(4): 841-879.

[236] Hasan I, Hoi C K S, Wu Q, & Zhang H. 2014. Beauty is in the eye of the beholder: The effect of corporate tax avoidance on the cost of bank loans. *Journal of Financial Economics*, 113(1): 109-130.

[237] Hasan I, Hoi C K, Wu Q, & Zhang H. 2017. Social capital and debt contracting: Evidence from bank loans and public bonds. *Journal of Financial and Quantitative Analysis*, 52(3): 1017-1047.

[238] Hasan I, Park J C, & Wu Q. 2012. The impact of earnings predictability on bank loan contracting. *Journal of Business Finance & Accounting*, 39: 1068-1101.

[239] Haunschild P R. 1993. Interorganizational imitation: the impact of interlocks on corporate acquisition activity. *Administrative Science Quarterly*, 38: 564-592.

[240] Haunschild P R, & Beckman C M. 1998. When do interlocks matter? Alternate sources of information and interlock influence. *Administrative Science Quarterly*, 43: 815-844.

[241] Hauser R. 2018. Busy directors and firm performance: Evidence from mergers. *Journal of Financial Economics*, 128: 16-37.

[242] He J J, & Tian X. 2013. The dark side of analyst coverage: The case of innovation. *Journal of Financial Economics*, 109(3): 856-878.

[243] He W P, Lepone A, & Leung H. 2013. Information Asymmetry and the Cost of Equity Capital. *International Review of Economics & Finance*, 27: 611-620.

[244] Healy P M, & Palepu K G. 2001. Information asymmetry, corporate disclosure, and the capital markets: A review of the empirical disclosure literature. *Journal of Accounting and Economics*, 31(1-3): 405-440.

[245] Helmers C, Patnam M, & Rau P R. 2017. Do board interlocks increase innovation? Evidence from a corporate governance reform in India. *Journal of Banking & Finance*, 80: 51-70.

[246] Hennes K M, Leone A J, & Miller B P. 2008. The importance of distinguishing errors from irregularities in restatement research: The case of restatements and CEO/CFO turnover. *The Accounting Review*, 83(6): 1487-1519.

[247] Hermalin B E, & Weisbach M S. 1998. Endogenously chosen boards of directors and their monitoring of the CEO. *American Economic Review*, 88(1): 96-118.

[248] Higgins E T. 1987. Self-discrepancy: a theory relating self and affect. *Psychological Review*, 94 (3): 319-340.

[249] Hillman A J, & Dalziel T. 2003. Boards of directors and firm performance: Integrating agency and resource dependence perspectives. *Academy of Management Review*, 28(3): 383-396.

[250] Hobson J L, Mayew W J, & Venkatachalam M. 2012. Analyzing speech to detect financial misreporting. *Journal of Accounting Research*, 50(2): 349-392.

[251] Hochberg Y V, Ljungqvist A, & Lu Y. 2007. Whom you know matters: Venture capital networks and investment performance. *The Journal of Finance*, 62(1): 251-301.

[252] Hoi C K S, Wu Q, & Zhang H. 2019. Does social capital mitigate agency problems? Evidence from Chief Executive Officer (CEO)compensation. *Journal of Financial Economics*, 133(2): 498-519.

[253] Hoitash U. 2011. Should independent board members with social ties to management disqualify themselves from serving on the board?. *Journal of Business Ethics*, 99(3): 399-423.

[254] Hollander S, & Verriest A. 2016. Bridging the gap: the design of bank loan contracts and distance. *Journal of Financial Economics*, 119(2): 399-419.

[255] Holmstrom B, & Costa J R I. 1986. Managerial incentives and capital management. *The Quarterly Journal of Economics*, 101(4): 835-860.

[256] Hoshi T, Kashyap A, & Scharfstein D. 1990. The role of banks in

reducing the costs of financial distress in Japan. *Journal of Financial Economics*, 27(1): 67-88.

[257] Hong H, Kubik J D, & Solomon A. 2000. Security analysts' career concerns and herding of earnings forecasts. *The Rand Journal of economics*, 31(1): 121-144.

[258] Horton J, Millo Y, & Serafeim G. 2012. Resources or power? Implications of social networks on compensation and firm performance. *Journal of Business Finance & Accounting*, 39, 399-426.

[259] Hughes J S, Liu J, Liu J. 2007. Information asymmetry, diversification, and cost of capital. *The Accounting Review*, 82(3): 705-730.

[260] Hwang B H, & Kim S. 2009. It pays to have friends. *Journal of Financial Economics*, 93(1): 138-158.

[261] Hwang K K. 1987. Face and favor: The Chinese power game. *American Journal of Sociology*, 92(4): 944-974.

[262] Ibarra H. 1993. Personal networks of women and minorities in management: A conceptual framework. *Academy of Management Review*, 18(1): 56-87.

[263] Ibarra H, & Andrews S B. 1993. Power, social influence, and sense making: Effects of network centrality and proximity on employee perceptions. *Administrative Science Quarterly*, 38(2): 277-303.

[264] Infante L, & Piazza M. 2014. Political connections and preferential lending at local level: some evidence from the Italian credit market. *Journal of Corporate Finance*, 29: 246-262.

[265] Ishii J, & Xuan Y. 2014. Acquirer-target social ties and merger outcomes. *Journal of Financial Economics*, 112(3): 344-363.

[266] Jackson M O. 2010. Social and economic networks. Princeton university press.

[267] Jappelli T, Pagano M, & Bianco M. 2005. Courts and banks: Effects of judicial enforcement on credit markets. *Journal of Money, Credit and Banking*, 37(2): 223-244.

[268] Javakhadze D, Ferris S P, & French D W. 2016a. Social capital, investments, and external financing. *Journal of Corporate Finance*, 37: 38-55.

[269] Javakhadze D, Ferris S P, & French D W. 2016b. Managerial social capital and financial development: A cross-country analysis. *Financial Review*,

51(1): 37-68.

[270] Jensen M. 2001. Value maximisation, stakeholder theory, and the corporate objective function. *European Financial Management*, 7(3): 297-317.

[271] Jensen M C, Meckling W H. 1976. Theory of the firm: managerial behavior, agency costs and ownership structure. *Journal of Financial Economics*, 3 (4): 305-360.

[272] Jiang F, & Kim K A. 2015. Corporate governance in China: A modern perspective. *Journal of Corporate Finance*, 32: 190-216.

[273] Jiang G, Lee C M, & Yue H. 2010. Tunneling through intercorporate loans: The China experience. *Journal of Financial Economics*, 98(1): 1-20.

[274] Jiang G, Rao P, & Yue H. 2015. Tunneling through non-operational fund occupancy: An investigation based on officially identified activities. *Journal of Corporate Finance*, 32: 295-311.

[275] Jiang J X. 2008. Beating earnings benchmarks and the cost of debt. *Accounting Review*, 83(2): 377-416.

[276] Jimenez G, Salas V, & Saurina J. 2006. Determinants of collateral. *Journal of Financial Economics*, 81(2): 255-281.

[277] Johansen T R, & Pettersson K. 2013. The impact of board interlocks on auditor choice and audit fees. *Corporate Governance: An International Review*, 21(3): 287-310.

[278] Kang E, & Tan B R. 2008. Accounting choices and director interlocks: A social network approach to the voluntary expensing of stock option grants. *Journal of Business Finance & Accounting*, 35(9-10): 1079-1102.

[279] Karpoff J M, Lee D S, & Martin G S. 2008. The cost to firms of cooking the books. *Journal of Financial and Quantitative Analysis*, 43(3): 581-611.

[280] Kato T, & Long C. 2006. Executive turnover and firm performance in China. *American Economic Review*, 96(2): 363-367.

[281] Ke B, and Yu Y. 2006. The effect of issuing biased earnings forecasts on analysts' access to management and survival. *Journal of Accounting Research*, 44(5): 965-999.

[282] Khatami S H, Marchica M, & Mura R. 2016. Rating friends: the effect of personal connections on credit ratings. *Journal of Corporate Finance*, 39: 222-241.

[283] Khwaja A I, and Mian A. 2005. Do Lenders Favor Politically Connected. *The Quarterly Journal of Economics*, 120(4): 1371-1411.

[284] Kim J B, Song B, and Stratopoulos T C. 2018. Does Information Technology Reputation Affect Bank Loan Terms?. *The Accounting Review*, 93 (3): 185-211.

[285] Kim J B, Tsui S L, Yi C H. 2011. The voluntary adoption of international financial reporting standards and loan contracting around the world. *Review of Accounting Studies*, 16 (4): 779-811.

[286] Kim Y. 2005. Board network characteristics and firm performance in Korea. *Corporate Governance: An International Review*, 13(6): 800-808.

[287] Klock M S, Mansi S A, and Maxwell W F. 2005. Does Corporate Governance Matter to Bondholders?. *Journal of Financial and Quantitative Analysis*, 40 (4): 693-719.

[288] Knack S, Keefer P. 1997. Does social capital have an economic payoff? A cross-country investigation. *Quarterly Journal of Economics*, 112 (4): 1251-1288.

[289] Kono C, Palmer D, & Al E. 1998. Lost in space: the geography of corporate interlocking directorates. *American Journal of Sociology*, 103(4): 863-911.

[290] Kuhnen C M. 2009. Business networks, corporate governance, and contracting in the mutual fund industry. *The Journal of Finance*, 64(5): 2185-2220.

[291] La Porta R, Lopez-de-Silanes F, Shleifer A. 1999. Corporate ownership around the world. *Journal of Finance*, 54 (2): 471-517.

[292] La Porta R, Lopez-de-Silanes F, Shleifer A, Vishny R. 2000. Investor protection and corporate governance. *Journal of Financial Economics*,58 (1-2): 3-27.

[293] La Porta R, Lopez-de-Silanes F, Shleifer A, Vishny R. 2002. Investor protection and corporate valuation. *Journal of Finance*, 57 (3): 1147-1170.

[294] La Porta R, Lopez-de-Silanes F, Shleifer A, Vishny R W. 1997. Legal determinants of external finance. *Journal of Finance*, 52 (3): 1131-1150.

[295] La Porta R, Lopez-de-Silanes F, Shleifer A, Vishny R W. 1998. Law and finance. *Journal of Political Economy*, 106 (6): 1113-1155.

[296] Laeven L, & Majnoni G. 2005. Does judicial efficiency lower the

cost of credit?. *Journal of Banking & Finance*, 29(7): 1791-1812.

[297] Lakonishok J, & Shapiro A C. 1986. Systematic risk, total risk and size as determinants of stock market returns. *Journal of Banking & Finance*, 10(1): 115-132.

[298] Lambert R, Leuz C, Verrecchia R E. 2007. Accounting information, disclosure, and the cost of capital. *Journal of Accounting Research*, 45: 385-420.

[299] Larcker D F, So E C, & Wang C C. 2013. Boardroom centrality and firm performance. *Journal of Accounting and Economics*, 55: 225-250.

[300] Larocque S. 2013. Analysts' Earnings Forecast Errors and Cost of Equity Capital Estimates. *Review of Accounting Studies*, 18 (1): 135-166.

[301] Lee M, Low A, Teoh S. 2019. CEO Connectedness and the Cost of Equity Capital. *SSRN Working Paper*.

[302] Lilienfeld-Toal U V, Mookherjee D, & Visaria S. 2012. The distributive impact of reforms in credit enforcement: Evidence from Indian debt recovery tribunals. *Econometrica*, 80(2): 497-558.

[303] Lim Terence. 2001. Rationality and analysts' forecast bias. *Journal of Finance*, 56(1): 369-385.

[304] Lim J, Do V, & Vu T. 2020. Co-opted directors, covenant intensity, and covenant violations. *Journal of Corporate Finance*, 64: 101628.

[305] Lin, N. 1999. Social networks and status attainment. *Annual Review of Sociology*, 25(1): 467-487.

[306] Lin N. 2002. Social capital: A theory of social structure and action. Cambridge university press.

[307] Lin T T, & Chou J H. 2015. Trade credit and bank loan: Evidence from Chinese firms. *International Review of Economics & Finance*, 36: 17-29.

[308] Lintner J. 1965. Security prices, risk, and maximal gains from diversification. *The Journal of Finance*, 20(4): 587-615.

[309] Litzenberger R H, & Ramaswamy K. 1979. The effect of personal taxes and dividends on capital asset prices: Theory and empirical evidence. *Journal of Financial Economics*, 7(2): 163-195.

[310] Loderer C, & Peyer U. 2002. Board overlap, seat accumulation and share prices. *European Financial Management*, 8(2): 165-192.

[311] Longstaff F A, Mithal S, & Neis E. 2005. Corporate yield spreads: Default risk or liquidity? New evidence from the credit default swap market. *The*

Journal of Finance, 60(5): 2213-2253.

[312] López Iturriaga F J. 2005. Debt ownership structure and legal system: an international analysis. *Applied Economics*, 37(3): 355-365.

[313] Lu C W, Chen T K, & Liao H H. 2010. Information uncertainty, information asymmetry and corporate bond yield spreads. *Journal of Banking & Finance*, 34(9): 2265-2279.

[314] Lugo S. 2019. Insider ownership and the cost of debt capital: Evidence from bank loans. *International Review of Financial Analysis*, 63: 357-368.

[315] Lyon F. 2000. Trust, networks and norms: the creation of social capital in agricultural economies in Ghana. *World Development*, 28(4): 663-681.

[316] Malesky E J, & Taussig M. 2009. Where is credit due? Legal institutions, connections, and the efficiency of bank lending in Vietnam. *The Journal of Law, Economics, & Organization*, 25(2): 535-578.

[317] Malmendier U, & Tate G. 2009. Superstar ceos. *The Quarterly Journal of Economics*, 124(4): 1593-1638.

[318] Mansi S A, Maxwell W F, & Miller D P. 2011. Analyst forecast characteristics and the cost of debt. *Review of Accounting Studies*, 16: 116-142.

[319] Mazar N, Amir O, Ariely D. 2008. The dishonesty of honest people: A theory of self-concept maintenance. *Journal of Marketing Research*, 45 (6): 633-644.

[320] Myers S. C, & Majluf N S. 1984. Corporate financing and investment decisions when firms have information that investors do not have. *Journal of Financial Economics*, 13(2): 187-221.

[321] McMillan J, & Woodruff C. 1999. Interfirm relationships and informal credit in Vietnam. *The Quarterly Journal of Economics*, 114(4): 1285-1320.

[322] Merton R C. 1974. On the pricing of corporate debt: The risk structure of interest rates. *The Journal of Finance*, 29(2): 449-470.

[323] Mikhail M B, Walther B R, & Willis R H. 2007. When security analysts talk, who listens?. *The Accounting Review*, 82(5): 1227-1253.

[324] Miller D P, & Puthenpurackal J J. 2002. The costs, wealth effects, and determinants of international capital raising: Evidence from public Yankee bonds. *Journal of Financial Intermediation*, 11(4): 455-485.

[325] Minnis M. 2011. The value of financial statement verification in debt financing: Evidence from private US firms. *Journal of Accounting Research*, 49(2): 457-506.

[326] Mizruchi M S, & Potts B B. 1998. Centrality and power revisited: actor success in group decision making. *Social networks*, 20(4): 353-387.

[327] Mizruchi M S. 1996. The Structure of Corporate Political Action: Inter-Firm Relations and Their Consequences. Harvard University Press.

[328] Modigliani F, & Miller M H. 1958. The cost of capital, corporation finance and the theory of investment. The *American Economic Review*, 48(3): 261-297.

[329] Mol M J. 2001. Creating wealth through working with others: Interorganizational relationships. *Academy of Management Perspectives*, 15(1): 150-152.

[330] Montgomery J D. 1991. Social networks and labor-market outcomes: Toward an economic analysis. The *American Economic Review*, 81(5): 1408-1418.

[331] Morris M, & Kretzschmar M. 1995. Concurrent partnerships and transmission dynamics in networks. *Social Networks*, 17(3-4): 299-318.

[332] Mossin J. 1966. Equilibrium in a Capital Asset Market, *Econometrica*, 34: 768-783.

[333] Murfin J. 2012. The supply-side determinants of loan contract strictness. *The Journal of Finance*, 67(5): 1565-1601.

[334] Nann S, Krauss J S, Schober M, Gloor P A, Fischbach K, & Führes H. 2010. The power of alumni networks-success of startup companies correlates with online social network structure of its founders. *SSRN Working Paper*.

[335] Nenova T. 2003. The value of corporate voting rights and control: A cross-country analysis. *Journal of Financial Economics*, 68(3): 325-351.

[336] Nguyen B D. 2012. Does the Rolodex matter? Corporate elite's small world and the effectiveness of boards of directors. *Management Science*, 58(2): 236-252.

[337] Nguyen T V, Weinstein M, & Meyer A D. 2005. Development of trust: a study of interfirm relationships in Vietnam. *Asia Pacific Journal of Management*, 22: 211-235.

[338] Nicholson G J, Alexander M, & Kiel G C. 2004. Defining the social

capital of the board of directors: An exploratory study. *Journal of Management & Organization*, 10(1): 54-72.

[339] Ohlson J A, & Juettner-Nauroth B E. 2005. Expected EPS and EPS growth as determinantsof value. *Review of Accounting Studies*, 10(2): 349-365.

[340] Ortiz-Molina H. 2006. Top management incentives and the pricing of corporate public debt. *Journal of Financial and Quantitative Analysis*, 41(2): 317-340.

[341] Owolabi O, & Pal S. 2013. Does business networking boost firms' external financing opportunities? Evidence from Central and Eastern Europe. *Applied Financial Economics*, 23(5): 415-432.

[342] Ozsoylev H N, Walden J, Yavuz M D, & Bildik R. 2014. Investor networks in the stock market. *The Review of Financial Studies*, 27(5): 1323-1366.

[343] Öztekin Ö, & Flannery M J. 2012. Institutional determinants of capital structure adjustment speeds. *Journal of Financial Economics*, 103(1): 88-112.

[344] Palmer D. 1983. Broken ties: interlocking directorates and intercorporate coordination. *Administrative Science Quarterly*, 28(1): 40-55.

[345] Pareek Ankur. 2011. Information Networks: Implications for Mutual Fund Trading Behavior and Stock Returns, *SSRN Working Paper*.

[346] Pascual-Fuster B, & Crespí-Cladera R. 2018. Politicians in the boardroom: is it a convenient burden?. *Corporate Governance: An International Review*, 26(6): 448-470.

[347] Peng M, Luo Y. 2006. Managerial ties and firm performance in a transition economy: the nature of a micro-macro link. *Academy of Management Journal*,43 (3): 486-501.

[348] Piotroski J. D, & Wong T J. 2012. Institutions and information environment of Chinese listed firms. In Capitalizing China. University of Chicago Press.

[349] Petersen M A. 2009. Estimating standard errors in finance Panel data sets: comparing approaches. *The Review of Financial Studies*, 22(1): 435-480.

[350] Pevzner M, Xie F, & Xin X. 2015. When firms talk, do investors listen? The role of trust in stock market reactions to corporate earnings announcements. *Journal of Financial Economics*, 117(1): 190-223.

[351] Pfeffer J, & Salancik G R. 1978. A resource dependence perspective. In Intercorporate relations. The structural analysis of business. Cambridge: Cambridge University Press.

[352] Pistor K. & Xu C. 2005. Governing emerging stock markets: Legal vs administrative governance. *Corporate Governance: An International Review*, 13(1): 5-10.

[353] Podolny J M. 2001. Networks as the pipes and prisms of the market. *American Journal of Sociology*, 107(1): 33-60.

[354] Pool V K, Stoffman N, & Yonker S E. 2015. The people in your neighborhood: Social interactions and mutual fund portfolios. *The Journal of Finance*, 70(6): 2679-2732.

[355] Posner E A. 2000. Law and Social Norms. Harvard University Press, Cambridge, MA.

[356] Powell W W, Koput K W, & Smith-Doerr L. 1996. Interorganizational collaboration and the locus of innovation: Networks of learning in biotechnology. *Administrative Science Quarterly*, 41(1): 116-145.

[357] Proctor C H, & Loomis C P. 1951. Analysis of sociometric data. *Research methods in social relations*, 2: 561-585.

[358] Qi S, & Nguyen D D. 2021. Government connections and credit access around the world: Evidence from discouraged borrowers. *Journal of International Business Studies*, 52(2): 321-333.

[359] Qi Y, Roth L, & Wald J K. 2011. How legal environments affect the use of bond covenants. *Journal of International Business Studies*, 42: 235-262.

[360] Qian J, Strahan P E. 2007. How laws and institutions shape financial contracts: the case of bank loans. *Journal of Finance*, 62 (6): 2803-2834.

[361] Qian M J, Yeung B Y. 2015. Bank financing and corporate governance. *Journal of Corporate Finance*, 32: 258-270.

[362] Rahaman M M, & Al Zaman A. 2013. Management quality and the cost of debt: Does management matter to lenders?. *Journal of Banking & Finance*, 37(3): 854-874.

[363] Rajan R. G. 1992. Insiders and outsiders: The choice between informed and arm's-length debt. *The Journal of Finance*, 47 (4): 1367-1400.

[364] Rajan R. G, & Zingales L. 1995. What do we know about capital structure? Some evidence from international data. *The Journal of Finance*, 50(5):

1421-1460.

[365] Rajan R, & Zingales L. 1998. Financial development and growth. *American Economic Review*, 88(3): 559-586.

[366] Rakow K C. 2010. The effect of management earnings forecast characteristics on cost of equity capital. *Advances in Accounting*, 26 (1): 37-46.

[367] Rauch J E, & Casella A. 2003. Overcoming informational barriers to international resource allocation: Prices and ties. *The Economic Journal*, 113(484): 21-42.

[368] Reeb D, & Upadhyay A. 2010. Subordinate board structures. *Journal of Corporate Finance*, 16(4): 469-486.

[369] Reinganum M R. 1981. Misspecitication of capital asset pricing: Empirical anomalies based on earnings' yields and market values. *Journal of Financial Economics*, 9(1): 19-46.

[370] Renneboog L, & Zhao Y. 2014. Director networks and takeovers. *Journal of Corporate Finance*, 28: 218-234.

[371] Reppenhagen David A. 2010. Contagion of accounting methods: Evidence from stock option expensing. *Review of Accounting Studies*, 15: 629-657.

[372] Richardson A, Welker M. 2001. Social disclosure, financial disclosure and the cost of equity capital. *Accounting. Organizations and Society*, 26: 597-616.

[373] Rider C I. 2012. How employees' prior affiliations constrain organizational network change: A study of US venture capital and private equity. *Administrative Science Quarterly*, 57(3): 453-483.

[374] Roberts G, & Yuan L E. 2010. Does institutional ownership affect the cost of bank borrowing?. *Journal of Economics and Business*, 62(6): 604-626.

[375] Robin A, Wu Q, & Zhang H. 2017. Auditor quality and debt covenants. *Contemporary Accounting Research*, 34(1): 154-185.

[376] Rossi A G, Blake D, Timmermann A, Tonks I, & Wermers R. 2018. Network centrality and delegated investment performance. *Journal of Financial Economics*, 128(1): 183-206.

[377] Rothenberg R B, Potterat J J, Woodhouse D E, Darrow W W, Muth S Q, & Klovdahl A S. 1995. Choosing a centrality measure: epidemiologic correlates in the Colorado Springs study of social networks. *Social Networks*,

17(3-4): 273-297.

[378] Rowley T J. 1997. Moving beyond dyadic ties: A network theory of stakeholder influences. *Academy of Management Review*, 22(4): 887-910.

[379] Sabidussi G. 1966. The centrality index of a graph. *Psychometrika*, 31(4): 581-603.

[380] Santos R L, da Silveira A D M, & Barros L A B D C. 2007. Board Interlocking in Brazil: Directors' participation in multiple companies and its effect on firm value. *Revista Brasileira de Finanças*, 5(2): 125-163.

[381] Schauten M, & J Blom. 2006. Corporate governance and the cost of debt. *SSRN Working Paper*.

[382] Schmidt Breno. 2015. Costs and benefits of friendly boards during mergers and acquisitions. *Journal of Financial Economics*, 117(2): 424-447.

[383] Schoorman F D, Bazerman M H, & Atkin R S. 1981. Interlocking directorates: a strategy for reducing environmental uncertainty. *Academy of Management Review*, 6(2): 243-251.

[384] Sengupta P. 1998. Corporate disclosure quality and the cost of debt. *Accounting Review*, 73: 459-474.

[385] Sharpe W F. 1964. Capital asset prices: A theory of market equilibrium under conditions of risk. *The Journal of Finance*, 19(3): 425-442.

[386] Shivdasani A, & David Y. 1999. CEO involvement in the selection of new board members: An empirical analysis. *Journal of Finance*, 54: 1829-1853.

[387] Shleifer A, & Vishny R W. 1986. Large shareholders and corporate control. *Journal of Political Economy*, 94(3, Part 1): 461-488.

[388] Shleifer A, & Wolfenzon D. 2002. Investor protection and equity markets. *Journal of Financial Economics*, 66(1): 3-27.

[389] Shleifer A, Vishny R. 1997. A survey of corporate governance. *Journal of Finance*, 52 (2): 737-783.

[390] Shockley R L, & Thakor A V. 1997. Bank loan commitment contracts: Data, theory, and tests. *Journal of Money, Credit, and Banking*, 29(4): 517-534.

[391] Shu P, Yeh Y, Chiu S, & Yang Y. 2015. Board external connectedness and earnings management. *Asia-Pacific Management Review*, 20: 265-274.

[392] Shue K. 2013. Executive networks and firm policies: Evidence from

the random assignment of MBA peers. *The Review of Financial Studies*, 26(6): 1401-1442.

[393] Singh D, & Delios A. 2017. Corporate governance, board networks and growth in domestic and international markets: evidence from India. *Journal of World Business*, 52(5): 615-627.

[394] Singh Param Vir, & Robert J. Schonlau. 2011. Board Networks and Merger Performance. *SSRN Working Paper*.

[395] Skousen C J, Song X J, & Sun L. 2018. CEO network centrality and bond ratings. *Advances in Accounting*, 40: 42-60.

[396] Soltes E. 2014. Private interaction between firm management and sell-side analysts. *Journal of Accounting Research*, 52(1): 245-272.

[397] Stattman D. 1980. Book values and stock returns. *The Chicago MBA: A Journal of selected papers*, 4(1): 25-45.

[398] Stiglitz J E. 2000. Formal and informal institutions. Social capital: A multifaceted perspective, 2000: 59-68.

[399] Strahan P E. 1999. Borrower risk and the price and nonprice terms of bank loans. *SSRN Working Paper*.

[400] Stuart T E, & Yim S. 2010. Board interlocks and the propensity to be targeted in private equity transactions. *Journal of Financial Economics*, 97: 174-189.

[401] Subrahmanyam Avanidhar. 2008. Social networks and corporate governance. *European Financial Management* 14: 633-662.

[402] Sufi A. 2007. Information asymmetry and financing arrangements: Evidence from syndicated loans. *Journal of Finance* 62: 629-668.

[403] Talavera O, Xiong L, & Xiong X. 2012. Social capital and access to bank financing: the case of Chinese entrepreneurs. *Emerging Markets Finance & Trade*, 48: 55-69.

[404] Tee C M. 2018. Political connections and the cost of debt: Re-examining the evidence from Malaysia. *Journal of Multinational Financial Management*, 46: 51-62.

[405] Trunk A, & Stubelj I. 2013. The financial-economic crisis and value of equity capital: a case study of Slovenian public limited companies 2006-2011. *Expert Systems with applications*, 40(18): 7562-7570.

[406] Tsai W, & Ghoshal S. 1998. Social capital and value creation: The

role of intrafirm networks. *Academy of Management Journal*, 41(4): 464-476.

[407] Turker D. 2014. Analyzing relational sources of power at the interorganizational communication system. *European Management Journal*, 32: 509-517.

[408] Useem M. 1979. The social organization of the American business elite and participation of corporation directors in the governance of American institutions. *American Sociological Review*, 553-572.

[409] Uzzi B. 1996. The sources and consequences of embeddedness for the economic performance of organizations: The network effect. *American Sociological Review*, 61: 674-698.

[410] Vafeas Nikos. 1999. Board meeting frequency and firm performance. *Journal of Financial Economics*, 53: 113-142.

[411] Wang C W, Chiu W C, & King T H D. 2020. Debt maturity and the cost of bank loans. *Journal of Banking & Finance*, 112: 105235.

[412] Wasserman S, & Faust K. 1994. Social network analysis: Methods and applications. New York: Cambridge University Press.

[413] Westphal James D, & K Bednar. 2012. The Pacification of Institutional Investorsm. *Administrative Science Quarterly* 53: 29-72.

[414] Westphal James D, & Ithai Stern. 2007. Flattery will get you everywhere (especially if you are a male caucasian): How ingratiation, boardroom behavior, and demographic minority status affect additional board appointments at U.S. companies. *Academy of Management Journal*, 50: 267-288.

[415] Wincent J, Anokhin S, & Örtqvist D. 2010. Does network board capital matter? A study of innovative performance in strategic SME networks. *Journal of Business Research*, 63(3): 265-275.

[416] Woolcock M. 1998. Social capital and economic development: Toward a theoretical synthesis and policy framework. *Theory and Society*, 27(2): 151-208.

[417] Xin K. and J L. Pearce. 1994. Guanxi: Good Connections As Substitutes for Institutional Support. *Academy of Management Proceedings* 1994: 163-167.

[418] Xu S, Gong G, & Gong X. 2017. Accruals quality, underwriter reputation, and corporate bond underpricing: evidence from China. *China Journal of Accounting Research*, 10: 317-339.

[419] Yang D, Lu Z, Luo D. 2014. Political connections, media monitoring and long-term loans. *China Journal of Accounting Research*, 7 (3): 165-177.

[420] Yang Mayfair M-H. 1994. Gifts, Favors, and Banquets: The Art of Social relations in Chinese society. Ithaca, NY: Cornell University.

[421] Yen J, Chen Y, Shen C, & Lin C. 2014. Why do firms allow their CEOs to join trade associations? An embeddedness view. *International Review of Economics & Finance*, 32: 47-61.

[422] Yeung I Y M, & Tung R L. 1996. Achieving business success in Confucian societies: the importance of guanxi (connections. *Organizational Dynamics*, 25: 54-65.

[423] Yu F. 2005. Accounting transparency and the term structure of credit spreads. *Journal of Financial Economics*, 75: 53-84.

[424] Zhang Y. 2015. The contingent value of social resources: entrepreneurs' use of debt-financing sources in western China. *Journal of Business Venturing*, 30: 390-406.

[425] 边燕杰，丘海雄．2000．企业的社会资本及其功效[J]．中国社会科学，（2）：87-99.

[426] 曹胜，朱红军．2011．王婆贩瓜:券商自营业务与分析师乐观性[J]．管理世界，（07）：20-30.

[427] 陈冬华，章铁生，李翔．2008．法律环境、政府管制与隐性契约[J]．经济研究，（03）：60-72.

[428] 陈仕华，马超．2013．高管金融联结背景的企业贷款融资：由A股非金融类上市公司观察[J]．改革，（4）：111-119.

[429] 陈仕华，姜广省，卢昌崇．2013．董事联结、目标公司选择与并购绩效——基于并购双方之间信息不对称的研究视角[J]．管理世界，（12）：117-132.

[430] 陈仕华，李维安．2011．公司治理的社会嵌入性：理论框架及嵌入机制[J]．中国工业经济，（6）：99-108.

[431] 陈信元，张田余，陈冬华．2001．预期股票收益的横截面多因素分析：来自中国证券市场的经验证据[J]．金融研究，（06）：22-35.

[432] 陈运森，谢德仁．2012．董事网络、独立董事治理与高管激励[J]．金融研究，（2）：168-182.

[433] 陈运森，谢德仁．2011．网络位置、独立董事治理与投资效率[J]．管理世界，（7）：113-127.

[434] 陈运森. 2015. 社会网络与企业效率：基于结构洞位置的证据[J]. 会计研究，（1）：48-55.

[435] 陈运森. 2012. 独立董事网络中心度与公司信息披露质量[J]. 审计研究，（05）：92-100.

[436] 党兴华，董建卫，吴红超. 2011. 风险投资机构的网络位置与成功退出：来自中国风险投资业的经验证据[J]. 南开管理评论，（02）：82-91.

[437] 窦尔翔，卢珊，龙智浩. 2012. 联合投资网络对私募股权投资绩效影响的实证研究[J]. 财贸经济，（10）：66-73.

[438] 段海艳. 2012. 连锁董事、组织冗余与企业创新绩效关系研究[J]. 科学学研究，（04）：631-640.

[439] 樊纲，王小鲁，马光荣. 2011. 中国市场化进程对经济增长的贡献[J]. 经济研究，（09）：4-16.

[440] 费孝通. 1948. 乡土中国[M]. 上海：观察社.

[441] 何贤杰，孙淑伟，朱红军，牛建军. 2014. 证券背景独立董事、信息优势与券商持股[J]. 管理世界，（03）：148-162.

[442] 胡奕明，唐松莲. 2007. 审计、信息透明度与银行贷款利率[J]. 审计研究，（06）：74-84.

[443] 黄灿，李善民. 2019. 股东关系网络、信息优势与企业绩效[J]. 南开管理评论，22（02）：75-88.

[444] 姜波，周铭山. 2015. 参股基金公司持股与分析师乐观性[J]. 财经研究，（01）：118-131.

[445] 姜付秀，陆正飞. 2006. 多元化与资本成本的关系——来自中国股票市场的证据[J]. 会计研究，（06）：48-55.

[446] 姜付秀，支晓强，张敏. 2008. 投资者利益保护与股权融资成本——以中国上市公司为例的研究[J]. 管理世界，（02）：117-125.

[447] 蒋琰，陆正飞. 2009. 公司治理与股权融资成本——单一与综合机制的治理效应研究[J]. 数量经济技术经济研究，（02）：60-75.

[448] 蒋琰. 2009. 权益成本、债务成本与公司治理：影响差异性研究[J]. 管理世界，（11）：144-155.

[449] 金智. 2013. 社会规范、财务报告质量与权益资本成本[J]. 金融研究，（02）：194-206.

[450] 李慧云，刘镝. 2016. 市场化进程、自愿性信息披露和权益资本成本[J]. 会计研究，（01）：71-78.

[451] 李敏娜，王铁男．2014．董事网络、高管薪酬激励与公司成长性[J]．中国软科学，（04）：138-148．

[452] 李善民，黄灿，史欣向．2015．信息优势对企业并购的影响——基于社会网络的视角[J]．中国工业经济，（11）：141-155．

[453] 李维安，林润辉，范建红．2014．网络治理研究前沿与述评[J]．南开管理评论，（5）：42-53．

[454] 李祎，刘启亮，李洪．IFRS、财务分析师、机构投资者和权益资本成本——基于信息治理观视角[J]．会计研究，2016（10）：26-33．

[455] 廖义刚，张玲，谢盛纹．2010．制度环境、独立审计与银行贷款——来自我国财务困境上市公司的经验证据[J]．审计研究，（02）：62-69．

[456] 刘诚，杨继东．2013．独立董事的社会关系与监督功能——基于CEO被迫离职的证据[J]．财经研究，（07）：16-26．

[457] 刘健，刘春林．2016．不确定性下关联股东网络的并购经验与并购绩效研究[J]．南开管理评论，19（03）：4-17．

[458] 卢昌崇，陈仕华，Schwalbach J．2006．连锁董事理论：来自中国企业的实证检验[J]．中国工业经济，（1）：113-119．

[459] 卢文彬，官峰，张佩佩，邓玉洁．2014．媒体曝光度、信息披露环境与权益资本成本[J]．会计研究，（12）：66-71．

[460] 陆贤伟，王建琼，董大勇．2013．董事网络，信息传递与债务融资成本[J]．管理科学，26（3）：55-64．

[461] 陆瑶，胡江燕．2016．CEO与董事间"老乡"关系对公司违规行为的影响研究[J]．南开管理评论，（2）：52-62．

[462] 陆瑶，胡江燕．2014．CEO与董事间的"老乡"关系对我国上市公司风险水平的影响[J]．管理世界，（3）：131-138．

[463] 陆正飞，祝继高，孙便霞．2008．盈余管理、会计信息与银行债务契约[J]．管理世界，（03）：152-158．

[464] 罗进辉．2012．媒体报道的公司治理作用——双重代理成本视角[J]．金融研究，（10）：153-166．

[465] 马连福，杜博．2019．股东网络对控股股东私利行为的影响研究[J]．管理学报，16（05）：665-675．

[466] 毛新述，叶康涛，张颖．2012．上市公司权益资本成本的测度与评价——基于我国证券市场的经验检验[J]．会计研究，（11），12-22．

[467] 潘红波，余明桂．集团化、银行贷款与资金配置效率

[J]. 2010. 金融研究，（10）：83-102.

[468] 潘越，戴亦一，吴超鹏，刘建亮．2009．社会资本、政治关系与公司投资决策[J]．经济研究，（11）：82-94.

[469] 彭正银，廖天野．2008．连锁董事治理效应的实证分析——基于内在机理视角的探讨[J]．南开管理评论，（1）：99-105.

[470] 钱先航，曹廷求．2015．法律、信用与银行贷款决策——来自山东省的调查证据[J]．金融研究，（05）：101-116.

[471] 钱雪松，唐英伦，方胜．2019．担保物权制度改革降低了企业债务融资成本吗?——来自中国《物权法》自然实验的经验证据[J]．金融研究，（07）：115-134.

[472] 任兵，区玉辉，彭维刚．2007．连锁董事与公司绩效：针对中国的研究．南开管理评论[J]，10（1）：8-15.

[473] 申宇，赵静梅，何欣．2015．校友关系网络、基金投资业绩与"小圈子"效应[J]．经济学（季刊），（1）：403-428.

[474] 沈艺峰，肖珉，黄娟娟．2005．中小投资者法律保护与公司权益资本成本[J]．经济研究，（06）：115-124.

[475] 苏冬蔚，麦元勋．2004．流动性与资产定价：基于我国股市资产换手率与预期收益的实证研究[J]．经济研究，（02）：95-105.

[476] 孙国强，吉迎东，张宝建，等．2016．网络结构、网络权力与合作行为——基于世界旅游小姐大赛支持网络的微观证据[J]．南开管理评论，（1）：43-53.

[477] 孙铮，李增泉，王景斌．2006．所有权性质、会计信息与债务契约——来自我国上市公司的经验证据[J]．管理世界，（10）：100-107.

[478] 田高良，韩洁，李留闯．2013．连锁董事与并购绩效——来自中国 A 股上市公司的经验证据[J]．南开管理评论，（06）：112-122.

[479] 田高良，李留闯，齐保垒．2011．连锁董事、财务绩效和公司价值[J]．管理科学，（03）：13-24.

[480] 万良勇，邓路，郑小玲．2014．网络位置、独立董事治理与公司违规——基于部分可观测 Bivariate Probit 模型[J]．系统工程理论与实践，（12）：3091-3102.

[481] 万良勇，胡璟．2014．网络位置、独立董事治理与公司并购——来自中国上市公司的经验证据[J]．南开管理评论，（2）：64-73.

[482] 王化成，张修平，侯粲然，李昕宇．2017．企业战略差异与权益资本成本——基于经营风险和信息不对称的中介效应研究[J]．中国软科

学，9：99-113.

[483] 王小鲁，胡李鹏，樊纲．2021．中国分省份市场化指数报告（2021）[M]．北京：社会科学文献出版社．

[484] 王彦超，姜国华，辛清泉．2016．诉讼风险、法制环境与债务成本[J]．会计研究，（06）：30-37.

[485] 肖珉．2008．法的建立、法的实施与权益资本成本[J]．中国工业经济，（03）：40-48.

[486] 肖欣荣，刘健，赵海健．2012．机构投资者行为的传染——基于投资者网络视角[J]．管理世界，（12）：35-45.

[487] 肖作平，刘辰嫣．2018．两权分离、金融发展与公司债券限制性条款——来自中国上市公司的经验证据[J]．证券市场导报，（12）：48-60.

[488] 肖作平，黄璜．2013．媒体监督、所有权性质和权益资本成本[J]．证券市场导报，（12）：14-20.

[489] 肖作平．2010．公司治理影响债务期限结构类型吗？——来自中国上市公司的经验证据[J]．管理工程学报，（1）：110-123.

[490] 肖作平．2016．终极所有权结构对权益资本成本的影响——来自中国上市公司的经验证据[J]．管理科学学报，19（01）：72-86.

[491] 谢德仁，陈运森．2012．董事网络：定义、特征和计量[J]．会计研究，（3）：44-51.

[492] 徐玉德，李挺伟，洪金明．2011．制度环境、信息披露质量与银行债务融资约束——来自深市A股上市公司的经验证据[J]．财贸经济，（05）：51-57.

[493] 杨玉龙，孙淑伟，孔祥．2017．媒体报道能否弥合资本市场上的信息鸿沟？——基于社会关系网络视角的实证考察[J]．管理世界，（07）：99-119.

[494] 姚立杰，罗玫，夏冬林．2010．公司治理与银行借款融资[J]．会计研究，（08）：55-61.

[495] 叶康涛，陆正飞．2004．中国上市公司股权融资成本影响因素分析[J]．管理世界，（05）：127-131.

[496] 游家兴，刘淳．2011．嵌入性视角下的企业家社会资本与权益资本成本——来自我国民营上市公司的经验证据[J]．中国工业经济，（06）：109-119.

[497] 余明桂，潘红波．2008．政府干预、法治、金融发展与国有企

业银行贷款[J]. 金融研究，（09）：1-22.

[498] 俞鸿琳. 2013. 关系网络，商业信用融资与民营企业成长[J]. 经济科学，（4）：116-128.

[499] 张闯. 2011. 管理学研究中的社会网络范式：基于研究方法视角的 12 个管理学顶级期刊（2001—2010）文献研究[J]. 管理世界，（07）：154-163.

[500] 张健华，王鹏. 2012. 银行风险、贷款规模与法律保护水平[J]. 经济研究，（05）：18-30.

[501] 张敏，童丽静，许浩然. 2015. 社会网络与企业风险承担——基于我国上市公司的经验证据[J]. 管理世界，（11）：161-175.

[502] 郑登津，闫天一. 2016. 会计稳健性、审计质量和债务成本[J]. 审计研究，（02）：74-81.

[503] 郑军，林钟高，彭琳. 2013. 金融发展、内控质量与银行贷款——来自中国上市公司的经验证据[J]. 财贸研究，（6）：142-151.

[504] 周宏，建蕾，李国平. 2016. 企业社会责任与债券信用利差关系及其影响机制——基于沪深上市公司的实证研究[J]. 会计研究，（05）：18-25.

[505] 周宏，林晚发，李国平，王海妹. 2012. 信息不对称与企业债券信用风险估价——基于 2008—2011 年中国企业债券数据[J]. 会计研究，（12）：36-42.

[506] 周宏，周畅，林晚发，李国平. 2018. 公司治理与企业债券信用利差——基于中国公司债券 2008—2016 年的经验证据[J]. 会计研究，（05）：59-66.

[507] 周嘉南，雷霆. 2014. 股权激励影响上市公司权益资本成本了吗?[J]. 管理评论，（03）：39-52.

[508] 周楷唐，麻志明，吴联生. 2016. 持续经营审计意见是否具有额外价值?——来自债务融资的证据[J]. 会计研究，（08）：81-88.

[509] 朱松. 2013. 债券市场参与者关注会计信息质量吗[J]. 南开管理评论，（03）：16-25.

[510] 祝继高，饶品贵，鲍明明. 2012. 股权结构、信贷行为与银行绩效——基于我国城市商业银行数据的实证研究[J]. 金融研究，（07）：48-62.